本书由教育学一级重点(培育)学科建设经费资助出版

专业化:中学教师职前教育研究

刘江岳 著

苏州大学出版社

图书在版编目(CIP)数据

专业化:中学教师职前教育研究/刘江岳著. —苏州:苏州大学出版社,2016.11
ISBN 978-7-5672-1917-5

Ⅰ.①专… Ⅱ.①刘… Ⅲ.①中学教师-师资培养-研究 Ⅳ.①G635.1

中国版本图书馆 CIP 数据核字(2016)第 294631 号

书　　名	专业化:中学教师职前教育研究
作　　者	刘江岳
责任编辑	巫　洁
装帧设计	刘　俊
出版发行	苏州大学出版社(Soochow University Press)
社　　址	苏州市十梓街1号　邮编:215006
印　　装	苏州工业园区美柯乐制版印务有限责任公司
网　　址	www.sudapress.com
邮购热线	0512-67480030
销售热线	0512-65225020
开　　本	700mm×1000mm　1/16　印张:18　字数:304千
版　　次	2016年11月第1版
印　　次	2016年11月第1次印刷
书　　号	ISBN 978-7-5672-1917-5
定　　价	39.80元

凡购本社图书发现印装错误,请与本社联系调换。服务热线:0512-65225020

前言
PREFACE

随着社会的发展,中学教师的培养面临着来自教师专业化理论的发展、基础教育改革及师范毕业生就业困境加剧所带来的挑战。为了培养适应社会和基础教育发展需要、达到专业化水平的中学教师,对中学教师职前教育进行改革是当务之急。在教师专业化理论的指引下,如何对中学教师职前教育进行系统全面的研究已经成为当前教育领域的一个重要课题。本书在教师专业化的价值立场中,运用系统论方法、国际比较方法、文献研究方法、访谈方法等多种研究方法,分析发达国家的中学教师教育实践的特点,剖析我国中学教师职前教育在培养目标、培养模式、课程设置、资格认证等方面存在的问题,从宏观和微观两个层面进行深入细致的研究,并给出具体的改革对策建议。

本书第二章对教师专业化的理论、中学教师的专业发展特点以及中学教师应具备的专业素养结构进行了系统梳理和分析。首先从分析教师职业的专业性入手,以社会功能、专业资质、专业制度这三个方面的标准来衡量,教师作为一种专业性职业的确定性毋庸置疑。就中学教师而言,教师专业化的主要特征表现在三个方面:其一,中学教师与其他学段教师在教育对象、教学内容及教育方式上具有明显的区别;其二,中学教师的专业发展呈现出阶段性递进的特点,可以分为新手、适应与调整、胜任、熟练及专家五个不同阶段,每个阶段具有不同的专业水平;其三,教师的专业素养结构由专业知识、专业能力和专业品质组成。其中,专业知识是教师专业素养的基础,专业能力形成教师专业素养的特质,而专业品质把控教师专业素养的方向,呈现出"三位一体、密不可分"的特色。

中学教师的专业化需要通过职前教育来实现。中学教师职前教育需要解决培养什么样的教师、如何培养、如何检验培养的结果等一系列核心问题。立足于教师专业化的价值观并运用系统论的方法,本书第三章对中学教师职前教育的目标设定、模式选择、课程设置及对职前教师的资格认证等各个要素进行了概念的厘定和深入细致的分析。职前教育目标是教育理念和培养标准的具体体现,直接决定着高等院校的人才培养规格。在中学教师职前教育目标的诸多影响因素中,培养理念及培养标准是最为关键的两个因素。培养模式是为了达成特定培养目标而采取的教学资源配置及教学过程组织方式,包含四个关键要素:培养人才的层次定位、专业准入标准的制定、培养过程的设计以及职前与职后的衔接等。课程设置是教师职前教育极为重要的核心部分,课程质量的高低、课程设置的合理程度以及实施的有效程度等都直接关系到培养目标能否实现及其实现的程度。教师资格认证是对培养结果的检验,资格认证制度是否完善在很大程度上影响着中学教师教育的质量,影响到中学教师专业化的现实水准。

分析发达国家中学教师职前教育实践可以为我国的中学教师职前教育提供一些参照和借鉴。考虑到世界范围内教师教育水平的先进性、教师教育制度的完善性以及与我国教师教育体系之间的可比性等,本书第四章选取了美国、英国、澳大利亚三个发达国家作为中学教师职前教育的国际比较对象,梳理和分析了三个国家的中学教师职前教育目标制定、培养模式、课程体系以及教师资格认证的特点。其中,培养模式和课程体系的分析涉及相关的教师职前教育机构,本章选取了美国的伊利诺伊州立大学、英国的伦敦大学和澳大利亚的弗林德斯大学这三所较有代表性的高校,对中学教师的职前培养模式和课程设置进行了细致的梳理和总结。

在教师专业化的价值立场中,以发达国家的中学教师职前教育实践作为参照,本书第五章分析了我国中学教师职前教育在目标设定、模式设计、课程设置与资格认证方面所存在的偏差或滞后。在培养目标的设定上,培养理念偏差、培养标准落伍、具体目标错位等是普遍存在的问题;在培养途径上,存在主流培养模式单一、成熟性欠佳、与社会需求存在一定程度的脱节、职前教育与职后培训缺少连贯性等问题;在课程体系方面,既有某些课程要素的缺失,也有结构方面的不足;而教师资格证书制度方面,由于起步较晚,存在着教师资格证书分类不合理、教师资格认定标准偏低、资格证书有效期太长、资格认证组织系统不够完善等问题。

鉴于上述诸多问题,国家教育管理部门及教师教育机构对中学教师职前教育的改革一直在推进之中,尤其是进入21世纪之后的第二个十年,各种改革举措不断出台。本书第六章对2010年后我国在中学教师职前教育方面的改革实践状况予以梳理和分析。无论是教师专业标准的出台、教师教育课程标准的颁布、教师资格考试制度的试点,还是高校各自的教师教育改革实践,都表明我国在提升中学教师职前教育水平方面所付出的不懈努力。改革的成绩固然令人振奋,但其中显露的不足更值得人们关注。

以教师专业化发展为指导,基于以上的问题分析和比较借鉴,运用访谈方法征求了中学一线教师、校长、师范毕业生等群体的意见、建议和实际需求,本书第七章指出,中学教师职前教育体系的改革要真正取得成效,必须在教师专业化发展的理论指引之下,从目标、内容、模式到资格证书制度整体推进:在培养目标的制定上应更新教育理念,建立教师专业标准体系,制定符合基础教育发展需求并具有可操作性和指导性的职前培养目标;在培养模式上应具有前瞻性、针对性、可控性、灵活性、多元性、连贯性,以及职前培养与职后培训一体化等特点;在培养内容上应改变教师教育专业课程体系的横向结构与纵向结构,增加能够提高师范生专业素养的教育专业课程,并对教育实习的内容和实施方式进行全面的改革;在教师资格制度上应增强教师资格融通的合理性,提高教师资格认定标准,落实教师资格定期注册的配套服务措施,增强教师资格认证机构的专业性。

目 录
CONTENTS

第一章 导 言 / 1
  第一节 研究背景 / 1
  第二节 文献综述 / 8
  第三节 研究设计 / 19

第二章 研究视野:教师专业化理论 / 28
  第一节 教师是一种专业性职业 / 29
  第二节 阶段性递进:中学教师专业发展的特点 / 37
  第三节 知识、能力与品质的三位一体:中学教师的专业素养结构 / 47
  本章小结 / 70

第三章 专业化视野下的中学教师职前教育解析 / 72
  第一节 标准与追求:中学教师职前教育的目标设定 / 73
  第二节 路径与组织:中学教师职前培养模式的选择 / 83
  第三节 内容与实施:中学教师职前教育课程体系的确立 / 90
  第四节 制度与保障:中学教师职前培养成果的衡量与检验 / 99
  本章小结 / 106

第四章 比较与参照:国外中学教师职前教育实践 / 109
  第一节 美国中学教师职前教育实践 / 109
  第二节 英国中学教师职前教育实践 / 132
  第三节 澳大利亚中学教师职前教育实践 / 143
  第四节 美、英、澳三国中学教师的职前教育实践的主要特点 / 157
  本章小结 / 162

第五章 问题与原因:我国中学教师职前教育现状 / 164

第一节 方向之殇:中学教师职前教育的目标偏离问题 / 164

第二节 亟须优化:中学教师职前培养模式问题 / 173

第三节 敏感度匮乏:落伍的课程体系 / 182

第四节 专业性职业的含金量亟待提升:教师资格认证问题 / 194

本章小结 / 205

第六章 实践与进展:2010年后我国中学教师职前教育改革 / 206

第一节 改革在途中:2010年后的改革实践与成效 / 206

第二节 正视不足:中学教师职前教育改革的主要启发 / 219

本章小结 / 223

第七章 专业化:我国中学教师职前教育的路径选择 / 225

第一节 专业化的目标设定:更切实可行的方向指引 / 225

第二节 专业化的模式创新:更符合社会需求的渠道选择 / 231

第三节 专业化的内容优选:更科学合理的课程设置 / 241

第四节 专业化的制度保障:更完善的资格认证 / 256

本章小结 / 262

主要参考文献 / 263

附录 / 274

附录一 关于中学一线教师的访谈提纲 / 274

附录二 关于中学校长的访谈提纲 / 276

附录三 关于师范生教育实习的访谈提纲 / 277

后记 / 279

第一章 导　言

第一节　研究背景

在由教育大国向教育强国迈进的征途中,中学教师职前教育作为国家教师教育的一个组成部分,其突围的方向在哪里?

众所周知,中学教育是基础教育的一个重要阶段。中学教育质量的高低可能会影响学生一生的发展,而从国家层面,则会影响国民整体素质的提升。高质量的教育需要高素质的教师。随着经济社会的发展,中学教育对教师的要求越来越高。如何能培养出高质量的中学教师就成为一个亟待解决的问题,作为培养中学教师的高等教育机构则面临着前所未有的挑战。

在当前的社会发展环境和教育改革进程中,对我国中学教师职前教育问题的研究,不能不考虑如下三个方面的影响。

一、教师专业化对我国中学教师职前教育带来的影响

教师专业化概念最早出现于 20 世纪 60 年代,其主要思想是把教师职业看成一种专业,从业者必须具备专门的知识和专门技能,从业前需接受严格的训练,并要通过专门的考试获取专业证书。1966 年,联合国教科文组织(UNESCO)和世界劳工组织(ILO)联合发表的《关于教师地位的建议》报告明确提出,"教师职业必须被视为专业"[1]。1976 年美国教师教育大学联合会报告

---

[1] 张人杰.教师专业化:亟需更深入研究的若干问题[J].比较教育研究,2005(9).

预言,教学能够并将自我实现为专业,同时激励为此做出专业的和有组织的努力。[1]1986年美国各州重点研究性大学的教育学院院长和学术领导人组成的霍姆斯小组在《明天的教师》报告中将教学从行业转换成专业作为自己的目标;同年美国的卡内基教育促进会发表了报告《国家为21世纪准备教师》,提出确立教师的专业地位,培养教师达到专业化的标准,进而提高教师教育质量。

美国教师专业化发展运动对世界各国的教育产生了很大的影响,教师发展已成为国际教师教育改革值得重视的动向。许多国家都将教师发展纳入政策视野,美国、英国等发达国家都研究制定了不同形式的教师专业标准。联合国教科文组织也把教师专业标准的制定作为优先发展事项之一。[2]

受到国际上教师专业化发展思潮的影响,我国于20世纪90年代开始启动教师专业化运动,正式将对教师专业地位的认可和对教师职业的重视落实到国家制度层面。1993年中华人民共和国国务院颁布的《中华人民共和国教师法》第三条明确规定,教师是履行教学职责的专业人员。但是,由于总体教育基础薄弱,对教师专业化的宣传引导尚不到位,教师职业专业化制度亦缺少相关的配套实施措施,因此我国教师对教师专业性质的认识的整体水平还很低。一项调查结果表明:我国教师把教师工作当作一项专业的仅占总调查人数的3.1%,教师们普遍缺少专业感、专业意识。[3]

不仅教师群体自身对专业化的认识和理解水平低,我国教师总体质量距"专业化"所要求的水平也相距甚远。这一现象是多种因素综合作用的结果,如经济发展状况、文化价值导向、历史遗留问题、教育机构办学条件与教育思想等,但国家相关教育制度的缺位不容忽视。教师专业标准作为教师专业化的必备条件,是规范和衡量教师质量与专业程度的重要途径。直至2012年,我国才出台了教师专业标准。从时间上看,我国教师专业化的步伐比美英等国家落后很多。尽管如此,教师专业标准的成型终究是件好事,它为中学教师的职前教育树立了方向和目标,是国家教育改革与发展进程中一个重要的标志性节点。

方向大于努力,目标指引行动。我国教师的专业化水平低,从教育实施层

---

[1] 苏强.国际背景下的中国教师专业化[J].太原师范学院学报(社会科学版),2008(5).

[2] 王建磐.教师教育改革与教师专业发展:国际视野与本土实践[M].上海:华东师范大学出版社,2007:58.

[3] 高晓清,汤萌.对教师职业专业性的探讨[EB/OL].[2012-12-01].http://news.sina.com.cn/c/2005-03-01/11475234146s.shtml.

面看,追根究底是教师职前培养过程的问题,对整个教师职前教育进行重新审视非常有必要。

归根结底,要实现教师专业化,最核心的问题在于"如何培养专业化教师"。而要解决这一问题,最关键的是要理顺"培养目标""培养模式""培养内容"这几个环节并提出解决之道。"培养目标"关注的是教师教育要培养什么样的人才;"培养模式"就是采用什么手段和方式来培养教师;"培养内容"是解决教师教育的课程设置问题,即"教什么"以及"学什么"才能培养出具有一定专业水准的教师。"怎样教""怎样学"和"教什么""学什么"是同等重要的,二者是相互联系的辩证统一的关系,同时,也是解决教师专业化的关键问题所在。

如果说新世纪以前,由于我国中小学教师的供给处于供不应求的状态,满足教师在数量上的基本需要、快速充实壮大师资队伍是国家教育发展的首要任务,那么进入21世纪之后,我国教师的供求关系发生了历史性变化,每年师范毕业生的数量远大于市场需求,教师就业形势日趋严峻。与此同时,基础教育阶段各级学校对师范毕业生的整体质量要求越来越高,在这种形势下,我国教师教育发展进入了一个从满足"数量扩张"到调整结构的"质量优化"的转变时期。身处这种时代大背景之下,在教师专业化的视野中审视中学教师的职前教育不仅具有国情上的紧迫性,具有现状突围的重要性,更具有推进层面的可操作性,是势在必行的大事。

二、基础教育新课程改革对中学教师职前教育的挑战

国家的教师教育计划旨在为教育领域提供合乎一定要求的师资力量。随着基础教育改革的不断深化,各级各类学校对于师资力量的期望值和要求标准也在不断提高。在这种情况下,我国教师培养的质量现状与全面实施素质教育所要求的质量目标之间就凸现出一定的差距。

为了建设高水平的中小学师资队伍,教育部1998年12月24日制定了《面向21世纪教育振兴行动计划》,1999年6月13日国务院发布了《中共中央国务院关于深化教育改革全面推进素质教育的决定》,2001年又下发了《关于基础教育改革和发展的决定》。为贯彻落实以上文件精神,2001年6月教育部颁发了《基础教育课程改革纲要(试行)》,2005年开始在全国范围内推广。基础教育的新课程体系在课程功能、结构、内容、实施、评估和管理等方面都有很大的

变化和创新。这些改革举措都需要教师来最终落实,自然对教师的教育观念、知识结构和教学、研究能力等多方面都提出了新的、更高的要求。换句话说,基础教育改革的成功与否关键在教师的综合素质水平如何,而教师的综合素质高低又在很大程度上取决于高校教师教育的培养质量。因此,如何通过改革高校教师教育人才培养模式与课程体系,培养出能更好地适应基础教育改革的教师,是当前我国高校教师教育面临的一个重大挑战。这些挑战主要体现在如下几个方面:

(一) 教师角色定位的挑战:从教书匠到研究者

中学教师究竟应该具备什么样的社会形象,拥有什么样的职业角色定位?对这样的问题仁者见仁,智者见智,但从国家制度层面寻找权威性答案,应该是当下的可行之策。

面向未来社会的人才需求,基础教育课程改革对人才培养目标做出了更高的规定。其中,最显著的特色在于,各科的课程标准都提倡基于探究及合作的学习方式,培养学生学会学习、学会探究、学会合作,提高学生的动手实践能力和创新能力。学生学习目标和学习方式的变化必然要求教师教学方式有所改变。《国家中长期教育改革和发展规划纲要》明确指出,基础教育要注重学思结合,倡导启发式、探究式、讨论式、参与式教学,帮助学生学会学习,激发学生的好奇心,培养学生的兴趣爱好,营造独立思考、自由探索的良好环境。[1]新型的课堂教学不再是封闭性和单向性的,而应是开放性和互动性的。所有这些对中学教师提出了很大的挑战,需要他们改变传统观念,不再只是教学活动中知识的传授者,而成为学生探究学习的引导者和促进者。

所以,随着教育环境的变化及课程改革的深入,教师职业角色的转变成为必须。"教师的职责现在已经越来越少地传递知识,而越来越多地激励思考;除了他的正式职能以外,他越来越成为一位顾问,一位交换意见的参加者,一位帮助发现矛盾论点而不是拿出现成真理的人。他必须集中更多的时间和精力去从事那些有效果的和有创造性的活动:互相影响、讨论、激励、了解、鼓舞。"[2]

---

〔1〕 国家中长期教育改革和发展规划纲要(2010—2020 年)[EB/OL].[2012 – 07 – 25]. http://www.moe.edu.cn/publicfiles/business/htmlfiles/moe/moe_838/201008/93704.html.

〔2〕 联合国教科文组织国际教育发展委员会.学会生存:教育世纪的今天和明天[M].北京:教育科学出版社,1996:108.

中学教师要从传统的"教书匠"角色中走出来,从教科书的"忠实执行者"转变成能够创造性实施课程的研究者。教师的教学研究能力已成为教师专业成长的重要基础,新型教师不是形而上学的教书机器,而能够创造性地进行课程设计,实施新的教学实践方案,不断概括和反思自己实践的成败得失,不断改进、优化自己的职业行为和积极开展行动研究,进而实现专业自主和自身解放。[1] 为此,高等院校作为中小学教师的职前培养基地,必须适应基础教育课程改革的需要,培养出适应社会和教育发展的新型教师。而目前相对于基础教育课程改革而言,高校教师教育专业的改革明显滞后,不仅不能满足中小学校对教师质量的现实期望,更别提与中小学教育改革同步发展乃至适度超前了,这使得教师职前教育的改革迫在眉睫。

(二)教师知识与能力的挑战:从单一到综合

中学教师应该具备什么样的专业素养?对这个问题的解答首先要看中学教师知识与能力的现实状况。

受传统教育的影响,我国普通中学教学历来以分科课程为主,课程分化较细,各学科为满足升学的需要又片面强调各自的系统性和完整性,致使整个课程体系缺乏学科间必要的沟通与渗透。受到这种分科教学方式的影响,教师在职前培养中的学科专业知识定位往往比较狭窄,仅仅关注本学科的专业知识,而轻视其他相关学科的内容。这种知识结构的单一性、割裂性显然与社会发展的需要背道而驰。以现实生活中一个令人哑然的事情为例。在 2008 年 7 月 6 日中央电视台 2 套《三星智力快车》西安站周竞赛中,一高中生电话求助地理老师问题:"老师,请问:乾陵的墓主人是谁?"老师回答:"我历史不行,不知道!"主持人再强调这是一道地理知识题。但老师仍然坚持:"这不是地理题,是历史题。对不起,我不知道。"有学者指出,为"不知道"找个堂而皇之的理由,情有可原,但从担负的教育责任而言,这就不仅仅是某个教师知识面的客观问题了。[2] 这一案例不仅反映出基础教育的课程设置及教学方式方面的问题,还折射出中学教师的职前教育内容不够完善、不够合理的问题。

从我国初高中的理科教材可以看出,教材自身的难度系数较高,而教材所

---

〔1〕 刘旭东.论师范大学教师教育课程体系的构建[J].高教探索,2009(4).

〔2〕 蔡英树.井水何不"泛"河水?——谈综合课程对教师学科知识的挑战[J].中国教师,2009(4).

彰显的科学精神、科学技能及人文精神却远远落后于欧美等发达国家。我国中学的科学教师，无论是分科教师还是综合教师，仍强调对单一学科知识的掌握，却忽略系统化科学精神及科学技能的培养。关于中学理科教师科学素养的调查研究发现，目前教师科学素养的总体水平表现为参差不齐，在所测试的科学素养的科学方法、科学性质两个维度上存在薄弱环节，教师普遍在科学知识方面掌握相对较好，而对科学性质的认识不够。[1]上述理科课程师资所呈现的问题并不是独有的，在文科课程师资上也普遍存在。这些问题的存在并非无本之木，人们不难从中学教师的职前教育中找到原因。

如前所述，《基础教育课程改革纲要（试行）》在基础教育课程改革的具体目标中提出，"改变课程结构过于强调学科本位，学科过多和缺乏整合的现状以适应不同地区和学校发展的需要，体现课程结构的均衡性、综合性和选择性"[2]。新课程强调研究性学习、综合性学习，对于一个具体的教育问题很难通过某一个单独学科的知识和理论获得解决，这就需要学生具有跨学科的视野，不仅需要文科之间、理科之间的交流和对话，更需要在文理之间形成跨越。[3]既然学生在学习过程中需要打破传统科目之间的界限，学校就必须打破教学知识和社会日常生活知识之间的分离，教师的教学就不能仅仅根据自己的学科领域，而必须依靠不同学科知识的横向综合来进行教学设计和教学实施。所有这些，对教师来说，不仅涉及知识的拓宽和技能的补充，更涉及教育思想和理念的变化。

从现实上看，短时间内让所有分科教师成为全能的综合教师是不现实的，但新型理念的引导必须首先跟进，要通过宣传、教育，使教师具备"综合"意识，不能再因学科不同而导致无谓的泾渭分明。教师不仅要提高本学科知识水平和教育教学水平，还应了解相关学科的知识，努力拓展自己的知识面。这对中学教师的专业素养提出了更高的要求，也对我国中学教师的职前教育提出了新的挑战。

---

[1] 刘喜盈.中学理科教师科学素养调查研究[D].陕西师范大学硕士学位论文,2006:1.
[2] 教育部.基础教育课程改革纲要（试行）[EB/OL].[2013-02-10]. http://www.moe.edu.cn/publicfiles/business/htmlfiles/moe/moe_309/200412/4672.html.
[3] 于海滨,朱成科.从学科分立走向学科融合——新课程改革背景下的教师、教育课程体系的理性构建[J].辽宁教育研究,2006(4).

三、师范毕业生的就业困境对中学教师职前教育的诘问

职前教育,顾名思义,是为求职、就职奠定专业基础的教育。当前,师范毕业生如何能顺利就业不仅是每个师范生在求学阶段所纠结、烦恼的问题,更是教师、教育机构敏感、焦虑的问题。近几年师范生就业竞争加剧现象凸显,尤其是非重点院校师范毕业生就业难度进一步加大。这种现象主要系两种原因导致:一是近年来城镇中小学校合并数目较多而导致教师岗位缩减,用人需求减少;二是自2003年以来,我国开始实行教师资格认证制,面向社会吸纳教师人才,使得师资来源多元化。教师职业在稳定性、社会地位、发展前景等方面的吸引力,使部分综合性大学的毕业生也开始进入教育行业就业,不断分割着原有市场,使得师范生就业态势更趋白热化。

与此同时,师范生就业市场不仅存在总量上的供求偏差,也在供求结构上存在错位、供求关系上存在失衡。社会对优质教育资源的需求居高不下,而相应的教师培养质量并未及时跟进。随着小学学龄人口逐步减少,小学和初中师资的需求趋缓,部分地区已经开始冗余,中小学师资需求的主要矛盾将是质量问题,高中阶段教学对提升学历层次和教师综合素质的要求愈加明显。

随着教师职业"门槛"水涨船高,各级各类学校都期待能力更强、素质更高的毕业生加盟教师队伍。当前大众化"普适化"模式培养的毕业生很难满足基础教育阶段学校的个性化、创新化需求。作为师资队伍的培养者与师范生就业市场的供应方,高等院校身处市场焦点之中,肩负维护社会稳定、促进人才发展的重大责任。这种责任决定了高等院校对教师职前教育的改革必须一马当先。

那么,教师职前教育的改革究竟应该以何为出发点?有研究者指出师范教育没有自己的特色,师范专业结构模式简单,师范毕业生不具备从业竞争优势等问题。[1]还有研究者指出师范教育的专业口径窄,使学生的知识结构不合理,适应性差,发展空间受限。[2]另外,有些师范专业毕业生自身综合素质底蕴不足、相关学科涉及面少、对知识材料统整能力弱、多元化教学方法运用不足而

---

[1] 谢建社.高等师范教育改革的关键是教学内容和课程体系的改革[J].洛阳师范学院学报,2002(1).

[2] 齐平.高等师范教育面向21世纪教学内容与课程体系改革探索[J].河北大学学报,2000(2).

难以应付教学情境中的综合性实际问题等。[1]诸多研究结论不一而足,但都涉及一个核心问题,那就是教师职前培养必须首先考虑教师的实际职业要求,要按需而动,因需而变,不能自说自话,自以为是。

以中小学校对新教师的招聘为例。师范毕业生应聘教师岗位一般都需要参加招教考试。招教考试一般包括两个环节:笔试和试讲。笔试主要考察师范毕业生对基本教育理论的把握程度;试讲一般要求师范生在规定时间内,向评委们清楚地展现某一节课教学的教学设计。有研究指出,师范生对于所学课程的基本体系把握不足、对于新课程教材缺乏研究,导致在考试中难以取得理想成绩。[2]另一方面,由于在大学期间缺乏充分的教育教学实践训练,大部分师范生难以凸显教学亮点和个人特色。

尽管从宏观层面上看,师范毕业生就业难在很大程度上可归因为社会环境和社会需求变动问题,但深层的、直接的原因还是职前教育问题。纵观近几年教育部关于高等教育改革和教师教育改革的文件,无一不把创新教育对于提高高等教育质量的重要作用放在首位。为此,高校必须对师范专业的培养目标、培养模式和课程体系进行反思,树立起与市场联动的人才培养观念,用积极有效的方式帮助毕业生提高未来的就业竞争力。

总结以上几点说明,对中学教师的培养正面临着来自专业化发展需要、基础教育改革及学生就业困境加剧所带来的挑战。为了培养适应社会和教育发展的、具有高水平专业素养的中学教师,对教师职前教育的改革至关重要。本研究将对中学教师的职前教育进行比较系统全面的研究,旨在为中学教师职前教育的改革提供观念上的厘清、问题上的分析、方向上的指引和举措上的建议,因此其现实意义不可低估。

第二节 文献综述

当今社会,世界各国都意识到综合国力的竞争实质是教育的竞争,而教育竞争实质是教师素养的竞争。尤其是近年来,随着素质教育和新课程改革的逐

---

[1] 罗明东,陈瑶牛,亚凡.教师教育"综合型"培养模式的探索[J].大学研究与评价,2008(11).

[2] 曾永安,刘伟.论新建地方师范类院校就业困境与对策[J].劳动保障世界,2012(8).

步推行,提高教师专业素质的重要性日益凸显,中小学教师的职前教育受到社会各界广泛的关注,并日益成为教育研究中的热点话题之一。

关于教师职前教育的研究基本上都是围绕着培养模式和课程体系而展开的。由于培养模式和课程体系直接决定教师培养的规格与水平,因此这种研究课题的集中性不难理解。许多学者从不同角度对教师职前教育进行了细致的理论分析和具体的实证研究。本研究的关键词为"教师专业化"和"教师职前教育",从现有的文献资料来看,目前对教师专业化和教师职前培养及与之相关研究的文章比较多,就研究的取向而言,国内外学者主要致力于以下几个方面。

一、教师专业化研究

与某些科学理论的假说不同,教师专业化作为教师职业发展理论,是一种基于现实实践的经验积累及思想升华。因而,教师专业化研究比教师职业出现的时间晚得多。但人类的思想拥有不可估量的潜力,教师专业化理论发展至今,不仅仅是对已有教师职业发展的回顾与总结,更以其前瞻性、可持续性成为未来教师职业发展的方向指引,这不能不说是思想的强大力量所致。

从历史发展的进程来看,教师专业发展及其研究经历了由被忽视到逐渐关注、由关注教师群体专业化到关注教师个体专业发展、由关注专业发展的"外部"环境和社会对专业地位的认可到关注"内部"专业素质提高的转变过程。从研究的内容上来看,教师专业发展研究的焦点主要集中在教师专业化的特征及标准研究、教师专业发展过程的研究,以及教师专业化的促进方式研究上。

在专业的概念上,国内外学者从不同角度给出了不同界定。如表1-1、表1-2所示。

表 1-1 国外学者对专业的界定

学者	概念的界定与基本特征
布朗德士（Brandeis）1933 年	专业是一个正式的职业；为了从事这一职业，必要的上岗前的训练是以智能为特质的，包括知识和某些扩充的学问，它们不同于纯粹的技能；专业主要供人从事于为他人服务而不是从业者单纯的谋生工具，因此，从业者获得经济回报不是衡量他(她)职业成功的主要标准。[1]
石村善助	通过特殊的教育或训练掌握了已经证实的认识（科学的或高深的知识），具有一定的基础理论的特殊技能，从而按照来自非特定的大多数公民自发表达出来的、每个委托者的具体要求，从事具体的服务工作，借以为全社会利益效力的职业。[2]
卡尔·桑德斯	专业是一群人在从事着一种需要专门技术的职业，这种职业需要特殊的智力来培养和完成，其目的在于提供专门性的社会服务。[3]
霍伊尔	专业性职业是承担重大社会职能的职业；行使这一职能需要高度的知识能力；获得这些知识和发展专业能力需要接受一定时间的高等教育；这一教育和训练的阶段还包括专业价值的社会化过程；这些价值倾向以优先考虑雇主的利益为中心，并且在很大程度上明确体现在伦理守则中；由于以知识为基础的能力是在非日常的条件下行使的，因此，对于相应的实践拥有进行自主判断的自由对于专业人员来说至为根本；长期的训练、责任和雇主中心必然获得高度声誉和高水平报酬。[4]

表 1-2 国内学者对专业的界定

学 者	概念的界定
刘捷	通过特殊的教育或训练掌握了业经证实的认识，具有一定的基础理论的特殊技能，从而按照来自非特定的大多数公民自发表达出来的每个委托者的具体要求，从事具体的服务工作，借以为全社会利益效力的职业。[5]
叶澜	专业性职业至少有三个方面的规定：第一，作为专业的职业实践必须有专业理论知识作为依据，有专门的技能作为保证；第二，作为专业的职业，承担着重要的社会责任；第三，作为专业的职业，在本行业内具有专业性的自主权。[6]

---

〔1〕赵康.专业、专业属性及判断成熟专业的六条标准——一个社会学角度的分析[J].社会学研究,2000(9).

〔2〕刘慧.教师职业专业性的思考——基于专业标准的分析[J].辽宁教育,2011(9).

〔3〕Carr-Saunders, A. M. The Profession [M]. Oxford: Clarendon Press,1933:3-4.

〔4〕转引自张贵新.对教师专业化的理念、现实与未来的探讨[J].外国教育研究,2002(2).

〔5〕刘捷.教师职业专业化与我国师范教育[J].天津师范大学学报,2001(2).

〔6〕叶澜.新世纪教师专业素养初探[J].教育研究与实验,1998(1).

第一章 导言

续表

学　者	概念的界定
教育部师范教育司	专业指一群人在从事一种必须经过专门教育或训练,具有比较高深和独特的专门知识和技术,按照一定的专业标准进行的活动,通过这种活动解决人生和社会问题,促进社会进步并获得相应的报酬待遇和社会地位。[1]

关于教师职业是否是一种专业职业,大多数学者的观点是:教师职业是准专业,正处于从半专业、准专业向完全专业道路不断前进的过程中。[2]也有的学者认为,教师职业是一门专业,因为"教师职业具有较高的专门知识和技能、教师职业有较高的职业道德、教师职业需长时间的专门训练、教师职业需要不断地学习进修、教师职业有相当高的自主权"[3]。

关于教师专业发展过程的研究主要关注教师实际经历的专业发展的变化过程,侧重于研究教师专业发展体现在哪些方面、各个方面发展要经历哪些阶段等。关于教师专业发展的阶段的研究,尽管内在的逻辑顺序一致,但不同研究者对不同阶段、阶段名称、阶段特色的归纳不尽相同,如表1-3、表1-4所示。

表1-3　国内学者对教师专业发展阶段的研究

学　者	教师专业发展的阶段划分
朱玉东	从教前、从教后两个阶段。[4]
王秋绒	师范生、实习生、合格教师三个阶段。[5]
刘捷	师范生、学徒式教师、基本合格的教师、优秀的教师。[6]
唐玉光	入职前的教师资格储备阶段、入职专业辅导阶段、在职在岗的专业化阶段。[7]
陈永明	适应和发现期、稳定期、适应期或重新评价期、平静期和保守期、退出教职期。[8]

---

[1]　教育部师范教育司.教育专业化的理论与实践(修订版)[M].北京:人民教育出版社,2003:9.
[2]　刘捷.教师职业专业化与我国师范教育[J].天津师范大学学报,2001(2).
[3]　宋吉缮.论教师职业的专业化[J].清华大学教育研究,2003(2).
[4]　朱玉东.反思与教师的专业发展[J].教育科学研究,2003(11).
[5]　王秋绒.教师专业社会化理论在教育实习设计上的意义[M].台北:师大书苑,1991:33-48.
[6]　刘捷.专业化:挑战21世纪的教师[M].北京:教育科学出版社,2002:150,4-5.
[7]　唐玉光.基于教师专业发展的教师教育制度[J].高等师范教育研究,2002(5).
[8]　陈永明.现代教师论[M].上海:上海教育出版社,2003:186-188.

续表

学　者	教师专业发展的阶段划分
傅树京	教师对职业的适应、探索、建立、成熟、平和五个阶段。[1]
裴跃进	准备期、初始期、适应期、胜任期、成熟期、创造期、稳定期、退隐期八个阶段。[2]

表1-4　国外学者对教师专业发展阶段的研究

学　者	教师专业发展的阶段划分
伯顿(Burden)	三阶段:求生存阶段(Survival Stage)、调整阶段(Adjustment Stage)和成熟阶段(Mature Stage)。[3]
美国学者卡茨(Katz)	四阶段:求生存阶段(Survival)、巩固阶段(Consolidation)、更新阶段(Renewal)和成熟阶段(Maturity)。[4]
伯林纳(Berliner)	五阶段:新手阶段(Novice)、进步的新手阶段(Advanced Beginner)、胜任阶段(Competent)、熟练阶段(Proficient)和专家阶段(Expert)。[5]

二、中学教师职前培养理念与目标研究

教师职前培养理念和目标研究,涉及对教师职前培养所依据的价值观或思想依据的分析。

在教师培养的价值取向上,师范大学课程价值取向中就存在着"学术性"和"师范性"的争论。有学者指出,在新时期对"学术性"的追求,淡化了教师教育课程体系中的"师范性"色彩,"学术性"与"师范性"的处理失当,更加剧了现今教师教育课程体系中的问题。[6]

还有学者指出,当前教师教育的课程体系过于注重功利性,而对人本性关注较少,对从事教育行业的教师本人缺少深入的研究。教师教育课程围绕教师

---

[1] 傅树京.构建与教师专业发展阶段相适应的培训模式[J].教育理论与实践,2003(6).
[2] 裴跃进.教师专业发展阶段基本内涵的探究[J].重庆文理学院学报(社会科学版),2008(1).
[3] 转引自程岭.教师发展阶段理论综述及发展水平模型的构建[EB/OL].[2013-01-15]. http://www.docin.com/p-457075672.html.
[4] 肖丽萍.国内外教师专业发展的研究评述[J].中国教育学刊,2002(5).
[5] 申继亮.教师职业及其发展[J].中小学教师培训,2000(3).
[6] 周瑛.教师教育课程体系存在的问题及原因分析[J].济源职业技术学院学报,2009(2).

第一章 导言

职业需要建构了一种单一向度的课程内容体系,这导致教师素质畸形发展,给教师自身和学生的发展都带来危机。[1]

与教师职前培养理念相比,培养目标的研究文献较少。在万方数据库中仅有两篇学位论文是针对师范专业培养目标的。例如,黄正的硕士学位论文《普通本科物理学(师范类)专业培养目标研究》提出,普通师范院校物理学(师范类)专业应该保持师范特色和物理特点。[2]沈红的硕士学位论文《新课程改革背景下高师地理教师培养目标研究——基于地理教师素质的视角》结合新课程对地理教师的素质要求和现行高师地理教师培养目标中存在的缺陷,构建了新课改背景下的高师地理教师培养目标。[3]这两篇论文都是针对具体某一学科专业的培养目标进行论述的。关于师范专业的具体培养目标,深入的系统化研究尚需充实。

三、中学教师的职前培养模式研究

因研究对象具有多样性、丰富性,因此教师职前培养模式研究的相关成果较多。这些研究主要集中在对人才培养模式概念的界定、培养模式的类型归总、发达国家的教师培养模式分析以及对我国人才培养模式问题与对策的提议等方面。

关于人才培养模式的概念,尽管不同学者从不同的角度给出界定,但都可以归到两类。一类是广义的界定,把人才培养模式理解为培养体系各种要素的组合,例如人才培养模式是指"在一定教育思想指导下,培养目标、教育制度、培养方案、教学过程诸要素的组合"[4]。另一类是狭义的界定,主要是将教师人才培养模式界定在教学活动的范畴内对其内涵进行诠释,例如,"在一定的教育思想、教育理论和教育方针的指导下,各级各类教育根据不同的教育任务,为实现培养目标而采取的组织形式及运行机制,即是培养模式"[5]。

有的研究者关注教师培养模式的不同类型。例如,蒋亦华在《本科层次中

---

[1] 罗生全,张莉.教师教育生命课程体系建构[J].教师教育研究,2010(4).
[2] 黄正.普通本科物理学(师范类)专业培养目标研究[D].湖南科技大学硕士学位论文,2007:1.
[3] 沈红.新课程改革背景下高师地理教师培养目标研究——基于地理教师素质的视角[D].浙江师范大学硕士学位论文,2007:1.
[4] 俞信.对素质和人才培养模式的基本认识[J].工程教育研究,1997(4).
[5] 阴天榜.论培养模式[J].中国高教研究,1998(4).

小学教师培养模式的主题建构》一文中介绍了三种培养模式,分别是由师范院校培养的"封闭式",由师范院校结合综合性大学共同培养的"混合式",以及由综合性大学培养的"开放式";并指出,现今小学师资有由封闭式向开放式过渡的趋势。[1]

而更多的研究者对发达国家的中小学教师培养模式进行分析,以期对我国的教师教育改革提供借鉴。其中比较有代表性的是美国专业发展学校模式(PDS)与英国的以中小学为基地的培养模式。例如,杨豪杰在硕士学位论文《英国"以学校为基地"的教师培养模式探析》,分析了英国"以学校为基地"的教师培养模式的产生、发展、具体运作方式与实施效果等,探讨了英国"以学校为基地"的教师培养模式给我们的启示和借鉴。刘向平的学位论文《专业化趋势下美国教师培养模式的变迁》、袁锦的《美国中小学双语教师职前培养模式探析》等对美国中小学教师的培养模式进行了研究。这些研究的结果对我国教师培养模式的改革都有一定的参考和借鉴作用。

当前的培养模式较少考虑到职前教育与职后培训的衔接,这也是研究者关注的一个问题。教师的"职前"教育与"职后"教育相分离[2],在体制上,横向贯通、纵向衔接的教师教育体系尚未建立[3]。

从培养模式的研究看,当前的研究还存在一些明显的问题。比如,在对培养模式的界定上与教育实践中频繁被使用的教师培养模式类型在内涵上并不一致,也缺少针对性、适用性。

四、中学教师职前教育的课程体系研究

课程体系对教师培养质量具有直观性、直接性的影响,从已有的研究文献来看,在对教师职前培养的研究中,课程体系研究所占的比重最大,所取得的研究成果最多。

国内关于教师教育课程体系的研究,既包括理论研究也包括实践研究。课程体系研究遵循"问题—对策"模式,即研究者主要围绕我国高校正在实施的教

---

[1] 蒋亦华.本科层次中小学教师培养模式的主体建构[J].江苏高教,2008(4).
[2] 连翠娥.我国教师教育课程体系的构建[J].山西高等学校社会科学学报,2007(5).
[3] 上海师范大学教育科学学院教师教育改革研究组.教师教育培养模式与课程改革的总体设想[J].上海师范大学学报,2003(12).

师教育课程体系存在的问题而展开讨论并提出建议,主要集中在价值取向、课程体系设置的原则或依据问题、课程结构、课程内容、教育实践环节等方面。

张忠华指出,我国师范教育专业课程设置标准不明确,增设课程的随意性较大。[1]而邓双喜则指出:"对于办学历史悠久的高师院校来说,虽形成了自己传统的课程理念和课程风格,课程计划科学规范,但由于自恃高傲而往往因循守旧,缺乏超前意识和敢为人先的课程行为。""对于刚由专科升格为本科的师范院校来说,课程计划似有将'专科课程计划'分解与扩充的痕迹,专业课程计划多属拼凑而成,缺乏系统的分析研究,没有科学性,更谈不上自己的特色,'舶来'的课程较多,造成课时膨胀,学生负担过重;同时,受专任教师不足的影响,随意调整课程计划的现象时有发生,导致课程计划的法律功能丧失。"[2]

我国教师职前教育课程体系的结构比例不合理是众多学者的共识。有的学者指出理论课程、实践课程和研究性课程缺乏通盘考虑[3],教育专业课程比重过低,不能体现教师教育专业的要求[4]。有的学者认为,在师范院校,教育学科多被简单地定位为"公共课"(而不是专业课),在学科体系中被边缘化,学科教学法在各学科专业课程结构中也处于从属地位,教育实习得不到应有的重视。[5]有学者对全国9所省级师范大学的教学计划进行调查研究发现,我国的师范专业三类课程比例失调,公共课学时占总学时的32%,专业课学时占总学时的60.5%,两类课加起来的学时已经占到了总学时的92.5%,而教育类课程仅占总学时的7.5%。[6]

课程设置也是一个亟待变革的关键问题。总体而言,师范专业的教师教育课程内容没有达到与时俱进的水平。有的学者指出,在观念上,教师职业的专业化属性没有得到广泛的认可;在内容上,教师专业化特色未得到充分凸显。

---

[1] 张忠华.构建我国教师教育新课程体系的几点思考[J].教育与现代化,2009(3).
[2] 邓双喜.论高师教师教育课程体系创新[J].当代教育论坛,2010(4).
[3] 张忠华.构建我国教师教育新课程体系的几点思考[J].教育与现代化,2009(3).
[4] 吴金昌,齐平.论教师教育培养模式与师范院校的课程改革[J].中国高教研究,2005(8).
[5] 刘旭东.论师范大学教师教育课程体系的构建[J].高教探索,2009(4).
[6] 牛佳,徐宝芳.双学位教师教育人才培养模式的课程体系构建[J].内蒙古师范大学学报(教育科学版),2007(11).

[1]学者们反映了课程设置的一系列问题:课程内容残缺与陈旧并存[2];教学内容陈旧,不适应高师教育教学内容现代化的需要[3];教学内容不能反映基础教育课程改革的变化[4];学生的人文社会科学知识贫乏,课程设置重视师范生对科学技术的掌握,忽视他们人文素质、心理素质的培养,与高师整体性素质教育的培养目标相悖[5];师范性课程与学术性课程融合不够,学科教学知识没有引起足够的重视[6];等等。还有学者指出当前师范专业课程内容的学科取向问题:"学科本位色彩严重,一味以习得逻辑化、体系化的教育学科知识为目标,未能很好地解决为什么要学教育学科知识、学什么样的教育学科知识以及学它干什么的问题。"[7]

  关于教育实践活动的研究也是一个热点。研究者认为教育实践环节对师范生教学技能的提高具有非常重要的作用,因此职前教育应加强教育实践环节。但众多研究者均指出,当前师范教育实践环节弱化或匮乏。例如,教师脱离实际,学生实习时间不足[8],教育实践机会短缺,环节松散、低效[9]。教育实践流于形式,教师的教学智慧没有应有的生成和发展等。[10]在培养途径或方式改革的对策方面,有学者认为,师范生培养应突出"实践为重"。所谓"实践为重"是指学科教育专业培养的学生面向基础教育和当前课程改革的实际情况,必须是经过教师教育机构系统训练这一关的"上手者",体现教师专业教育的发展性。[11]

  针对我国高校师范专业课程体系存在的问题,研究者给出了不同的改革建

---

  [1] 上海师范大学教育科学学院教师教育改革研究组.教师教育培养模式与课程改革的总体设想[J].上海师范大学学报,2003(12).
  [2] 滕明兰.对我国教师教育课程体系改革的构想[J].教育理论与实践,2004(5).
  [3] 齐平.高等师范教育面向21世纪教学内容与课程体系改革探索[J].河北大学学报,2000(2).
  [4] 吴金昌,齐平.论教师教育培养模式与师范院校的课程改革[J].中国高教研究,2005(8).
  [5] 齐平.高等师范教育面向21世纪教学内容与课程体系改革探索[J].河北大学学报,2000(2).
  [6] 张忠华.构建我国教师教育新课程体系的几点思考[J].教育与现代化,2009(3).
  [7] 刘旭东.论师范大学教师教育课程体系的构建[J].高教探索,2009(4).
  [8] 上海师范大学教育科学学院教师教育改革研究组.教师教育培养模式与课程改革的总体设想[J].上海师范大学学报,2003(12).
  [9] 滕明兰.对我国教师教育课程体系改革的构想[J].教育理论与实践,2004(5).
  [10] 张忠华.构建我国教师教育新课程体系的几点思考[J].教育与现代化,2009(3).
  [11] 于海滨,朱成科.从学科分立走向学科融合——新课程改革背景下的教师教育课程体系的理性构建[J].辽宁教育研究,2006(4).

议。张忠华的研究认为,构建科学、合理和完整的教师教育课程新体系,可采取通用性、继承性、针对性、借鉴性四个向度去整体解决。以教师职业专业化的标准设置课程;继承我国教师教育课程体系建设的经验;针对基础教育课程改革需要什么样素质的教师;借鉴发达国家教师教育课程研究经验。[1]刘旭东则认为,教师教育课程设计应遵循以下四个原则:以增加学生课程选择的可能性和机会为导向;要满足教师专业发展的需要;能够适应学分制管理的要求;要密切关注课程改革,予其以强有力的支持。[2]张西方的研究指出,教师教育课程要反映新课程改革的精神,在设置上应体现课程的科学性、均衡性、综合性和选择性。[3]而从教师专业化的角度,有学者指出:"高师院校必须建立与之相适应的'综合型'课程体系,围绕创新型专业化教师人才所必须具备的宽口径、厚基础、高素质的基本要求来进行课程体系的改革。高师培养的未来教师既要具有坚实的学科专业基础知识、宽厚的人文知识素养、扎实的教师职业技能和较强的更新知识的能力;又要有高境界的思想道德素质、高情感、高稳定动力结构的心理素质和高体能的身体素质。"[4]

还有相当一部分学者认为,美英等发达国家在教师教育课程改革和建设方面已经取得了不少成功的经验,有很多值得我国借鉴之处。在参考发达国家教师教育办学经验和课程建设的基础上,许多研究者对我国的教师教育培养模式及课题体系改革提出一些有用的建议。例如,邓双喜在《论高师教师教育课程体系创新》一文中建议,师范院校要切实增加体现"师范性"的课程,实现教育类课程的结构性优化,除开设普通心理学、普通教育学、学科教学论、班主任工作理论与实践等教育类必修课外,还应开设一些包括教育心理学、心理测量与咨询、家庭教育学、社会教育学、现代教育技术、教育测量与评价、教育研究方法论、教师教育教学技能、教育实习指导等课程在内的选修课程,并创造条件使教育类课程的比例达到各专业总课时的20%~30%。[5]

---

[1] 张忠华.构建我国教师教育新课程体系的几点思考[J].教育与现代化,2009(3).
[2] 刘旭东.论师范大学教师教育课程体系的构建[J].高教探索,2009(4).
[3] 张西方.基于"新课程"的教师教育课程体系的构建[J].洛阳师范学院学报,2005(6).
[4] 杨美元.从教师专业属性谈教师教育课程体系构建[J].当代教育论坛,2008(5).
[5] 邓双喜.论高师教师教育课程体系创新[J].当代教育论坛,2010(4).

五、中学教师的资格认证制度研究

教师资格制度是一种职业许可制度,它规定了教师资格的认定标准、考试内容、认定程序,管理方法等。教师资格证书制度与《教师法》《教师职业道德条例》等共同构成了师资队伍质量的法律保障体系,因此,教师资格认证的研究也是本研究的一个重要组成部分。

由于我国教师资格制度建立时间较短,很多学者都关注我国教师资格制度的问题。例如,曾杨在《解读我国的教师资格制度》一文中指出,由于我国的教师资格制度建立时间尚短,问题很多,对教师素质的影响和提高效果不显著,现实中的教师与人们心目中教师的形象相去甚远,这是教师资格制度中存在的大问题;教师资格的永久性阻碍了教师的专业发展和进步;关于教师资格的认定,作者认为教师资格的种类需要多样化,认定的门槛要提高,类似学科的教师资格可以有条件地融通,把呆板的教师资格认定过程变得灵活。[1]

赵红在《我国教师资格实施中存在的问题及其完善》一文认为:①教师资格认定的条件偏低;②教师资格考核中没有触摸到教师的专业素质;③教师心理是否适合教师工作在考核中无从知晓;④资格从获得那一刻开始,可以一直使用,没有激励教师的措施;⑤教师资格分类笼统。[2]

还有的学者指出如下问题:①教师资格在认证的时候只限我国公民,申请认定的起始学历不高,对教育教学能力的考察比较粗略;②资格考试制度有待完善,资格考试的对象不宽广,考试的内容与教师职业专业化的要求差距较大,资格考试紊乱,要加强组织与管理;③教师资格证书种类不适应时代的发展,太单一,划分不严谨,资格证书在从教生涯中一直不过期,教师资格之间没有章法地、胡乱地替换。[3]

付超慧的硕士学位论文《我国教师专业化背景下的教师资格制度研究》中将我国的教师资格证书制度存在的问题概括为四个方面:教师资格制度的法律制度不完善;教师资格的认证标准不规范;教师资格证书的管理滞后,与教师专业化背景不相宜;教师资格考试制度简单、粗糙,与教师教育的课程标准不一

---

[1] 曾杨.解读我国的教师资格制度[J].郧阳师范高等专科学校学报,2007(3).
[2] 赵红.我国教师资格实施中存在的问题及其完善[J].陕西教育学院学报,2008(3).
[3] 卢万和,蔡文香.教师资格认证制度存在的问题及完善策略[J].成人教育,2008(2).

致。该论文从多个角度对我国教师资格制度的改革提出了建议:①强化教师专业化意识,树立与时俱进的教师素质观;②完善有关教师资格制度的法律法规;③完善教师资格认定制度;④变革教师资格考试;⑤规范教师资格管理层面;⑥做好教师资格制度的配套措施。[1]

综上所述,关于中学教师的教师职前教育的研究成果是比较丰富的。这些研究成果对我国教师教育的改革起到了有力的促进作用,但现阶段关于中学教师职前教育的研究也存在一些不足之处,不容忽视。有学者指出,当前的教师教育研究中,专业化研究偏于以医学为榜样,试图"制作"教育科学,但为教学实践服务的教育科学本来就不存在;政策研究偏于行政干预,多采用自上而下的刚性措施,常常欲速则不达;国际比较研究偏于照抄照搬,迷信西方发达国家的现成模式,往往与中国教师教育的实际相差甚远。[2]不仅如此,从教师职前教育研究的切入点来看,还存在以下问题:从单一角度研究教师职前教育的较多,将中学教师的职前教育置于多重视野中进行系统全面研究的较少;教师教育的培养目标、模式、课程体系以及对职前教师的认证的研究缺少一定的理论支撑,未能和教师专业化的理论研究相结合。这些方面均需要新的研究成果的补充。

第三节　研究设计

一、主要概念

对概念的厘清是研究的前提。本研究涉及的主要概念包括"教师专业化""中学教师""职前教师""教师教育"等。

(一) 教师专业化 (Teachers' Professionalization)

教师专业化包含双层意义。从教师个体的角度,教师专业化是指教师个体通过职前教育成为符合教师专业标准的教师其可持续的专业发展过程;而从教师群体的角度,则指教师职业整体从非专业性职业、准专业性职业向专业性职

---

[1] 付超慧.我国教师专业化背景下的教师资格制度研究[D].四川师范大学硕士学位论文,2010:26-38.

[2] 金忠明.教师教育的困境、挑战及机遇[J].首都师范大学学报(社会科学版),2009(5).

业进步的过程。

（二）中学教师(Secondary School Teacher)

在我国,中学包括两个学段:初中(7—9年级)和高中(10—12年级)。中学教师包括在初级中学和普通高中任教的所有科目教师。中学学校开设的科目可以分为两类。一类是常规的普通科目,例如语文、数学、英语、物理、化学、生物、历史、地理、政治等;另一类是艺术、体育等特殊科目。两类科目的性质明显不同。本研究中的"中学教师"指的是在初级中学和普通高中任教的非特殊科目教师,即艺术、体育等特殊科目之外的其他科目教师。

（三）师范教育与教师教育(Normal Education and Teacher Education)

我国一直把教师培养称为师范教育,把培养中小学教师的学校称为"师范大学""师范学院（校）"等。师范院校在英文里是Normal University或Normal School,也就是常规学校,之所以这么命名是因为未来的教师必须按照常规的方法进行教学。[1]20世纪60年代以来,终身教育的思想极大地影响了人们对师范教育以及教师继续教育规律的认识,逐渐形成了"教师教育"的概念。教师教育的内涵丰富,在内容上包括文理科学的一般教育、所教学科领域的学科专门教育以及教育专业教育和学校情境中的教学实践;从顺序来看有职前培养、入门适应和在职培训;从形式来看有正规的职前学校教师教育和非正规的校本教师教育;从层次来看有中师、专科、本科和研究生教育。[2]

2001年,《国务院关于基础教育改革与发展的决定》中首次提出教师教育的概念。该决定提出"完善教师教育体系,深化人事制度改革,大力加强中小学教师队伍建设;要完善以现有师范院校为主体,其他高等学校共同参与、培养培训相衔接的开放的教师教育体系"[3]。这是我国政府文件首次正式使用"教师教育"概念替代"师范教育"概念。它标志着21世纪里我国教师教育全面改革的开始。2002年2月国家教育部颁发的《关于"十五"期间教师教育改革与发展的意见》做出了一个比较明确的界定:"教师教育是在终身教育思想指导下,

---

〔1〕 周慧芳.美国科学教师教育对我国科学教育专业建设的启示[D].广西师范大学硕士学位论文,2005:5.

〔2〕 刘捷.专业化:挑战21世纪的教师[M].北京:教育科学出版社,2002:112-113.

〔3〕 国务院关于基础教育改革与发展的决定[EB/OL].[2012-12-15].http://baike.baidu.com/view/2990502.htm? fr=aladdin.

按照教师专业发展的不同阶段,对教师的职前培养、入职教育和在职培训的统称。"[1]

从"师范教育"到"教师教育"的转变不仅仅是措辞的变化,也反映了教师培养理念上的转变。"它跳出了传统的师范教育囿于对未来教师的职前培养的藩篱,力图打破职前教育和在职教育的鸿沟,实现职前职后教育一体化,将终身学习的观念融入教师教育中。"[2]

从教师的专业成长过程来看,教师教育被分为职前教师教育和在职教师教育。职前教师教育是指对准备进入教师职业的人所进行的专业化培养教育,或者说是为培养新教师进行的专业化教育训练。[3]教师的职前教育是教师教育的第一个阶段,一般由师范院校来承担,或由综合性大学的师范专业承担,处于该阶段的学生也可称为"职前教师"。尽管师范教育的概念逐渐被教师教育的概念所替代,但在现实中,仍被人们广泛使用,例如在2002年教育部颁发的《关于"十五"期间教师教育改革与发展的意见》、2011年教育部颁发的《关于大力推进教师教育课程改革的意见》中,教师教育和师范教育两个概念同时被使用。本研究认为,师范教育是教师教育的一个组成部分。在讨论中学教师的职前教育阶段,两个概念在含义和指向上具有等同性。因此,在本文中职前教师和师范生在内涵上也是等同的。

二、研究目的与问题

中学教师的职前教育涉及界面广阔,参与角色众多,涉及环节复杂,是一个综合的、多变量的体系,对中学教师职前教育的审视必须在系统论的范畴内进行。我国中学教师的职前教育所存在的问题,不单单是培养目标、培养模式或培养内容哪一个要素模块方面的问题,而是从目标设定到生源选拔、培养过程乃至教师资格认证的整个纵向流程都存在问题。如果不能对教师教育专业的改革予以通盘考虑,而仅仅是"头痛医头,脚痛医脚",其改革的结果只能是流于形式。

---

[1] 教育部关于"十五"期间教师教育改革与发展的意见[EB/OL].[2012-12-15].http://www.chinalawedu.com/news/1200/22598/22615/22793/2006/3/we841541726111360023234-0.htm.

[2] 周慧芳.美国科学教师教育对我国科学教育专业建设的启示[D].广西师范大学硕士学位论文,2005:5.

[3] 陈时见.教师教育课程论历史透视与国际比较[M].北京:人民教育出版社,2011:15.

从当前关于中学教师职前培养问题的研究来看,总的来说,研究的切入角度比较局限,大多从培养模式、课程体系等单一要素入手,立意基点薄弱,缺少系统统筹,在研究深度、广度和方法上均有需要提高之处。鉴于此,本研究的目的是在教师专业化的理论视野中,运用系统论的方法将中学教师的职前教育视为一个整体,剖析我国的中学教师职前教育在培养目标、培养模式、培养内容、资格认证等不同要素方面存在的问题,从宏观和微观两个层面进行深入细致的研究。在对发达国家中学教师职前教育实践的特点进行总结,并对我国当前教师教育改革的成效与不足进行梳理的基础上,本研究将对中学教师职前教育的专业化提出全面具体的改革设想。

本研究的具体问题如下:

(1)以教师专业化作为理论依据,中学教师这一职业具有什么特点?教师的专业发展阶段如何划分?中学教师应该具备怎样的专业素养?

(2)以系统论的观点,中学教师职前教育涉及哪些重要的要素?它们之间的构成方式和内在关系如何?

(3)以教师专业化作为比较基石,发达国家中学教师职前教育在培养标准、培养模式、课程设置及对中学教师的资格认证等方面具有什么特点?可以提供什么样的启示或参照?

(4)以教师专业化作为衡量标准,我国现阶段中学教师职前教育存在哪些问题?引起这些问题的原因何在?

(5)我国当前教师教育的改革采取了哪些措施?取得了那些成效?还存在什么不足之处?

(6)以教师专业化作为发展方向,我国中学教师职前教育从培养目标、培养模式、培养内容、教师资格认证等方面应该怎样进行科学的重构?

与现阶段关于教师教育的研究相比,本研究的特点在于:

第一,多重的研究视角。

在以教师专业化作为理论主线的基础上,本研究拟通过多重角度切入,对中学教师职前教育体系进行研究。比如,在基础教育课程改革的视角中分析和研究高校教师教育培养内容所存在的反应滞后问题;在国际比较的视角中审视我国高校教师教育体系的落差与不足;在提升教师专业发展及人本价值的视角中寻找教师职前教育体系改革的支撑点及重构方式。

第二,渐进的研究体系。

渐进的研究体系依循着由宏观到微观、由总体到局部、由框架到细节的研究顺序,层层递进,剥茧抽丝,体现出逻辑关系的清晰性、条理性。在理顺教师专业化与教师素养关系的基础上,本研究对中学教师职前教育的目标、模式、内容予以分析和界定。在培养目标的分析上,体现出不同层级的渐进;在课程体系的解析上,体现出由要素到结构的渐进。

三、研究方法

本研究将借鉴已有的研究方法,运用文献研究方法、比较研究方法、访谈方法、系统论方法等进行研究。

(一)系统论方法

系统论既是一种观点,也是一种方法。所谓系统论方法,是指用系统科学的理论来认识和解决实际问题的方法。在实际运用中,系统论把研究对象视为一个系统,从整体观念和全局高度出发,在系统与要素、要素与要素、结构与功能以及系统与环境的对立统一关系中,对研究对象进行考察、分析和研究,以得到最优化的处理结果。

本研究运用系统论的方法,把教师的职前教育视为一个开放的系统,由培养理念、培养目标、培养模式、课程体系、资格认证制度等要素组成。这些要素具有不同的功能和特点,又彼此制约、相互作用构成复杂的运行机制。培养目标规定了培养方向和培养层次,是教育教学活动的出发点和归宿,具有导向作用,也是课程设置的基本依据;培养模式是指为实现培养目标而采取的组织形式及运行机制;培养内容是指为实现一定的培养目标经选择而纳入教育活动过程的知识和活动的总体;而资格认证则是指对职前教师的专业素养进行检验的过程与相关制度。中学教师职前教育的效果取决于培养目标、培养模式等各个要素,以及它们之间的结构关系。

(二)比较研究方法

比较研究法是社会科学研究中广泛运用的一种研究方法,是指对两个或两个以上的事物或对象加以对比,找出它们之间相似性与差异性的一种分析和研究方法。而在教育研究中,比较研究方法可以理解为,根据一定的标准,对不同国家(或地区)的教育制度或实践进行比较研究,找出各国教育的特殊规律和普遍规律的方法。[1]

本研究将运用比较研究方法对美国、英国、澳大利亚三个国家的教师教育的培养标准、培养模式、课程体系等进行比较,发现其共同点和差异,并以此作为分析我国中学教师职前教育问题与提出对策的基础之一。

之所以选择美、英、澳三个国家,是因为这三个国家的高等教育事业非常发达,中学教师职前教育体系较为完善,拥有成熟的教育认证制度,大学力求办学特色,追求学校、学科、专业及培养人才的个性,追求与其他学校的差异,努力打造自身的社会品牌形象。具体到教师职前培养,这些国家具有比较先进的教师教育理念、较为成熟的教师专业标准、多样化的培养模式、科学合理的课程体系以及严格规范的教师资格认证制度。所有这些都值得我们去分析和借鉴。

(三) 文献研究方法

文献研究是任何科学研究的基础。文献研究部分的主要目的是综述已经存在的相关研究,总结前人做了些什么、如何做的、有哪些主要发现等。更重要的是发现已有研究还存在哪些不足之处与空缺,从而确定具体的研究方向和问题。

本研究中的文献研究方法主要有两种:一种是演绎研究,即从教师专业化的理论出发,把教师专业化作为本研究的价值立场,来审视和剖析当前的中学教师职前教育实践,并思考相应的改革对策;另一种是归纳研究,即对国内外学者关于教师专业化理论以及中学教师职前培养观念、模式、内容、制度等方面研究成果进行详尽的梳理和归纳,目的在于提出新的看问题的角度,帮助自己厘清所研究的问题,更深入地理解教师专业化理论,为探讨中学教师职前教育的改革提供更深入、更到位的理论支持。

本研究使用了大量的原始文献,包括教师教育发展的政策文本、高校教师教育专业的培养方案等。由于这些文献是客观存在的,具有稳定性,因此研究所得结论具有较高的可靠性。原始文献主要来源于国内外教师教育机构网站上提供的人才培养方案、课程设置、课程介绍,以及相关政策措施、规章制度等文件。通过对这些文本的深入了解和分析,可以总结出我国教师职前教育存在的问题、教师教育改革的实践特点,并对发达国家中学教师职前教育形成较为

---

[1] 吴文侃,杨汉青.比较教育学[M].北京:人民教育出版社,1999:21.

深入的认识。

其他文献来源有国内外出版的各种图书和期刊,通过中外文数据库、Google和百度搜索得到的国内外相关文献资料,等等。具体做法方面,一是查阅大量关于教师专业化、教师教育改革、教师专业标准、人才培养模式、课程体系、教师资格认证等方面的图书资料文献;二是通过网上中国期刊全文数据库和中国学位论文全文数据库,对近年来公开发表的学术文章和优秀的硕士博士学位论文进行关键词检索,然后查阅整理。

(四) 访谈方法

访谈是指研究者访问被研究者并进行交谈而获取信息的一种研究性交流活动。访谈有特定的目的并遵循一定的规则。运用访谈法可采用面对面、电话或网络电话、邮件等方式进行。访谈法具有灵活方便、易于双向交流、容易获得被访谈者的真实观点、捕捉新信息或深层次信息等优点。运用访谈方法要求访谈人员必须经过专业训练,具有较高的访谈技巧。

本研究运用访谈方法的目的是,通过访谈获得师范生、中学一线教师、中学校长对中学教师职前教育课程体系改革的看法、意见和建议,为构建新课程体系提供可靠的现实依据。本研究的访谈对象有三类:中学校长5人,其中初中校长3人,高中校长2人;中学教师18人,包括语文、数学、英语、物理、化学、生物、历史、地理、政治(思想品德)9门中学普通科目的中学教师,其中初中教师和高中教师比例各占一半;参加过教育实习的师范生16人,来自汉语言文学、数学与应用数学、英语、物理学、化学、生物学、历史学、思想政治教育8个师范专业的师范生,每个专业2人。针对不同的访谈对象制作了不同的访谈提纲(见附录一、附录二、附录三)。所有访谈均采用面对面的个别访问方式进行。通过较为深入的访谈,本研究深入了解到中小学校对职前教师教育培养规格的期望、一线教师对高校教师教育课程设置的评价和建议,以及师范生的实际需求。基于访谈的实证研究使得本研究更深入、具体,提出的建议性结论也更趋于科学合理。

四、研究思路与论文框架

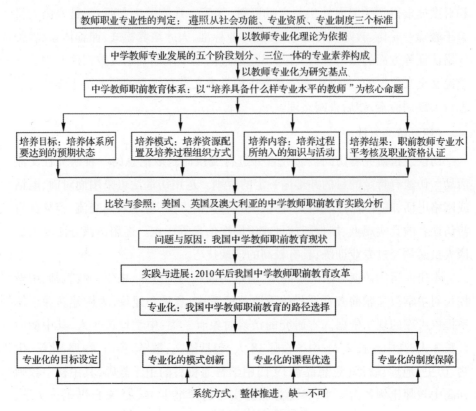

图 1-1 本研究的研究思路

如图 1-1 所示,围绕专业化这一核心命题,本研究将对教师职业专业化的概念及中学教师职前教育体系的专业化构成进行探讨,援引相关发达国家的中学教师职前教育实践进行比较;对我国中学教师职前教育存在的问题及改革进程予以分析。最后,就我国中学教师职前教育专业化的具体环节提出相关建议。

以研究的问题为主线,把本研究的主体分为六个部分。

第一部分,首先运用专业化的概念及标准判断教师职业的专业性,对中学教师专业发展的阶段性和教师的专业素养结构进行详细的分析。因教师专业化理论是本文的价值立场所在,故这一部分是整个研究的理论基点。

第二部分,运用系统论的观点,把中学教师的职前教育视为一个整体,分析其主要要素以及各要素之间的内在关系。重点讨论中学教师职前教育的培养目标、培养模式、课程体系及对职前教师的资格认证。

第三部分,在教师专业化的视野中对发达国家的中学教师职前教育实践进行分析、梳理和总结。在国别的选择上,本研究选取教育事业发达的美国、英国、澳大利亚三个国家,梳理和分析这三个国家中学教师职前教育在培养标准、培养模式、课程设置及对中学教师的资格认证等方面具有的特点。

第四部分,以教师专业化作为衡量标准,并以发达国家的中学教师职前教育实践作为参照,剖析我国现阶段中学教师职前教育实践中存在的问题及原因。

第五部分,梳理我国当前,主要是2010年后对教师教育的改革颁发了哪些政策,高校的教师教育专业改革采取了哪些措施,取得了哪些成效,以及还存在哪些不足之处。

第六部分,在以上研究的基础上,以教师专业化作为发展方向,对我国中学教师职前教育的目标设定、培养模式的选择、课程的设置与结构、对中学职前教师的资格认证四个方面给出具体的改革设想。

第二章　研究视野：教师专业化理论

当今社会，各种职业林林总总，新的职业类型层出不穷，各类职前培养、职业培训的热度也始终不减。尽管对任何职业而言，职前培养的目的都是一致的，那就是使从业者能够顺利地实现职业角色转换，成为胜任职业职位要求的人才。但不同职业对职前培养所寄予的期望值或价值导向不同。某些职业的职前培养侧重于技能性强化，如烹饪师、工艺师、操作工等职业；某些职业的职前培养看重创造性的激发，如研发员、设计师、策划师等职业；某些职业的职前培养有着严格的专业化、标准化要求，如工程师、教师、律师等职业。因而，不同职业的职前培养所依据的原则因职业的特性而异。

专业化作为很多职业职前培养所依据的原则，在职位分工精细、就业压力增大的社会环境里日益得到重视。正所谓"术业有专攻"，对于很多职业而言，即便当前尚未实现真正的专业化，专业化也是其未来发展的方向之一。教师职业也是如此，因为专业化所带来的益处是显而易见的。专业化体现了教师职业地位的提升，意味着教师从教准入门槛的提高，也代表着整个师资队伍素质的提高。

就国际教师教育改革的大环境来看，教师专业化发展已受到许多国家的重视，也是当下教育改革实践提出的一个具有重大理论意义的课题。正是在教师专业化发展的进程中，教师在教育实践中的主体地位和主体作用得到确立，教师的工作作为重要的专业和职业得到确认，教师个体与群体专业发展的意义和可能性得到认可。

既然是一种专业化的职业，专业化的理念就必须渗透到教师、教育、教学活动的方方面面。教师职业的专业化既是一种思想层面的认知，更是一个不断奋斗的过程；既是一种职业身份的认定，也是一个终身学习、持续更新的自觉追求。所以,中学教师的职前教育研究也必须在教师专业化理论这一视野中进行。本章的主要内容是对教师职业的专业化、中学教师的专业发展特点以及专业素养的构成做详细的梳理和讨论,为中学教师职前教育的研究提供理论基础。

第一节　教师是一种专业性职业

教师作为现代职业的一种,人们耳熟能详。对于教师职业的理解及其专业发展问题,则仁者见仁,智者见智,一直是教育界的热门话题之一。从20世纪60年代起,教师职业的专业性问题引起了广泛关注,时至今日,仍然存在许多争论。因此,对职业、专业、专业化等概念的厘清和阐释,以及对教师职业专业化等问题的分析是很有意义的。

一、职业、专业与专业标准

职业的出现伴随着人类文明的高度发展及社会人群的日益细分。职业是指一个人从事的工作的种类。《现代汉语词典》将职业定义为"个人在社会中所从事的作为主要生活来源的工作"这一界定表明,谋生是职业的一个基本特征,人们从业的首要目的是满足生活所需。

现代社会职业类型不胜枚举,各种职业的进入壁垒各有高低。其中,有些职业,需要特殊的知识及经验习得,入职门槛较高,例如,医生、护士、律师等被称为"专门性职业",简称专业。判断某一职业是否是一门社会认同的专业,必须依据一定的专业标准。因此,我们首先必须分析什么是专业标准。

专业标准原义为专业目的,也就是标靶。后来由于标靶本身的特性,衍生出"如何与其他事物区别的规则"的意思。关于"专业性职业"的标准,欧美学者有过很多精辟的论述。对此前文已述,这里不再赘述。

综合多位国内外学者的研究,我们可以看出,一种职业要被认可为专业,应该具备如下方面的基本特征:

第一,社会功能标准。某种特定职业的出现必然存在着社会需求层面的根基,不可能空穴来风。因而,职业的社会功能是其首要特征。职业的社会功能是指一定的职业对于社会起到的作用。与普通职业不同的是,从事专业性职业的人员,他们的工作具有某种专门的性质,对于社会发挥着不可或缺的重要作用,是无可替代的。倘若专业服务不足或水准较低,则会对社会造成严重的伤害,亦可能对政府形象产生不利影响。因此,一种职业要被认可为专业,其所涉及的必然是社会必不可少的工作,具有不可或缺的社会功能。

第二,专业资质标准。任何一门专业都应有严格的资质标准,包括专门的知识、技能和较高的职业道德规范。专业知识和技能是一门职业能够称得上专业的理论依据和技能保证。专业知识和技能的形成并非先天拥有或一蹴而就,而需要经过一定时间的积累,因此这也就决定了从事专业的人员,在入职以前必须接受过长期系统的学习和严格的专业训练。因此,具有系统完善的专业理论和成熟的专业技能是专业的一个重要特征。

第三,专业制度标准。制度是构成社会体系的重要组成部分,它涉及人类生活的方方面面。任何专业都应具有社会所认可的专业发展制度。专业发展制度是一个专业区别于其他专业的独特所在,它保证了专业有其独立的专业资格,也确保了本专业能够持续完善地发展。[1]专业制度的出台早晚,专业制度的细化程度,专业制度的实施状况,都在一定程度上表明了某种专业职业发展水平的高低。

总之,与一般的职业不同,专业性的职业具有重要的社会功能,拥有完善的制度标准,对从业者的知识背景和技能要求较高,在社会的整个职业体系中处于较为高端的位置。

二、教师职业的专业性分析

在明确了专业的内涵和主要特征以后,就可以从社会功能标准、资质标准以及专业制度标准三个方面来讨论教师职业的专业性。

第一,从社会功能标准看,教师职业具有不可或缺的社会功能。首先,教师职业具有重要的社会功能。从教师所从事的教育事业来说,教育是培养人的社会活动,在人类社会产生开始就已经出现,对于社会的发展和延续起着至关重要的作用;而教育的完成离不开教师,教师毫无疑问地发挥着无可替代的重要

---

[1] 刘慧.教师职业专业性的思考——基于专业标准的分析[J].辽宁教育,2011(9).

作用。其次,教师职业具有独特性和不可替代性。对于教师进行的教学活动而言,教学是一个充满矛盾的职业。实际上,它的特点在今天也是独一无二的,在一切职业与人们渴求的工作中,只有教学担负着培养人类技巧与能力,使社会在信息时代能够生存和发展的艰巨任务。教学对于社会的重要作用也足以体现出教师职业的重要性。因此,就教师的社会功能而言,教师的职业应被视为专业。所以,对于社会而言教师职业具有不可或缺的社会功能。

第二,从专业资质标准看,教师职业需要特殊的专业知识、专业能力及较高的职业道德。没有人先天就可以成为教师。教师必须掌握足够的专业知识和熟练的技能以及成熟的专业品质才能更好地进行教育教学工作。中学教师作为专业性职业的从业人员,必须首先具备一定的专业知识。这种专业知识要通过专门渠道的学习与积累方可获得,是从事教育教学活动所需的前提和基础。教师专业能力是运用教师专业知识的一种能力,主要包括沟通、教学、反思、研究、学习等方面,这些能力的运用贯穿了整个教育教学过程。也是体现教师教育智慧及教育独创性的过程。专业能力构成了教师专业素养中的实践部分,也是彰显教师职业特色的重要特点。除了专业知识和专业技能,教师职业还需要较高的职业道德。"为人师表"是教师专业职业的特色所在,是有别于其他专业或职业的特殊伦理规范。

第三,从专业制度标准看,教师专业制度日益完善。社会分工日益细化使得专业发展制度越来越严谨、精细,可操控性也越来越强。专业制度是保证教师专业健康发展最重要的保障措施。世界各国在推进教师专业化的进程中都很重视专业发展制度的建设和完善。这些专业发展制度包括教师资格认证制度、教育机构认证制度、教育课程鉴定制度、教育质量评估制度等。国家对专门从事教育、教学工作的人员必须有一定的基本要求,对欲从事教师职业者的专业水平、教育水平、道德水平和身体素质等应制定基本标准,因此就需要建立教师职业证书制度;教师教育机构作为培养和培训教师的承担者,必须具有一定的资质才能保证办学的质量,因此需要建立教师教育机构的认证或认可制度;教师教育机构所开设的教师教育课程需要科学合理,才能保证人才培养的质量,因此还需要教师教育课程鉴定制度;教师教育质量是否达到一定的要求,需要按照一定的标准进行评价,因此也必须建立教师教育质量评估制度。

从以上三个方面的分析可以看出,现代社会中的教师职业,与医生、律师等专门性职业一样,已具有了自身独特的职业要求、职业特点和职业条件,有专门的职业培养机构、职业发展制度、职业规范等。因此教师职业应被视作一种专业性职业。

三、教师职业的专业化进程

教师作为一种职业而存在的历史由来已久。继小范围的私塾教育之后,基于规模经济之上的学校教育拉开了教师职业专业化发展的帷幕。从学校教育诞生之日起,教师就作为一种专门的为学生成长发展服务的社会职业而存在。但教师这一职业的定位和内涵是随着社会的进步而不断发展的。伴随着人类文明程度的提高,学校教育日益普及,古老的教师职业逐渐演变成一种现代的、专门的、科学的职业,并逐步形成专业化的特征(表2-1)。

表2-1 教师职业发展的历史进程比较

历史发展阶段	原始社会	古代社会	近代社会	现代社会
教师职业特征	非专门化,无专门的教师职业	专门化,教师职业从其他社会分工中独立出来	教师职业的准专业化	教师职业的专业化
社会发展背景	生产力水平低下,社会生活简单,文字尚未出现	国家机器形成,社会制度日趋完善,文字使用及知识积累达到一定程度	社会分工越来越细,国家机器处于剧烈变革之中	全球一体化态势形成,在经济迅猛发展的基础上,各国对教育现代化、专业化发展有着共同追求
教育对象	上一代对下一代的生存教育	统治阶级、特权阶级	国家开始建立公共教育系统,教育对象逐渐扩大	公民受教育范围不断扩展,终身教育体系不断完善
教育需求	教育与生产劳动相结合	教育与生产劳动相分离,但总体需求量较少	教育需求总量不断增加	教育需求急剧扩张且日趋多元化
教师职业状态	教育处于个体化、经验化状态,目的不明确,在内容与形式上都附着于日常生活	教育的社会功能凸显,学校开始出现,教育走向专门化,但执教方式仍以个别执教为主,教学组织散漫	学校教育体系逐渐壮大,现代教学形式——班级授课制出现,教师职业的准专业化特征开始形成	教育事关国家实力及民族前景,教育从业人员数量巨大,职业竞争压力加大,对专业人员资质要求不断提高
教师职业标准	无	尚未出现	逐渐形成	不断完善与细化

从历史上看,教师职业的发展变化历程可分为非专门化—专门化—准专业化—专业化四个阶段。

(一)教师职业从非专门化到专门化

在原始社会,教师职业尚未形成。进入古代社会之后,由于人类文明程度的提高,教师职业开始与其他社会分工形式相分离。但在很长一段历史时期内,受社会发展水平所限,教育只是少数统治阶级的特权,普通百姓无权享受。由于学生数量较少,教师需求量也很小。从整个社会来讲,教育还处于十分散漫、蒙昧的状态,教学活动的随意性较强,学校和教师的工作都没有什么统一的标准。由于社会对教育的需求并不强烈,所以很少有人会把教学作为自己的专门职业和终身职业,自然也不存在对这个行业的专门培训。因此,根据以上关于专业性职业的标准,古代社会的教师职业还不能被称为一种专业,只是一种专门的社会分工形式,具备了专门职业的初始形态。

随着社会分工越来越细,各行各业对知识的要求越来越多,社会对劳动力的教育程度有了新需求。伴随着教育向大众化普及和班级授课制的实施,人们逐渐认识到,教师的水平直接决定着教学的水准,影响着学生的培养质量。如果由缺乏职业训练的人员从事教师职业,教育的质量和效果就难以得到保证。因此,培养专职教师的专门机构——师范学校开始出现,它的诞生与变革,标志着教师职业从个体化、经验化、随意化逐步走向专门化、规模化。

(二)教师专业化概念的提出与教师专业化的进程

到了现代社会,由于教育规模庞大,教师从业人员数量巨大,因此教师职业看起来更像一个普通职业,其特殊性及不可替代性被从业人员的急剧扩张所掩盖,易被忽视。但是,随着社会的发展以及受教育者的对象和范围的扩展,教师已承担推进社会未来发展的重大责任。教师的职业知识和职业技能,越来越需要通过专门的教师教育或职前培养而获得,而教育理论和教育实践的发展也为教师的专业训练提供了依据和专业准备。在一系列理论研究与实践基础之上,教师职业的专业性日益突显。即使现代某些地区的教师职业不具备完全的专业化水平,但其由"专门化"向"专业化"方向发展的趋势是不可避免的,并在一定程度上体现了"专业性职业"的特点。

教师职业是一种专业,这一观点的提出最早是在20世纪60年代。1966年10月,国际劳工组织(ILO)和联合国教科文组织(UNESCO)在巴黎召开的政府专门会议上通过的《关于教师地位的建议》中明确提出:"教育工作应被视为一种专门职业(Profession)。这种职业是一种要求教师具备经过严格而持续不断的研究才能获得并维持专业知识及专门技能的公共业务。"[1]同年,联合国教科文组织在日内瓦召开的第45届国际教育大会通过了9项建议,其中第7项建议就是"专业化,作为一种改善教师地位和工作条件的策略"[2]。1966年日内瓦国际劳工统计专业会议通过的《国际标准职业分类》中,教师被列入了"专家、技术人员和有关工作者"这一大类。此后,世界各国都对教师专业化进行了广泛的研究,掀起了教师专业化发展的热潮。

进入20世纪80年代,以教师发展和教师教育为主题的研究构成了教育研究的重要领域,教师专业化成为许多国家教育研究关注的焦点问题之一。美国、英国、日本等国家都纷纷开始了教师专业化行动。其中,美国教师专业化运动的规模和力度最为引人注目。1986年美国卡内基工作小组发表了《国家为培育21世纪的教师做准备》(*A Nation Prepared*:*Teachers for the 21th Century*),指出"教师的权威性建立在专业素质基础上,并构想创造教学专业环境,使学校教育工作成为专业性工作"[3]。随后霍姆斯小组相继发表了《明日的教师》(*Tomorrow's Teachers*)。两个报告均提出了以教师专业发展作为教师教育改革的目标,大力倡导确立教师专业的社会地位和提高教师专业的社会认同度。1996年,全美教师教育学院协会的报告呼吁,教育界应做出"专业方面和建构方面"的努力,使教学发展成一种"专业"。

在世界各国的教师专业化运动之外,一些国际组织也在积极推动教师专业化的改革。1996年,联合国教科文组织第45届国际教育大会,集中体现了全球化背景下对教师作用、功能及地位的认识。此次大会把教师的价值构建与激励放在了关键的位置。大会建议要给予教师更多的自主权和责任,提高教师的专业地位;要在教师的专业实践中运用新的信息和通信技术;要通过教师个人素质和在职培养提高其专业性;要保证教师参与教育变革以及与社会各界保持合作关系;创设多样化的以适当的评估体系为支撑的职业结构;要通过提高教师

---

〔1〕 日本筑波大学教育学研究会.现代教育学基础[M].钟启泉,译.上海:上海教育出版社,186:443.

〔2〕 金忠明.教师教育的困境、挑战及机遇[J].首都师范大学学报(社会科学版),2009(5).

〔3〕 谢安邦.未来教师素质与师范教育的改革[J].全球教育展望,1996(6).

的物质和社会地位,来提高教师的专业化水准;等等。

在国际教师专业化运动大开展的影响下,我国也开始了教师专业化发展之路。1986年,我国国家统计局和国家标准局发布的《中华人民共和国国家标准职业分类和代码》,将教师归为"各类专业、技术人员"这一大类,这是对教师职业专业性的基本肯定。20世纪90年代,我国正处于社会转型期,知识社会的接轨催生了中国的教师专业化命题。1993年颁布的《中华人民共和国教师法》第三条规定:"教师是履行教育教学职责的专业人员。"这是我国第一次从国家制度的层面规定了我国教师职业的专业性质。1995年国务院颁布《教师资格条例》,2000年教育部颁布《教师资格条例实施办法》,教师资格证书制度开始在全国全面实施。同年,《中华人民共和国职业分类大典》首次将我国职业进行了比较科学的分类,共有八大类,其中教师属"专业技术人员"类。2001年,国务院《关于基础教育改革与发展的决定》提出要"完善教师教育体系,深化人事制度改革,大力加强中小学教师队伍建设","教师教育"作为教师培养和培训的统称,首次出现在我国的官方文件中。2012年2月10日,为促进各级各类教师专业发展,建设高素质教师队伍,国家教育部下发《关于印发〈幼儿园教师专业标准(试行)〉、〈小学教师专业标准(试行)〉和〈中学教师专业标准(试行)〉的通知》。这些举措体现了我国教育发展的进步,更是教师专业化发展的进步。

四、教师专业化的内涵

由于社会发展阶段不同、地域地理存在差异,教师专业发展的具体目标也随社会的发展而变化,专业发展的状态也不同。因此,教师职业的专业性是一个发展性的概念,既是一种状态,又是一个不断演进的过程。教师专业化是一个教师专业发展或专业成长的过程。

如前所述,某种职业要成为专业性的职业,必须在社会功能、知识技能、专业制度这三个方面达到相应的标准。某种职业的专业化发展过程必然涉及这三个方面的进步:社会功能的强化、对从业者知识技能的要求提高,以及专业制度的完善。所以,教师职业的专业化发展必然涵盖两个方面的发展:一是职业自身的发展;二是职业从业者的发展。

1980年,《世界教育年报》以"教师的专业发展"为主题发表了一系列文章,提出教师专业化发展的目标有两个：其一是把教师视为社会职业分层中的一个阶层，专业化的目标是争取专业的地位与权利及力求集体向上流动；其二，把教师视为提供教育教学服务的专业工作者，专业化的目标是发展教师的教育教学的知识和技能，提高教育教学的水平。[1]以上两个目标，第一个是针对教师职业整体的，第二个是针对从事教师职业的个体的。

从社会学的角度去定义，教师专业化是指一个普通的职业群体在一定时期内，逐渐符合专业标准、成为专门职业并获得相应的专业地位的过程。[2]而从教育学的角度，教师专业化可以界定为教师不断接受新知识，增长专业能力的过程。[3]

因此，教师专业化包含整体与个体的双层意义。从职业整体的角度，指教师职业整体从非专业职业、准专业职业向专业性职业进步的过程；从微观个体发展的角度，则指教师个体通过职前教育，成长为具备专业知识、专业能力和专业品质的合格专业人员，以及就职后持续的专业发展过程。教师整体专业化与个体专业化的区别在于，前者主要从外在的社会"体制""制度"层面进行探讨，强调教师整个群体的、外在的专业性提升；后者则从教育学角度加以具象的、个体的、有针对性的界定，强调教师内在专业素质结构的提升。

与"教师专业化"相联系的一个概念是"教师专业发展"。两个概念既有联系又有区别。二者在内涵上是基本一致的，均指加强教师职业专业性的过程。但"教师专业化"更多从社会学角度考虑，主要指教师作为一种专业职业所体现的群体的、外在的专业提升；而"教师专业发展"则更多从教育学角度加以界定，主要指教师个体在专业生活中的成长，包括信心的增强、技能的提高、对所任教学科知识的不断更新拓宽和深化以及自己在课堂上为何这样做的原因意识的强化。[4]

教师专业化的社会学与教育学定义比较见表2-2。

---

[1] 教育部师范司.教师专业化的理论与实践[M].北京：人民教育出版社，2001：28.
[2] 教育部师范司.教师专业化的理论与实践[M].北京：人民教育出版社，2001：25.
[3] 教育部师范司.教师专业化的理论与实践[M].北京：人民教育出版社，2001：26.
[4] Perry, P. Professional Development: the Inspectorate in England and Wales [M]//Eric Hoyle, Jacquetta Megarry. World Yearbook of Education 1980: Professional Development of Teachers. London: Kogan Page, 1980：143.

表 2-2　教师专业化的两种界定比较

类　别	界定的角度	特　点
社会学定义	从职业整体的角度	强调整个群体职业地位的提升,是宏观、整体概念
教育学定义	从个体发展的角度	侧重于个体能力的提高,是微观、具体概念

第二节　阶段性递进:中学教师专业发展的特点

如前所述,中学教师作为一种专业职业,其专业发展包含整体与个体的双层含义,因此必然涉及整体职业状态的专业发展与从业者自身的专业发展。从职业状态发展来看,近年来中学教师职业已表现出几种值得关注的态势:如职业的社会功能日渐受到重视,社会地位不断提升,中学教师的待遇日益好转;各种相关管理规定不断出台,管理标准日益完善;对从业者的职业准入要求不断提高,硕士学位任职中学教师的情况不断增多,教师资格认证的把关越来越严,在职教师的培训与可持续性专业发展日益走上正轨。

相对于宏观层面、整体层面的职业发展,基于教育学角度的中学教师自身的专业发展,关乎广大教师队伍的素质构建,关乎整个国家教育的质量,关乎民族兴旺的未来,因而更受到社会各界及教育行业的聚焦。因此,本节所阐述之"中学教师专业发展的特点"以中学教师自身的专业发展为切入点,在对中学教师与其他学段教师比较的基础上,对中学教师的专业发展特点予以清楚的阐释。

一、中学教师与其他学段教师的区别

"学无止境",教师专业发展也没有绝对的终点或顶点。任何阶段的教师都存在专业发展的过程。作为任教于中学学校的教师,中学教师的专业发展既具有其他阶段教师专业发展的共性,也具有区别。

中学教师是中学教育的主要承担者。中学教育是小学教育的继续,是进入高等院校或转入其他中等学校的预备阶段,包括初中阶段和高中阶段两个层次的教育。不仅中学教师与小学教师存在较多区别,而且初中教师与高中教师在一些方面也有所不同。

（一）中学生的认知与人格发展

儿童、青少年的认识具有阶段性。不同的个体，其认知、情感和意志要素彼此不尽相同，相同年龄段的学生有着较为明显的一致性，而不同年龄段的学生在整体上有比较明显的差异性，主要表现在思维水平、思维方式与思维特征等方面。

中学教师的教育对象是中学阶段的学生。中学阶段是人由儿童走向成熟的过渡阶段。作为中学阶段的教师，也必须针对中学生的生理与心理特点，采取行之有效的教育教学方法。

就教学而言，世界各国一般将基础教育按年龄分为不同的学段作为施教及评量的依据。不同国家关于学习阶段的划分是基本一致的，虽然每个学段对应的年龄范围在不同国家会有所不同，但相差甚微。英国、澳大利亚对学段的划分和我国是基本相同的，初中阶段一般是7—9年级，学生的年龄在12—15岁，如表2-3所示。美国的情况稍微复杂一些，不同州的规定也不同，但一般情况下，初中包括6—8年级，高中包括9—12年级。所以，不同国家初中和高中学生的年龄范围还是基本相近的。

表2-3 不同国家中学阶段对应的年级和年龄范围

	中国	美国	英国	澳大利亚
初中阶段	7—9年级 12—15岁	6—8年级 11—15岁	7—9年级 11—14岁 （三阶段）	7—9年级 12—15岁
高中阶段	10—12年级 15—18岁	9—12年级 14—18岁	10—11年级 14—16岁 （四阶段）	10—12年级 15—18岁

资料来源：根据英国政府网站、维基百科网站信息整理：https://www.gov.uk/national-curriculum/overview，2013-05-12；http://en.wikipedia.org/wiki/Education_in_Australia，2013-05-15.

中学生的心理特点是安排中学教育教学的客观依据之一。对中学生的心理发展进行分析是非常必要的。

中学生是年龄在11、12岁—17、18岁之间的青少年，他们正处在生理、心理迅速发展和突变的转折时期，是急剧获取知识和增长才干，以及世界观、人生观、价值观初步形成的关键阶段。这一时期被德国心理学家称为"暴风雨时期",有的心理学家也称之为"危险期"。学生的心理发展,主要包括认知发展和人格发展。

与小学生相比,中学生的心理发展具有自身的特殊性,主要体现在认知发展与人格发展两个方面。

1. 中学生的认知发展

学生的认知发展与教师教学之间存在着密切关系。教学受制于受教育者的认知发展,受制于受教育者的一般认知水平。学生的认知发展阶段制约着教学的内容和方法,因为任何知识的获得都必须通过学生主动的同化才有可能实现,而主动的同化则必须以适当的运算结构的存在为前提。因此分析中学生的认知发展特点是很有必要的。

在认知上,中学生的注意力具有主动性,观察的目的性、自觉性提高了,有意义记忆的运用能力越来越强;能发现事物的细节、本质和因果关系,能更多地用理解识记的方法记忆教材,注重知识的内在联系。中学生的思维由具体的形象思维发展到抽象的逻辑思维,并且逐步由经验型向理论型过渡,敢于发表自己的观点,喜欢争论和怀疑。

皮亚杰认为,儿童从出生到成人的认知发展不是一个数量不断增加的简单的累积过程,而是伴随同化性的认知结构的不断再构,使认知发展形成几个按不变顺序相继出现的时期或阶段:感知运动阶段(0—2岁)、前运算阶段(2—7岁)、具体运算阶段(7—11岁)、形式运算阶段(11—15岁)。初中学生的年龄一般在12—15岁,这一阶段属于认知发展的形式运算阶段。在这一阶段,学生已经形成了解决各类问题的推理逻辑。初中生的思维具有以下重要特征:(1)不仅从逻辑上考虑现实的情境,而且考虑假设的情境进行思维,即初中生已具有假设—演绎思维能力;(2)能够运用符号或命题进行思维,即具有了抽象思维能力;(3)在解决问题时,能分离出有关的变量和这些变量的组合,解决比较复杂的问题。[1]总之,初中阶段学生的思维已超越了对具体的可感知的事物的依赖,使形式从内容中解脱出来,能够根据逻辑推理、归纳或演绎的方式来解决问题。而高中生的年龄一般在15—18岁,这一阶段是生理、心理发展接近成熟的时期,记忆趋于成熟,思维的发展具有更高的概括性、抽象性和反省性,抽象逻

---

〔1〕 皮连生.学与教的心理学[M].上海:华东师范大学出版社,2003:43.

辑思维日趋成熟和稳定。

值得注意的是，相关研究表明，思维越是发展到高级水平，学生之间的个体差异就越大。根据一项研究，在美国的学校中，只有13.2%的初中生、15%的高中生和22%的大学生达到了形式运算阶段。[1]因此，作为中学教师，既要了解学生认知发展的整体性特点，又必须充分考虑到学生之间的差别。对学生的认知发展规律认识得越充分，就越容易因人施教，也就越容易取得好的教学效果。

2. 中学生的人格发展

人格的发展也是学生心理发展的一个重要方面。人格是指决定个体的外显行为和内隐行为并使其与他人的行为有稳定区别的综合心理特征。[2]尽管每个人都有自己独特的一组人格特征以区别于其他人，但从整体上看，每个学生的人格发展都必须经历几个顺序不变的阶段。

心理学家埃里克森(E. H. Erikson)认为，人格的发展贯穿个体的终生，整个发展过程可以划分为8个阶段，其中中学生处于青春期(12—18岁)"自我同一性和角色混乱的冲突"阶段。在青春期这一阶段，中学生常常会面临"角色混乱"的危机，一方面，青少年本能冲动的高涨会带来问题，另一方面，青少年也面临新的社会要求和冲突而感到困扰和混乱。所以，中学教师的一个主要任务是帮助中学生建立一个新的同一感，以及寻找到其在社会集体中所占的情感位置。埃里克森认为，"这种统一性的感觉也是一种不断增强的自信心，一种在过去的经历中形成的内在持续性和同一感（一个人心理上的自我）。如果这种自我感觉与一个人在他人心目中的感觉相称，很明显这将为一个人的生涯增添绚丽的色彩"[3]。

人格的一个重要组成部分是自我意识。自我意识是个体对自己的认识和态度，是使人格各部分整合和统一起来的核心力量。一切社会环境因素对人发生影响，都必须通过自我意识的中介而发挥作用，因而自我意识在人格的形成和发展中有着不可缺少的重要作用。

自我意识包括三种成分：认识成分、情感成分、意志成分。中学生的自我意识发展达到了"心理自我"阶段。在这一阶段，中学生开始具备自觉地按照一定

---

[1] 皮连生.学与教的心理学[M].上海：华东师范大学出版社，2003：44.
[2] 皮连生.学与教的心理学[M].上海：华东师范大学出版社，2003：46.
[3] 聂衍刚.青少年社会适应行为及影响因素的研究[D].华南师范大学博士学位论文，2005：166.

的行动目标和社会准则来评价自己的心理品质的能力。他们的评价越来越客观、公正和全面,并具有社会道德性,并在此基础上形成自我理想,追求最有意义和最有价值的目标。中学生的情感丰富,情感体验比小学生深刻,容易动感情也容易激动。自我调节和控制能力逐渐增强,能够有目的、自觉地做出意志决定和努力。由于身心发展已接近成人,中学学生表现出更广泛、更强烈的社会积极性和责任感。

值得注意的是,中学阶段的时间跨度较大,分为初中和高中阶段,这两个阶段学生的生理和心理的发展同样也是存在差异的。初中生本身处在半幼稚、半成熟的过渡时期,初中学生的抽象逻辑思维在很大程度上还属于经验型,还需要具体的、直观的感性经验的帮助。而高中生则基本接近成人,思维方式较为成熟。因此,对初中生和高中生的教育方法、方式也有所不同。

(二)中学教育的内容与目标

由于教育对象是处于不同年龄阶段的学生,中小学教师在专业素养方面有明显的区别。与小学教育阶段相比,学生在中学阶段的学科知识积累、思维能力强化和方法的掌握更加重要。这就对中学教师的专业知识和专业能力提出了更高的要求。

因此,学生思维发展的阶段性决定了不同学段课程设置的差异化,课程教材的编写也必须考虑适当使用"螺旋式上升"的方法,而非直线型跃进。研究表明,"螺旋式上升"是学生思维发展的阶段性与理解水平的阶段性的综合反映。"螺旋式上升"可以划分为两种基本类型,即学科情境深化和现实情境深化,前者主要涉及从学科思维的深度、广度进行课程内容的逐步深化(其间也涉及应用情境的深化,但不是主要的,其变化并没有质的差别);后者主要涉及有关的学科模型的现实抽象、现实应用情境的类化、拓展(其间也涉及学科情境的深化,但前后并没有质的差别)。[1]

以数学学科的课程目标为例,从表2-4可以看出,随着学生年级的增高,数学课程知识与技能层面的目标有明显的变化。事实上,无论是知识技能层面、过程与方法层面,还是情感态度价值观层面的目标都有明显的跨度和提升。这

---

[1] 孔凡哲.基础教育新课程中"螺旋式上升"的课程设计和教材编排问题探究[J].教育研究,2007(5).

不仅是对学生学习的要求,更对不同学段的数学教师提出了不同的要求。作为培养中学教师的教师教育专业也必须给予相应的关注。

表2-4　不同学段数学课程的知识与技能层面的目标

第一学段(1—3年级)	第二学段(4—6年级)	第三学段(7—9年级)
1. 经历从日常生活中抽象出数的过程,理解万以内数的意义,初步认识分数和小数;理解常见的量;体会四则运算的意义,掌握必要的运算技能,能准确进行运算;在具体情境中,能选择适当的单位,进行简单的估算。 2. 经历从实际物体中抽象出简单几何体和平面图形的过程,了解一些简单几何体和常见的平面图形;感受平移、旋转、轴对称现象;认识物体的相对位置。掌握初步的测量、识图和画图的技能。 3. 经历简单的数据收集、整理、分析的过程,了解数据处理方法。	1. 体验从具体情境中抽象出数的过程,认识万以上的数;理解分数、小数、百分数的意义,了解负数的意义;掌握必要的运算技能;理解估算的意义;能用方程表示简单的数量关系,能解简单的方程。 2. 探索一些图形的形状、大小和位置关系,了解一些几何体和平面图形的基本特征;体验简单图形的运动过程,能在方格纸上画出简单图形运动后的图形,了解确定物体位置的一些基本方法;掌握测量、识图和画图的基本方法。 3. 经历数据的收集、整理和分析的过程,掌握一些简单的数据处理技能;体验随机事件和事件发生的可能性。 4. 能借助计算器解决简单的应用问题。	1. 体验从具体情境中抽象出数学符号的过程,理解有理数、实数、代数式、方程、不等式、函数;掌握必要的运算(包括估算)技能;探索具体问题中的数量关系和变化规律,掌握用代数式、方程、不等式、函数进行表述的方法。 2. 探索并掌握相交线、平行线、三角形、四边形和圆的基本性质与判定,掌握基本的证明方法和基本的作图技能;探索并理解平面图形的平移、旋转、轴对称;认识投影与视图;探索并理解平面直角坐标系及其应用。 3. 体验数据收集、处理、分析和推断过程,理解抽样方法,体验用样本估计总体的过程;进一步认识随机现象,能计算一些简单事件的概率。

资料来源:教育部.义务教育数学课程标准(2011)[EB/OL].[2013-04-01].http://www.pep.com.cn/xxsx/jszx/xskcbj/.

二、中学教师专业发展阶段的划分

中学教师的专业发展是以教师为能动性主体的专业成长过程,是指教师在教育教学及其相关的活动中,教师的专业观念、专业知识、技能与能力及职业道德情感不断发生积极变化的过程,具体而言,就是指教师不断积累教育教学经验、强化和提升教学技能、创新教育理念及革新教学行为的过程。教师的专业发展是一个长期的、连续的、动态的、终身的过程,具有阶段性、递进性。

(一) 教师专业发展的阶段性理论

对教师个体而言,其专业发展实质正是从生手到新手再成长为能手、专家

第二章 研究视野:教师专业化理论

的过程。教师专业发展阶段实际上从职前培养阶段就开始了,入职及职后发展是对职前专业化培养的一个延续及提升。所以,按照时间的顺序,教师的专业发展可分成三个阶段:教师的职前准备阶段、教师入职阶段和教师专业发展阶段。

为便于研究,人们在教师专业发展三阶段的基础上进行不同角度的细化分析,以使之更具备实践指导性。不同的学者研究的角度不同,阶段划分和命名的方式不同,形成的结论也有不同。其中,关注度比较高的研究有三阶段论、四阶段论及五阶段论:

（1）三阶段论。美国俄亥俄州立大学以伯顿（Burden）为首的一批学者,提出教师生涯循环发展理论,把教师专业发展划分为"求生存阶段（Survival Stage）、调整阶段（Adjustment Stage）和成熟阶段（Sature stage）"[1]。这种划分方法简单明了,但在体现专业水平差异方面,缺少直观的、操作性强的评价标准。

（2）四阶段论。20世纪70年代,美国学者卡茨（Katz）提出教师专业发展的四阶段理论,认为教师专业发展可能经历"求生存阶段（Survival）、巩固阶段（Consolidation）、更新阶段（Renewal）和成熟阶段（Maturity）"[2]。而澳大利亚全国教师专业标准中,把教师的专业发展分成毕业教师（Graduate Teachers）、熟练教师（Proficient Teachers）、高成就教师（Highly Accomplished Teachers）、主导教师（Lead Teacher）四个发展阶段。[3]尽管同为四阶段论,但前者侧重于教师个体的专业成长变化,而后者则以不同的专业水平来划分,更具备可操作性。

（3）五阶段论。美国亚利桑那州立大学心理学教授伯林纳（Berliner）根据教师教学专业知识与技能的学习和掌握情况把教师专业发展划分为新手阶段（Novice）、进步的新手阶段（Advanced Beginner）、胜任阶段（Competent）、熟练阶段（Proficient）和专家阶段（Expert）。[4]本纳（Benner）的观点与伯林纳的观点是一致的。本纳（Benner）也认为,教师从新手发展成专家,一般要经过五个发展阶段,即"新手（Novice）、高级新手（Advanced beginner）、胜任者（Competent）、熟

---

[1] 张维仪.教师教育——改革与发展热点问题透视[M].南京:南京师范大学出版社,2000.
[2] 肖丽萍.国内外教师专业发展的研究评述[J].中国教育学刊,2002(5).
[3] 罗娴,丁晓琼.传承与变革:澳大利亚全国教师专业标准的比较分析[J].继续教育,2012(3).
[4] 申继亮.教师职业及其发展[J].中小学教师培训,2000(3).

练者(Proficient)和专家(Expert)"〔1〕。所以,本纳和伯林纳的观点有共同之处,但两者对处于不同发展阶段的教师教学行为特征的描述有所差异。五阶段理论是目前被普遍认可的教师专业发展阶段理论。

在上述阶段划分的基础上,还有的学者对教师的专业发展进行了更详尽的分类。例如我国学者裴跃进提出了八阶段论,即准备期、初始期、适应期、胜任期、成熟期、创造期、稳定期、退隐期八个阶段〔2〕,并从教学系统、自我系统和组织系统三个方面阐释了八个阶段的基本特征。

虽然教师专业发展可以划分为各个具体阶段,但每个阶段的时间规定、特征描述并没有统一的标准;各阶段的教师特征也存在交叉和重叠。

(二)中学教师专业发展阶段的划分

考虑到我国中学教师的培养特点,为方便阐释,本文在伯林纳和本纳的五阶段理论基础之上,将教师专业发展分成五个阶段,即新手阶段、适应和调整阶段、胜任阶段、熟练阶段、专家水平阶段(表2-5)。

表2-5　中学教师专业发展阶段

阶段	教师在该阶段的主要特征	
新手阶段	初获任职资格、刚进入教学领域	理性的、制式的教学方法占主导
适应和调整阶段	对教育工作有一定的经验积累,可以较好适应教学工作,并对自身的不足之处进行调整	
胜任阶段	教学能力显著提升,自信心及能动性增强	
熟练阶段(精通阶段)	个人的教育智慧及教育风格开始形成	直觉的、悟性的教学灵感成为亮点
专家水平阶段	专业更为成熟,不可替代性及创造性凸显	创新性

1. 新手阶段

新手水平的教师是指刚获得教师资格或刚进入教学领域的教师。因个人教育背景及学习资质不同,经历这一阶段的具体时间长短因人而异,一般为两至三年。初中或高中教师往往在经历一个教学轮回后(一般学科为两年,物理、化学学科为三年),就比较容易过渡到适应或胜任水平。

---

〔1〕 王建军.课程变革与教师专业发展[M].成都:四川教育出版社,2004:76.

〔2〕 裴跃进.教师专业发展阶段基本内涵的探究[J].重庆文理学院学报(社会科学版),2008(1).

新手面临新的环境,需要不断地磨合与调整。新手阶段的教师对课程和教材不够熟悉,对于课程目标、框架结构、单元组织的实际认知与整体把握还处于探索阶段。所以,新手教师的普遍问题体现在由于缺乏任教的经验,课堂教学的效果往往不够理想。新手教师备课时往往需要制作详细的教案,讲课时机械地按照教案进行教学,面对课堂中的突发状况,尤其是学生提出的出乎教师意料的问题,往往不能灵活地应对或解决。

所以,新手阶段是一个获取经验的阶段,在这一阶段中,现实的、亲身的体验比口头获得的信息更重要,需要身体力行,不断摸索,积累心得。

2. 适应和调整阶段

从一般规律看,经过两至三年的教学之后,教师对学校的教育生活有了一定的感性认识和经验积累,可以较好地适应教学工作,并对自身出现的不足之处进行调整。可以说,这时的教师已经达到了一个新的阶段,我们可以称之为"适应和调整阶段"。处于此阶段的教师,基本上了解所教课程的基本结构与功能内涵;基本了解课程种类、性质与关系;具备了课程整体安排与单元教学设计能力;关于教学情境的知识也在增加;初步做到了有计划、有重点、有措施地开展课程教学。

表现在教学上,适应和调整阶段的教师积累了一定的教学经验,教学设计在自己的头脑中越来越清晰,而不需要依赖于详细的书面教学设计。在教学中他们能够比较恰当、合理地确立教学目标、教学重点和教学难点,基本上遵循教案设计,会使用常规的教学方法有序地开展教学工作,并能够采取一定措施完成课堂教学任务。因此,对于该阶段的教师而言,教学不再是一个令人紧张的任务,而是一个愉快地与学生共同进步的过程。

3. 胜任阶段

随着教师对教育教学工作认识的不断深入,教师的教学能力逐渐提升,大部分教师能够顺利地由适应和调整阶段进入胜任阶段。

胜任阶段的教师除了教学能力的提高,其对教育工作的理解和认识也更为深刻,并形成自己的观点。具体表现在:对教育工作性质内涵、组织形式有了一个较为理性的认识;对学校文化传统有了一个整体性的了解;对于所教课程的知识框架、逻辑体系、文化价值与使用功能有了一个较为完整的认识。与前两个阶段水平的教师相比,胜任阶段的教师经常能强烈地感受到成功与失败的体验，也对成功和失败有更深刻的记忆。

表现在教学中，可控性及能动性明显提升。胜任水平的教师能够独立地开展各项教学工作，工作的积极性和自信心增强，教学效率与教育质量有显著提升。在教学中能够注意学生的心理变化与日常需求，并使用有效的教学策略，能够较好地驾驭课堂。

4. 熟练阶段

随着教学实践的丰富和教学经验的积累，独具特色的个人教学风格逐渐形成，教师就由胜任水平提升到熟练水平。熟练阶段的教师在专业技能提升的同时，个人风格或特质也逐渐得以显现。熟练水平的教师能从整体上对课程的本质、内容、结构进行把握，对课程能够进行整体规划和科学合理的安排。

前瞻性是熟练阶段教师所具备的一项独特能力。在这一阶段中，教师对教学的直觉或领会往往会得到发挥。他们能从积累的丰富经验中，综合性地识别出情境的相似性。处于此阶段的教师能从截然不同的事件中考虑到其相互联系。这种综合性的识别使个体能够更精确地预测事件。[1]

在实际教学中，熟练水平的教师能够得心应手，各种教学方法运用自如。如备课已从书面详案过渡到心中持续不断地思考酝酿；对课程目标和具体的教学目标做到心中有数；对于教学的重、难点掌握与处理已经驾轻就熟；注重学生学习兴趣与学习习惯的养成；注重教学方法与策略的使用，能及时获取学生的反馈信息以调整自己的教学活动，从而取得较好的教学效果。

5. 专家水平阶段

随着教师教学经验的积淀，教学智慧的增长，教师的水平还可能达到更高一级的专业成熟状态——专家水平。该阶段的教师被称为专家型教师。在教学能力方面，专家型教师均有个性特征更为明显，拥有无与伦比的不可替代性。

表现在专业基础方面，专家水平的教师在教学领域中具有丰富和组织化的专门知识，具有丰富的教学策略并能灵活运用，能高效解决教学中的各种问题，富有职业洞察力和创造力。

表现在实际教学运用中，专家型教师具有一套完善的维持学生注意的方法，在课堂教学中能运用不同的技巧来吸引学生的注意；具有自动化的教学技

---

〔1〕 申继亮.教师职业及其发展[J].中小学教师培训,2000(3).

能,在处理课堂教学事件时,不需要以分析和思考的方式选择、控制自己的注意力和教学活动,而是以直觉的方式立即做出反应,并轻松流畅地完成教学任务;对教学任务和情境更敏感,善于对自己的教和学生的学进行监控,而及时获得反馈信息;对教学问题的认识更深刻,能快而准地知觉到有意义的教学事件并做出合理解释。

专家型教师应该是每个教师追求的职业目标,但成为专家并非易事。与前四个阶段的教师相比,专家型教师的感性、非量化、即兴发挥被大量运用。"专家阶段的教师对教学情境不但有直觉的把握,而且能以非分析性、非随意性的方式,理智地做出合适的反应。他们的行为表现流畅、灵活,不需要刻意的加工。专家型教师知道在什么时间和什么地方该做什么,与前几个阶段的教师相比,他们采用的方法更加多种多样。"[1]

综上所述,如果说新手阶段、适应和调整阶段与胜任阶段的教师偏重于理性的、制式的教学沟通方式,那么,熟练阶段的教师则倚重于直觉性、悟性的发挥,而专家型教师更升华为创造性的即时互动。

第三节 知识、能力与品质的三位一体:中学教师的专业素养结构

专业素养是专业职业从业者所必须具备的用以胜任职业要求的知识、能力与品质标准。不同专业职业对从业者素养结构的要求不同。中学教师,作为一名专业人员,衡量其专业水平高低,主要看其专业素养。不同的社会角色,考虑问题的角度各不相同,他们对中学教师的认可程度、期望值也各有不同,因此,有必要对中学教师的专业素养结构进行深入的分析。

一、中学教师的专业素养结构及其比较

教师的专业素养是一个涉及众多内容的复杂系统。广义上,教师专业化发展包括观念意识、政策体制和教师的专业素养三大方面的内容。由于教师的专

---

[1] 申继亮.教师职业及其发展[J].中小学教师培训,2000(3).

业素养是教师质量的集中体现,因此从狭义的角度,教师专业化则指教师个体专业素养的获得与发展过程。

(一) 中学教师专业素养的结构

在现代社会,社会环境的复杂性,要求教师能够履行多种多样的社会角色。换句话说,教师的社会角色不是单一的,而是多重的。从现代社会对教师职业的期许来看,教师的作用不仅包括传统的教书育人,还包括传递文化、开发智力、合作沟通等。有学者指出,教师角色既代表教师个体在社会群体中的地位与身份,同时也包含着社会所期望于教师个体表现的行为模式,它既包含社会、他人对教师的行为期待,也包括教师对自己应有行为的认识。[1]因此,教师要协调好各种社会角色的关系,履行好各种角色的职能。

也有学者指出,21世纪的中小学教师绝不是"教书匠",而应该在学科方面是一位"学者",在教育方面是一位"专家";他们不仅应该是一名优秀的教学人员,也应是教学、教育问题的"研究者""反思者",还应该是青少年灵魂的"优秀塑造者"。[2]

那么教师应该具有怎样的专业素养结构呢?这是教师教育研究的一个重点。只有对教师素养有了全面深入的认识,才能明确教师教育要培养什么样的人才以及达到怎样的标准,并以之作为我国教师队伍建设的根本奋斗目标,才能真正地推进教师专业化的发展。

英国提出培养"完整型"教师,即优良的个人品质、精湛的教育教学技能和较强的学习能力三个要素的完整统一。美国教育界提出要培养"五者型"的教师,认为能适应21世纪需要的优秀教师,第一是其主修专业、教育专业的学者;第二必须是懂得如何使教育有成效的教学者;第三是能够掌握学生心理发展特点、善于沟通的人;第四是能运用广博知识和深刻见解做出判断的决策者;第五是其个人品格皆为学生表率的示范者。[3]

美国国家职业教学标准委员会(National Board for Professional Teaching

---

[1] 王延文.教师专业化的系统分析与对策研究[D].天津大学博士学位论文,2004:112.

[2] 赵中建.全球教育发展的历史轨迹:国际教育大会60年建议书[M].北京:教育科学出版社,1999:1.

[3] 上海师资培训中心课题组.面向21世纪中小学教师继续教育比较研究[J].外国中小学教育,1998(5).

Standards，NBPTS）是一个致力于改革教育证书和使教师专业不断发展的组织。NBPTS 在《教师应该知道什么和能够做什么》的文件中，指出教师的专业素质应包含的核心命题（Core Proposition）是：教师效力于学生及其学习；教师熟悉他们所教的学科内容以及如何把这些学科内容教授给学生；教师负有管理和监控学生学习的责任；教师系统地思考其教学实践并从经验中学习；教师是学习共同体的成员。[1]

日本文部省、日本教育工学会召开的"面向21世纪教师教育的展望和改革——新的教师教育课程与继续教育系统的形态"研讨会，确定了21世纪教师应该具备的三种能力："以全球性的视野为基础而行动（全球化的观念和网络生存能力）；在急剧变化的时代中生活的人所应该具备的素质和能力（适应性和创新性）；教师工作所必然要求的素质和能力。这个能力结构是把教师的职业能力和教师作为具有时代特征的全球人的能力和素质混合在一起，体现了教育全球化和大教育的理念，符合时代发展的趋势。上述目标要求体现了教师职业认知性、价值性和创新性的整合，而不是单方面的发展。"[2]

尽管不同国家、不同学者对教师素养提出的目标要求是不同的，但我们可以从中得出一个共同点：教师职业的专业性对教师的素养提出较高的要求，教师在知识的积淀、方法的掌握、能力的运用、品质的保障、品德的示范等方面必须达到既定的要求，方可入职教师行业。

（二）中学教师专业素养结构比较

不同学者对中学教师专业素养的研究结论不同，在教师专业化程度较高的国家中，教师专业素养结构及具体要求一般在教师专业标准中呈现出来（表2-6）。教师专业标准也是教师资格认证标准，这就使得教师专业素养要求具备高度的权威性，所有的教师教育机构及从业人员必须遵照执行。

---

[1] 孟万金.全纳教育理念下教师专业素质及专业化标准研究[J].中国特殊教育，2008（5）.
[2] 金忠明.教师教育的困境、挑战及机遇[J].首都师范大学学报（社会科学版），2009（5）.

表 2-6 各国教师专业标准的范畴与领域

国家	教师专业标准的范畴	教师专业标准的领域
澳大利亚	专业知识	(1)了解学生及其学习方式;(2)知道学科内容及其教学方式。
澳大利亚	专业实践	(1)能为实施有效教与学做好规划;(2)营造并维持安全的、支持性的学习环境;(3)评价、报告学生的学习,并为其提供反馈。
澳大利亚	专业承诺	(1)参与专业学习;(2)与同事、家长和社区建立专业关系。
英国	专业品质	(1)与儿童和青少年的关系;(2)职责与规章;(3)与他人的交流与合作;(4)个人专业发展。
英国	专业知识与理解	(1)教与学;(2)评价和管理;(3)学科与课程;(4)读写算能力和信息通信技术;(5)成绩和差异性;(6)促进学生身心健康发展。
英国	专业技能	(1)教学设计;(2)教学;(3)评价;(4)监督与反馈;(5)教学反思;(6)创设学习环境;(7)团队合作。
新西兰	专业知识	(1)知道教什么;(2)了解学习者及其学习方式;(3)了解情景因素影响教与学的方式。
新西兰	专业实践	(1)应用专业知识规划安全、高质的教与学的环境;(2)利用证据促进学习。
新西兰	专业价值观与专业关系	(1)与学习者和学习社区的成员发展积极的关系;(2)忠诚于本职业。
美国(美国洲际新教师评价与支持联合会)		(1)学科知识;(2)学生学习;(3)学生的多样性;(4)教学策略;(5)学习环境;(6)交流手段;(7)教学计划;(8)评价策略;(9)教师的反思与专业发展;(10)合作关系。
美国(美国国家教师专业标准委员会)		(1)致力于学生的学习;(2)学科知识及其教学方法;(3)管理和调控学生学习;(4)反思自己的实践;(5)学习共同体。

资料来源:周文叶,崔允漷.何为教师之专业:教师专业标准比较的视角[J].全球教育展望,2012(4).

上表是不同国家教师专业标准对教师专业素养的规定。从表中我们可以看出,不同国家教师专业标准的框架与范畴有所不同,但还是具有较高的一致性:教师的专业素养结构包含专业知识、专业能力和专业品质三个部分。专业知识是理论层面的素养,专业能力形成教师专业素养的特质,专业品质把控教师专业素养的方向(图2-1)。因此,本研究对于中学教师专业素养的讨论,也将从专业知识、专业能力、专业品质三个方面展开。值得注意的是,中学教师的专业素养与就业能力并不是一回事。专业素养是就业能力的基础与前提,在经过市场适应性与竞争力的提升之后,可以生成为就业能力。

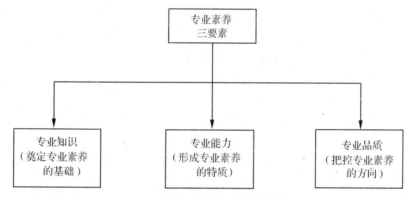

图 2-1　中学教师的专业素养结构

二、中学教师专业素养的基础:专业知识

中学教师作为专业性职业的从业人员,必须首先具备一定的专业知识。这种专业知识要通过专门渠道的学习与积累方可获得,是从事教育教学活动的前提和基础。

教师的专业知识是教师研究中较早开始研究的领域之一,有关教师知识分类和结构的研究很多,不同的研究者往往有不同的研究角度或研究方式,因而对教师的知识结构也就有不同的理解。当代最具代表性的研究成果当属美国教育学家舒尔曼(Lee S. Shulman)于1978年提出的教师知识框架。舒尔曼将教学视为一种专业,以概念和逻辑分析方法为主,对从事教师专业的人员的共同的、公认的知识基础进行了应然的概括,并将构成教学专业的知识基础分成七类:(1)学科知识(Content Knowledge);(2)一般教学法知识(General Pedagogical Knowledge),指那些超越具体学科的关于课堂管理和组织的广义的原则和策略;(3)课程知识(Curriculum Knowledge),指对作为教师的"行业工具(Tools of the Trade)"的教材和教学计划的掌握;(4)学科教学法知识(Pedagogical Content Knowledge),指将所教的学科内容和教育学原理有机融合而成的对具体课题、问题或论点如何组织、表达和调整以适应学习者的不同兴趣和能力以及进行教学的理解;(5)有关学生及其特征的知识(Knowledge of Learners and Their Characteristics);(6)教育情境知识(Knowledge of Educational Contexts),包括从班级或课堂的情况、学区的管理和经费分配,到社区和文化的特征;(7)教育目的与价值的知识(Knowledge of Educational Ends, Purposes and Values)。[1]

还有其他学者对教师的知识结构进行研究。伯利纳（Berline）提出教师的知识包括以下四个方面:学科专长(Subject Matter Expertise),包括特定的学科内容和学科知识结构;课堂管理专长(Classroom Management Expertise);教学专长(Instructional Expertise),包括教学策略与教学方法的内隐知识和外显知识;诊断专长(Diagnostic Expertise),包括全部学生和个别学生的知识。[2]

艾尔贝兹将教师的知识归纳为五类:(1)关于自我的知识(Knowledge of Self),即将自我作为资源,将自我作为个体;(2)关于环境的知识(Knowledge of the Milieu),包括课堂、教师与领导的关系,政治关系和社会环境的创造;(3)学科内容知识(Subject Matter Knowledge);(4)课程知识(Knowledge of Curriculum);(5)教学知识(Instructional Knowledge),包括学习理论、学生和教学,如教学信念、教学组织、师生互动关系和评价。[3]

通过对上述学者的教师知识分类的分析,我们可以看出,研究者对教师知识的分类不尽相同,对于知识结构的组成部分的含义的理解也不尽一致。不过不同研究者的研究也存在一致性,即一般把教师知识的两个领域视作教师专业知识的基础:一是学科内容知识;二是教学法知识。

基于此,本研究以舒尔曼对教师的知识分类为基础,吸纳其他研究者的研究成果,认为教师专业知识由学科内容知识、教学法知识、教育情境知识、学生知识、教师自我知识构成(表2-7)。

---

［1］ Shulman, L. S. Knowledge and Teaching: Foundations of the New Reform[J]. Harvard Educational Review, 1987, 57(1).

［2］ 转引自杨翠蓉,胡谊,吴庆麟. 教师知识的研究综述[J]. 心理科学,2005(5).

［3］ 姜美玲. 教师实践性知识研究[M]. 上海:华东师范大学出版社,2008:49.

表2-7 教师的专业知识构成

专业知识分类	功能	特征
学科内容知识	对所任教学科领域的深度及广度进行把控。	由宏观到微观、由总体到局部、由普遍到细分的知识转化及传输。
教学法知识	对所任教的学科内容知识进行梳理、加工、转化、输出。	
教育情境知识	对所任教场所的环境氛围进行了解、设定及引导。包括班级或课堂的情况、学区的管理和经费分配,社区和文化的特征。	由外而内、由内而外、内外相结合的互动型信息收集、分析与运用。
学生知识	对教学对象进行归类、分析、沟通及心理把握。	
教师自我知识	对所从事的教师职业进行分析及定位。	

(一) 学科内容知识(学科知识)

学科内容知识,又称为学科知识,指某个学科领域的主要事实、概念、原理、规律及其相互联系的知识结构。一般来说,对某一特定学科而言,这些重要的知识及其结构是稳定的,它们是课程建构的框架。

学科内容知识是构成教师专业知识的基础,是其他专业知识组成的前提。如果没有足够扎实的学科内容知识作为铺垫,教师专业知识素养只能是无本之木、无源之水。

杜威在《我们怎样思维——经验与教育》一书中指出:"一个人要成为合格的教师,第一条件就是需要对教材具有理智的准备,应当有超量的丰富的知识。他的知识必须比教科书上的原理或比任何固定的教学计划更为广博。因为教师在教学时,必需有余力来观察学生心理和智力活动,除了感受学生的言语意义外,而且也要注意学生身体和情感活动中蕴含的东西。选择有价值的学习活动,提供解释,提出创造性问题,评价学生学习等,都依赖于教师学科知识的丰富程度和对学科的理解。"[1]

杜威的观点我们可以这样理解:教师既需要深厚的学科知识,也需要广博的学科知识。学科知识的深度对教师的教学行为及结果具有明显的影响。关

---

[1] 约翰·杜威.我们怎样思维·经验与教育[M].姜文闵,译.北京:人民教育出版社,1991:228.

于数学教师的学科知识的研究发现,数学教师在数学知识背景方面较差的话,他们在选择和设计问题的时候就显得很困难,很难提出恰当的问题。[1]有人对生物学科新教师的研究发现,学科知识严重影响到了他们的教学风格,当教授不熟悉章节的时候,他们比平时讲述得更多,并且依赖于低认知水平的问题。[2]我国的学者曾对浙江省1076名科学课程教师进行调查,发现在此课程改革的前期居然有近一半的教师首先需要做的是更新补充自己的学科知识,其次才是教学方式的培训,从中可看出,学科知识在教学实践中(特别是在教育改革过程中)的重要性,比林林总总的教学方式更关键,甚至可以认为教师能真正运用多种教学方式源于其具有深厚的学科知识作为支撑。[3]

有研究比较了新教师和经验丰富教师的教学后发现,具有丰富经验的教师为了表达可能会选择更好的比喻(Metaphor),但是仍旧不能忽视学科知识,因为如果缺乏学科知识,即使教师富有经验,也难以选择恰当的表达。[4]

教师所具有的学科知识的丰富程度在很大程度上影响着教师的教学行为。学科知识薄弱可能会导致在教学中面对一些难题时总是"捉襟见肘",因而常常表现出保守或独裁,不能或不敢挑战有疑问的概念或问题。因此,教师要精通所教学科知识。"只有教师相当高度融会贯通了课程内容后,才能对学生的知识结构有明细的了解的可能性,从而游刃有余地实施自己的教育目标,在轻车熟路中培养学生。同时,学科知识深厚的教师能时刻面对和清晰地解决学生随时可能提出的疑问,满足学生的求知欲,这在强调素质教育的今天显得特别重要。"[5]

在学科的综合性日趋突出的态势下,作为基础教育阶段的教师,还应具备宽广的、综合的知识结构,而非单一的学科知识结构。现代知识发展的一个重要特点是知识的分化和综合,既表现为自然科学内部分化及其不同学科之间的综合、社会科学内部的分化及其不同学科之间的综合,也表现为自然科学与社

---

[1] Mosenthal J., Ball D. Constructing New Forms of Teaching: Subject Matter Knowledge in In-service Teacher Education [J]. Journal of Teacher Education, 1992(43).

[2] Standard VIII: Knowledge of Content [EB/OL]. [2012 - 06 - 20]. http://www.uky.edu/education/OFE/Standard-VIII.pdf.

[3] 李中.教师学科知识重要性的再解读[J].浙江树人大学学报,2005,5(5).

[4] Reynolds, A. The Knowledge Base for Beginning Teachers: Education Professionals' Expectations Versus Research Findings on Learning to Teach [J]. Elementary School Journal, 1995, 95(3).

[5] 李中.教师学科知识重要性的再解读[J].浙江树人大学学报,2005,5(5).

会科学之间的综合及其综合学科的分化。[1]科学和学科是课程的基础,科学和学科内容及发展趋势必然影响课程教学内容及其发展趋势,同时也影响教育教学目标实现和成就人才的效果。由于各学科之间的相互渗透越来越强烈,只掌握单一学科知识和知识面比较窄的教师,越来越适应不了现代教育发展的新形势。这就要求教师的知识面要宽广,既有所教学科知识的深度,也有辅助或相关学科知识的广度,成为一专多能的通才。

在具体的教学实践中,知识面窄的教师对自己缺乏自信,往往不鼓励甚至不允许学生发散思维,不能及时地解答学生的各种疑问。相反,知识渊博的教师能运用自己的知识随时满足学生的好奇心,更容易赢得学生的敬佩,进而能更大限度地发挥教师的主导作用。受教师博学的影响,学生追求和探究知识的兴趣会更强烈更广泛。当前的基础教育课程强调内容的综合性,对于一个具体的教育问题很难通过某一个单独学科的知识和理论获得解决,这就需要学生具有跨学科的视野。不仅需要文科之间、理科之间的交流和对话,更需要在文理之间形成跨越。[2]不仅如此,各门学科知识如何嫁接,各种知识的盲点如何打通,特别是面对学科知识的难点、问题,如何运用多学科的眼光去提供独特的思路和解题方式,将是对教师综合信息处理以及综合知识储备的极大考验。[3]因此,教师的学科内容知识应从单一向综合转化,形成复合知识结构,这样才能满足基础教育发展的需要。

(二)教学法知识(PCK知识)

与学科知识不同,教学法知识更强调知识转化与输出的方法或策略。舒尔曼认为,教师需要一种在真实教学中使用的、有别于纯粹的学科知识和一般教学知识的知识,他称之为教学法知识(Pedagogical Content Knowledge,简称PCK),也被我国学者翻译为"学科教育学知识""学科教学法知识"。PCK知识是教师在面对特定的学科主题或问题时,针对学生的不同兴趣与能力,将学科知识组织、调整与呈现,以进行有效教学的知识。这是一种使教师与学科专家

---

[1] 郝文武.学科和课程分化与综合的辩证法[J].教育学报,2006(6).
[2] 于海滨,朱成科.从学科分立走向学科融合——新课程改革背景下的教师教育课程体系的理性构建[J].辽宁教育研究,2006(4).
[3] 金忠明.教师教育的困境、挑战及机遇[J].首都师范大学学报(社会科学版),2009(5).

有所区别的专门知识。[1]简单地说就是理解各学科所需要的专门的教学方法和教学策略。舒尔曼认为松散分离的"学科知识＋教育知识"的教师知识结构还不足以成为教师专业的知识基础，因为在这种知识结构上还不能产生能够区别教师和科学家等其他知识分子的专业教学能力，只有在这些知识之上产生的学科教学知识才是教师所特有的、区别于社会其他人的真正知识基础。[2]换言之，PCK知识使得学科知识和教育知识进行整合成为可能。

"教师不同于生物学家、历史学家、作家或教育研究者，这并非一定是本体性的知识在质量上或是数量上的差异，而在于这些知识是如何组织起来并加以运用的。"[3]例如，有经验的科学教师，他们的科学知识是从教学的角度来构造的，并且作为帮助学生明白具体概念的基础。而科学家的知识，从另一方面讲，是从研究的角度构造的，并且作为建构新知识的基础。总而言之，PCK知识是展现、表达某学科知识以帮助别人获得这种知识的方法性知识。

PCK知识一经提出就受到了教师、教育家们的重视，因为它确定了教学与其他学科不同的知识群，体现了学科内容与教育学知识的整合，是最能区分学科专家与教师的不同的一个知识领域。有研究指出，拥有丰富的PCK知识在课堂中能够用各种不同的方法将学科内容有效地呈现出来，以满足学习者多样化的需求。教师越能了解学生的个体学习需要，他的教学策略和方法就越灵活。教师通过对学生头脑中的前概念与错误概念的影响，对教学实践进行调整以应对可能的学习障碍。[4]因此，教师教育也必须培养职前教师获得丰富的PCK知识。

舒尔曼1986年提出的教师知识分类中，还有两类知识，即课程知识和教学情境知识，它们是独立于学科教学知识的。但后来的很多研究者把课程知识归

---

[1] Shulman, L. S. Knowledge and Teaching: Foundations of the New reform[J]. Harvard Educational Review, 1987, 57(1).

[2] 刘小强. 教师专业知识基础与教师教育改革：来自PCK的启示[J]. 外国中小学教育, 2005(11).

[3] 周慧芳. 美国科学教师教育对我国科学教育专业建设的启示[D]. 广西师范大学硕士学位论文, 2005: 20.

[4] Jessica, L. Horton. The Impact of Beliefs and Curricular Knowledge on Planning for Science: a Multisite Case Study of four Teachers [EB/OL]. [2013-06-20]. http://trace.tennessee.edu/utk_graddiss/2436.

纳在学科教学知识范围内。[1]因此,本研究也顺应这一分类方法。舒尔曼认为,课程知识由所教课程的相关指导材料、横向课程知识、纵向课程知识组成。[2]其中,横向课程知识是指学生在同一时期学习的其他学科课程材料。这一类课程知识的主要作用是使教师能够把给定的课程内容和不同年级的内容或问题建立联系。纵向课程知识是教师所教学科的预备和后续的课程材料(低年级与高年级的)。课程知识与学科内容知识的区别是:学科内容只是指某一学科的事实、知识的组织、实验与验证,而课程知识指的是教师对所教学科的相关材料的理解,包括"该学科包含的主要思想与问题、概念的组织、关系及发展"[3]。

事实上,教学情境知识也应是PCK知识的一个组成部分。所谓教学情境是指教师在教学过程中创设的情感氛围。知识转化与输出离不开一定的教学情境。我国古代教育家孔子曾说过:"不愤不启,不悱不发,举一隅不以三隅反,则不复也。"孔子的这段话,在肯定启发作用的情况下,尤其强调了启发学生进入学习情境的重要性,所以良好的教学情境能充分调动学生学习的主动性和积极性,启发学生思维、开发学生智力,因此对促进学生的学习是必不可少的。

(三) 教育情境知识

教育情境知识是关于教师任教场所的环境特征的知识。在现代社会,教师的工作场所是学校和班级。因此,教师的教育情境知识中最重要的是对学校文化和班级文化的认识和理解。

首先是对学校文化的认识。在整个社会文化活动中,学校的文化功能是其他任何社会组织所不能比拟的学校活动,是最具效力的一种文化活动。不同的学校往往具有自身独特的价值观、信念、手段、语言、环境和制度的文化特质。作为学校的一名工作人员,教师应该对所工作的学校有充分的了解,尤其是学校的文化。

其次是对班级文化的认识。班级是教师工作最主要的场所,所以了解班级尤其是班级文化是最重要的。班级文化是一个班级的灵魂,是每个班级所特有的。

---

[1] Jessica, L. Horton. The Impact of Beliefs and Curricular Knowledge on Planning for Science: a Multisite Case Study of Four Teachers [EB/OL]. [2013-06-20]. http://trace.tennessee.edu/utk_graddiss/2436.

[2] Shulman, L. S. Those Who Understand: Knowledge Growth in Teaching [J]. Educational Researcher, 1986, 15(2).

[3] Calderhead, J. Teachers: Beliefs and Knowledge [A]//D. C. Berliner, R. C. Calfee. Handbook of Educational Psychology. New York: Simon & Schuster Macmillan. 1996: 709-725.

班级文化涉及与班级有关的各类人群,既包括学生与学生之间的关系、师生之间的关系,也包括教师之间以及教师与家长之间的关系。教师需要对班级文化进行深入的了解,更要懂得如何去创建班级文化,这是教师工作的一个重要部分。

(四) 学生知识

学生知识是关于学习者及其特性的知识。"知己知彼,百战不殆。"作为教师,了解学生是一项基本功。与社会上人与人之间的交往不同,在学校里,教师与学生之间是一对多的关系,教师必须于短时间内尽快掌握学生的背景资料及个性特点。关于学生的知识主要包括以下几个方面:

教师应了解学生的社会文化背景。社会文化背景,会影响一个人对学习的看法与态度,因此就直接影响到了学生的学习方法及学业成绩。学生的社会文化背景包括社会、种族、文化、宗教背景等。教师应知道这些因素是如何影响学生的学习和心理发展的。

教师应了解不同年龄阶段的学生在生理、心理、认知、情感发展上的规律特点,或者说教师要了解儿童和青年人是怎样成长的。教师应知道学生的成长受到社会、宗教、种族、文化和语言等诸多因素的影响;懂得怎样为学生做出有个性化的安排;知道怎样在教学中实际考虑到学生的多样性,促进平等和包容。

教师应了解学生在学习过程中可能存在的问题、常见的困难、错误。这些问题或困难有的是普遍性的,有的则因学生个体差异而不同。教师也应了解学生中存在的个体差异和群体差异。任何一个学生群体中,都存在智力的个体差异,既有高智商孩子和天才学生,也存在智力发展有障碍的学生,更多是智商一般的孩子。同时,智力的群体差异也是存在的,包括智力的性别差异、年龄差异和种族差异。教师对学生了解得越多,就越能进行有针对性的引导,教学质量也就越高。

(五) 教师自我知识

俗话说,"当局者迷,旁观者清"。每个人不一定能做到对自我有清楚的认识。个体对自身思想和行为认识的结果即自我知识。自我知识的掌握是一个不断发展的过程,需要不断地丰富、纠偏、磨合与调整。

教师的自我知识,是对自己的一种自觉的认识,包括自我价值观、个人特质等。在教师的自我知识中,最重要的是身份认同和自我效能感。身份认同是人们对"我是谁""我何以属于哪个特定群体"这些问题的理解和确认,"是人所赋予自己的以及被别人所赋予的各种意义"[1]。身份认同包括两个方面:一方面是寻找"我"之为"我"的个性,即"个体自我";另一方面也在以"社会习性"所支持的对"特定群体"的角色认识(即"社会自我")为标准对"我"进行着衡量。[2]

"自我效能",是个体应对或处理环境事件的有效性。当这种有效性被个体自身感知到时,就成为自我效能感。教师的"自我效能感"反映的是教师对自己的专业发展和专业活动水平的自我判断和感受。教师必须对自身的专业素养水平,尤其是专业知识和专业能力有清楚的认识和评价,明确自己的现状以及未来的专业发展目标,这是专业发展的重要基础。

三、中学教师专业素养的特质:专业能力

教师专业能力是运用教师专业知识的一种能力,主要包括沟通、教学、反思、研究、学习等方面,这些能力的运用贯穿了整个教育教学过程,也是体现教师教育智慧及教育独创性的过程(表2-8)。专业能力构成了教师专业素养中的实践部分,也是彰显教师职业特色的重要节点。

与知识习得不同,中学教师专业能力的运用涉及对已掌握知识的融会、贯通、转化与传播,是一种理论与实践相结合的思想创新与再造,因此不同教师的专业能力差别较大。尤其是当教师的教育背景相似、专业知识水平相近时,专业能力的差异往往是影响教师教学质量、教学效率的主要因素。

表2-8 中学教师专业能力的要素与功能

专业能力的要素	功　　能
专业沟通能力	通过与学生、同事、家长及社区之间的沟通,建立和谐的关系。
专业教学能力	设计、实施教学活动并进行监控、评估。
教学反思能力	对教学过程及结果进行反思,以实现教学方法的最优化和教学质量的提高。
教学研究能力	对教育教学活动进行研究,并将研究结果运用到教学实践中,从而实现教学创新。
自主学习能力	通过自主学习以实现持续性的专业发展。

---

[1] Beijaard, D. Teacher's Prior Experience and Actual Perceptions of Professional Identity [J]. Teachers and Teaching,1995,1(2).

[2] 李利.职前教师实践性知识发展研究[D].苏州大学博士学位论文,2012:61.

(一) 教师专业沟通能力

教师专业沟通能力是教师职业所特有的一种能力。世界各国在制定教师专业标准时都十分重视教师的专业沟通能力。国际教育大会第45届会议的建议指出,聘任未来教师的标准应该不仅仅依赖于申请者的知识基础。个人的素质(Qualities)如良好的道德、责任感、与人团结、动机强、对小组工作态度积极以及较强的交际能力同样是必要的。[1]

根据教师交往的对象可以把教师的专业沟通能力分为三种类型:与学生的沟通能力、与同事的沟通合作能力以及与家长和社区的沟通能力。

1. 与学生的沟通能力

教师是否具备较强的与学生的沟通能力是能否建立良好师生关系的关键。因此,与学生的沟通能力在发达国家的教师质量标准中得到了不同程度的体现。2007年颁布的《英国教师标准框架》强调,教师应与儿童、青少年、同事、家长及监护人进行有效的交流和沟通;能够发现并尊重同事、父母、看护人对孩子的健康和发展所做的贡献,并提高他们的教育水平;具有与其他教师合作的意识。[2]德国文化教育部要求教师构建课堂中的社会关系与社会学习过程,构建学生之间的交往规则并加以实践。[3]澳大利亚的教师专业标准要求,教师运用语言的或非语言的沟通交流策略,促进学生参与学习。[4]

2. 与同事的沟通合作能力

教师与同事之间的沟通合作能力是教师专业能力的重要组成部分。教师要面对一个个富有个性和好奇心的孩子们,单靠个人的力量是远远不够的。因此教师与同事之间的教学合作显得日益重要。在现实的教育教学环境中确实存在着各种各样的教师合作和互助小组,例如教研组、学科组等。这些教师团体组织在一定程度上促进了教师之间的沟通合作能力的提高。

---

[1] 赵中建.国际教育大会第45届会议的建议[J].外国教育资料,1997(6).

[2] Professiona Standards for Teachers:Qualified Teacher Status [EB/OL]. [2014-07-30]. http://webarchive.nationalarchives.gov.uk/20111218081624/http://tda.gov.uk/teacher/developing-career/professional-standards-guidance/~/media/resources/teacher/professional-standards/standards_qts.pdf.

[3] 吴卫东.德国教师教育的新标准及启示[J].外国教育研究,2006(9).

[4] Australian Institute of Teaching and School Leadership. Australian Professional Standards for Teachers [EB/OL]. [2014-05-10]. http://www.aitsl.edu.au/australian-professional-standards-for-teachers/standards/list.

3. 与家长及社区的沟通能力

家长是家庭教育的主角,教师是学校教育的主角。因此教师和家长的沟通是教育的一个重要环节。身为老师,特别是班主任,很多时候都要和家长交流,共同探讨如何使孩子成长得更好。因此,教师应具备与家长或监护人进行有效沟通的能力,只有如此才能使家长或监护人参与到对孩子的教育过程中。

英国在2002年的《英国合格教师专业标准》中提出,教师(合格教师)"能够有效地经常与家长、社区保持联系,使之明确他们在学生学习、权利、责任和志趣等方面的作用"[1]。2007年英国颁布的教师资格标准中也提到要教师认识到与家长和社区保持沟通的重要性。苏格兰在职前教师教育课程指导性文件中也提出教师要具有进行有效人际交往的能力,"促进并参与社区内的合作关系,了解学校及社区可持续发展教育,并能够为其做出贡献"[2]。

总之,教师的教育教学活动与家长及社区的关系越来越密切。促进学生发展,一方面需要家长和社区的有力配合和参与,同时也需要家长和社区对学校教育特别是教师的课堂教学给予及时的反馈。因此,对教师与家长和社区的沟通能力提出了很高的要求。

(二)专业教学能力

教师的核心工作是教学。教学能力因此也是教师专业能力的核心成分。教学能力是指教师运用已有的教学理论知识,通过练习而形成的稳固、复杂的教学行为系统。它既包括在教学理论基础上,按照一定方式进行反复练习或由于模仿而形成的初级教学技能,也包括在教学理论基础上因多次练习而形成的、达到自动化水平的高级教学技能,即教学技巧。教学技能是教师必备的教育教学技巧,它对取得良好的教学效果,实现教学的创新,具有积极的作用。

1. 教学设计与实施技能

设计教学活动的技能包括设计教学目标和教学方案的技能、为学生的学习创造学习机会和空间的技能,以及为学生设计什么时间、什么情境下开展教学活动的能力。

英国全国教师专业标准要求教师为不同年龄、不同能力水平的教学对象制

──────────

[1] 施可灿.国际教师专业标准的三种模式及启示[J].比较教育研究,2004(12).
[2] 教育部师范教育司.教师专业化的理论与实践[M].北京:人民教育出版社,2003:235,250-251.

定发展计划。包括设计课堂或课堂系列的有效学习顺序,讲解正确的学科知识;为学生创造机会发展他们的书写能力、计算能力和信息技术能力;为学生设计家庭作业或课外作业。〔1〕

法国在教师专业标准中也对设计教学活动的技能分别针对小学和中学做了不同的规定。其中要求"小学教师应该能够根据国家教育大纲和学生的知识结构以及学习能力确定具体的教学目标;能够确定学生学习的形式、时间性(即何时进行、进行多长时间等)以及可能会用到的教学支持手段;能够设计在学习的不同时刻进行评估的情境,包括要明白评估的功能、确定要求学生应达成的水平、确定成功的标准、分析评估结果并找出失败的原因,并据此考虑补救活动以及深入学习活动"〔2〕。

教学的组织实施,主要包括组织教学内容,选择教学方式、方法和教学手段,对教学活动进行组织管理,对教学进程进行调控,具备应变突发情况的能力等。教学的实施能力是教师专业能力最核心的要素。教师在教学的实施过程中,必须能够恰当地运用教学语言,熟练运用板书和多媒体等教学工具,恰当地提问并与学生互动,对重难点内容和学生的反应做出强化,根据学生的反馈合理调控课堂节奏与内容的走向,并关心全体学生的发展。

2. 教学监控技能

教师的教学监控技能是指"教师为了保证教学的成功,达到预期的教学目标,在教学的全过程中将教学活动本身作为意识的对象,不断地对其进行积极主动的计划、检查、评价、反馈、监控和调节的能力"〔3〕。

可见,教师的教学监控技能包括教学的计划、检查、评价、反馈和调节等一系列过程,这些技能在教学活动的各个环节均有体现。纵观世界各国的教师专业标准制定,可以看出都十分强调教师的教学监控能力。例如,2007 年颁布的《英国教师标准框架》要求,教师应知道一系列评价方法,包括形成性评价的重要性;知道如何利用地方的和国家的统计信息去评价自身教学的有效性,去监

---

〔1〕 Professiona Standards for Teachers: Qualified Teacher Status [EB/OL]. [2014-07-30] http://webarchive. nationalarchives. gov. uk/20111218081624/http://tda. gov. uk/teacher/developing-career/professional-standards-guidance/~/media/resources/teacher/professional-standards/standards_qts. pdf.

〔2〕 汪凌. 法国中小学教师专业能力标准述评[J]. 全球教育展望,2006(2).

〔3〕 林崇德,申继亮,辛涛. 教师素质的构成及其培养途径[J]. 中国教育学刊,1996(6).

第二章 研究视野:教师专业化理论

控学生的进步,以及提高他们的学业水平。[1]

(三) 教学反思能力

反思是人类思维的特色之一。教学反思能力是指"教师在职业活动中把自我作为意识的对象以及在教学过程中,将教学活动本身作为意识的对象,不断地对自我及教学进行积极主动的计划、评价、反馈、控制和调节的能力"[2]。反思是教师之所以成为专业教师的核心所在,杜威给出了精辟的论述。杜威在其发表的《我们怎样思维》一书中指出,"反思把单纯情欲的、盲目的和冲动的行动变为智慧的行动"[3]。教师只有不断反思自我,才能不断进步,专业发展更上一层楼。

教师的反思其本质是教学理解与教学实践的对话,也是教师对合理合情的实践知识予以肯定与深化,对不合理或错误的实践知识予以修正与摒弃,从而获得属于教师自己的合情合理的实践知识的过程。[4]

教育实践过程中反思的主要作用在于,通过对教育教学活动的反思能够有效地促进职前教师的专业成长,缩短职前教师与专家教师的差距,尽快实现角色对接。在教师成长理论中,美国学者波斯纳(G. J. Posner)提出了一个教师成长的公式:教师的成长 = 经验 + 反思。他还指出,没有反思的经验是狭隘的经验,至多只能形成肤浅的知识。[5]只有当教师具备了较高的反思能力和良好的反思习惯,教师的经验才能上升到一定的高度,教师不再是循规蹈矩的"操作工",而是富有创新和灵感的"设计师"。这样教师才会逐步走向成熟,成为专家型的教师。所以,反思能力的有无、反思能力的高低是区分一般教师与专家教师的主要准绳,而不是依据其受教育水平的高低或从教时间的长短。

根据反思活动和教学活动的先后顺序,教学反思有三种基本类型:(1)教学实践活动前的反思,主要是在课前准备的备课阶段,它有助于发展教师的智慧

---

[1] Professiona Standards for Teachers: Qualified Teacher Status [EB/OL]. [2014-07-30]. http://webarchive.nationalarchives.gov.uk/20111218081624/http://tda.gov.uk/teacher/developing-career/professional-standards-guidance/~/media/resources/teacher/professional-standards/standards_qts.pdf.

[2] 郑红红. 人本主义取向的教师教育改革研究[D]. 福建师范大学硕士学位论文,2005:23.

[3] 卢真金. 反思性实践是教师专业发展的重要举措[J]. 比较教育研究,2001(5).

[4] 王鉴,徐立波. 教师专业发展的内涵与途径——以实践性知识为核心[J]. 华中师范大学学报,2008(5).

[5] 皮连生. 学与教的心理学[M]. 上海:华东师范大学出版社,2003:28-29.

技能;(2)教学实践活动中的反思,主要指向课堂教学,针对自己在课堂教学活动中出现的问题;(3)教学实践活动后的反思,主要是课后教师对整个课堂教学行为过程进行思考性回忆,包括对自己的教学观念、教学行为、学生的表现,以及教学的成功与失败进行理性的分析等。[1]

(四) 教育教学研究能力

在对中学教师专业能力的传统要求中,教育教学研究能力一直是被轻视甚至忽视的一项内容。常见的观点是,中学教师不同于大学教师或其他研究人员,既无时间也无课题来源,何谈研究?

其实,对我国的基础教育来说,中学非常迫切需要具备创新能力的研究型教师,而非单纯的授课型、管理型教师。课程改革所倡导的研究性学习的开展、校本课程的开发、教育教学改革的实施和推动无一能离开研究型教师的贡献。正如作家的灵感要"源于生活、高于生活",中学教师的研究也应以实践研究为主,不能脱离社会现实及工作情境。尽管理论色彩浓郁和严格规范的教育科学研究有其存在的意义和价值,能够为教师专业发展奠定良好的理论基础,但中学教师从事理论研究并不适合他们全体的专业发展,他们所从事的研究应该是一种基于日常教育实践的研究。[2]因此,"有必要把人类学和社会学研究以及其他研究的研究方法,以及在这些研究方法的基础上所发展起来的具有描述性的叙事研究方法引入教育研究。具体来说,是引入对教育经验的关注从而进一步对日常教育实践的观察上来"[3]。

"教师即研究者"的基本观点是:研究不是一个专有的领域,而是一种态度,它与教育本身没有根本的区别。[4]这是一种广义概念上的研究,对我们今天理解教师工作的研究性质仍然具有重要的启示。如果仅仅从知识的传递出发去理解教育,教师只能是一个教书匠的角色;如果从每个学生的成长出发;那么,教师的工作就总是在实现着文化的融合、精神的建构,永远充满着研究和创造的性质。当我们把研究看作教育实践中的一种态度、方式,体现着教育的根本意义,那么,教师就是教育研究的主体,他们的研究意识、主体意识是教师专业

---

〔1〕郑红红.人本主义取向的教师教育改革研究[D].福建师范大学硕士学位论文,2005:23-24.
〔2〕杨帆,夏惠贤.教师专业发展与日常教育实践研究[J].教育导刊,2008(1).
〔3〕丁钢.教育与日常实践[J].教育研究,2004(2).
〔4〕宁虹."教师成为研究者"的理解与可行途径[J].比较教育研究,2002(1).

化发展的重要支撑,教师的教育实践内在地包含着研究的意义。[1]因此,"教师即研究者"是教师专业化发展的同义语,已经成为教师专业化发展运动中一个重要观念。

在具体的教育教学实践中,中学教师处于最佳的研究位置,有着最佳的研究机会。这是由于,"由教师自己对自己的教育行动进行反思、改进、研究,比外来的研究者提出来的建议往往能切入问题的关键,外来的研究者对教学实际情境的了解往往肤浅,不深入,因此由教师来研究改进自己的专业工作最直接、最适宜"[2]。因此,"应当鼓励教师把自我反思作为他们专业化的研究态度的组成部分。他们应当成为他们自己和他们的学生的优秀的诊断者和观察者。只有这样,他们才能够真正当之无愧地从事教育这一伟大的事业"[3]。

因此,教师作为研究者需要具有创新开拓的意识,掌握教育科研的理论和方法,能在教育教学活动中发现问题,确定研究课题,通过科学研究解决问题,揭示规律,促进教育改革的深化和素质教育的推进。

(五)自主学习能力

21世纪是一个知识和技术不断创新、信息爆炸的时代。教师与学生可能站在同一起跑线上,有时教师的起步甚至更慢。教师必须不断学习、不断提高,才能适应社会发展的需要。因此,教师教育应树立终身教育的思想观念。终身教育理论认为,传统的教育制度将人一生分成两半,前半时期接受教育与学习,后半时期生活与工作,这是不正确的,教育与训练的内容实际上并不随学校学习结束而结束,而应该贯穿于"从摇篮到坟墓的生命的全过程"。换句话说,任何人都应终身接受教育。

终身教育的时代大潮对中学教师提出了新的要求,教师必须具备自主学习能力,实现自主发展。《教育——财富蕴藏其中》一书中指出,广大教师从此不得不接受这一事实,即他们的入门培训对他们的余生来说是不够用的;他们必须在整个生存期间更新和改进自己的知识和技术。[4]终身教育需要有在职培训的支持,但教师不能完全依赖于在职培训。只有当教师具备自主学习的能力

---

[1] 宁虹."教师成为研究者"的理解与可行途径[J].比较教育研究,2002(1).
[2] 林永希.基础教育课程改革呼唤研究型教师[J].继续教育研究,2003(1).
[3] 宁虹."教师成为研究者"的理解与可行途径[J].比较教育研究,2002(1).
[4] 联合国教科文组织.教育——财富蕴藏其中[M].北京:教育科学出版社,1996:142-143.

时,才能有意识地提高自己、变革自己、使自己不断走向成熟,迎来可持续性的专业发展或成长。

在终身学习的社会里,自主学习能力的培养不应从职后开始,而是越早开始越好。高校的教师教育专业必须强化学生自主学习能力的训练,为职后的自主学习奠定良好的基础,使学生成为有终身教育意识、主动追求持续性专业发展的个体。

四、中学教师专业素养的保障:专业品质

品质属于意识形态的范畴。专业品质之所以重要,是因为它将保障专业从业者的知识和能力运用得以正确地发挥,而不是偏离法律与道德的约束之路,给他人和社会造成不利的影响乃至危害。另外,如果没有专业品质的保证,即便教师的知识水平和技术能力再高,也难以对学生形成良好的感召和引领,必将在一定程度上影响教学质量,难以促进学生素质的提高。

教师的专业品质是教师所具有的教育信念、人格和心理特征、专业伦理等方面的综合表现。教师的专业品质亦称专业特质,体现的是教师专业区别与其他专业的、不可替代的品格特征。

由于教师职业在言传身教方面所具有的特殊性,许多国家在制定教师专业标准时把教师专业品质作为评价教师的一个重要标准。不过教师专业品质在不同国家的教师专业标准中有不同的分类名称。例如,英国 2007 年颁布的教师专业标准提出对"教师专业品质(Professional Attributes)"[1]的规定;澳大利亚 2011 年颁布的教师专业标准则提出"教师专业贡献(Professional Engagement)"[2]这一概念。这些差异体现了文化、社会传统等因素对教师专业标准内容的影响。

本研究结合我国教育环境及文化背景,在对教师特质以及教师专业素质进行研究比较的基础上,认为教师的专业品质应由教师的教育信念、教师的人格魅力以及教师的专业伦理构成(表2-9)。

---

[1] Department for Education. Professional Standards for Teachers [EB/OL]. [2014 - 03 - 15]. http://webarchive.nationalarchives.gov.uk/20111218081624/http://tda.gov.uk/teacher/developing-career/professional-standards-guidance/downloads.aspx.

[2] Australian Institute for Teaching and School Leadership. Professional Standards for Teachers [EB/OL]. [2013 - 2 - 11]. http://www.teacherstandards.aitsl.edu.au/.

表 2-9 教师的专业品质构成与特点

专业品质构成	特　　点
教育信念	包括职业信仰、职业忠诚度、自信心、对学生的信任度及责任心等,是构成教师专业品质的基础。
人格魅力	通过教师人格魅力的彰显,对学生形成思想感召及情感引领,起到积极的带动作用。
专业伦理	在遵纪守法的约束机制下,通过对传统师德操守的提升,打造与时俱进的伦理规范。

(一) 教师的教育信念

根据美国心理学家马斯洛的需求理论,人不仅有较低级别的生理、安全等需求,还会有较高级别的社交需求和尊重需求,还可能有更高层次的自我实现需求。从这一理论出发,现代社会人们从事工作不仅是为了满足低层次的谋生这一需求,更是为了满足自己的高层次需求——希望被他人和社会尊重,取得个体的职业成就感等。所以,任何职业都需要信仰。若从业者对职业没有兴趣、信仰缺失或理念偏离,必然影响其在相关职位的所作所为。对教师职业更是如此。

教育信念是教师职业所特有的专业信仰。作为教师,首先应对教育事业产生一种持久而深刻的热爱和忠诚。热爱是教师专业素养中起决定作用的一种品质,我们可以将其称为教育信念。教育信念决定着教师教育教学的判断,对于教师教学理念、课程设计、教学目标、教学策略的使用会产生很强的影响力。因此,教师的教育信念在各国教师专业标准中都具有十分重要的地位。

教师不仅要有对职业的热爱,还要有对学生的热爱以及做好教师的自信心。20世纪60年代,许多学者经过大量的调查研究发现,一个教师仅仅拥有知识和能力,不足以成为好教师,"当教师的知识水平达到一定程度时,影响教师教学水平和教学质量的是情感性因素"[1]。因而从事教师职业,必须具备情感人格方面的条件,即对学生有爱心,关心和注意学生的情感发展。

发达国家的教师专业标准一般都包含了对教师信念的要求。例如,法国教育部要求中学教师要"把学生视为教师思考和行动的中心,教师视学生为能够学习和进步的人,并引导他们学会自我教育;教师公平地对待每一个学生,了解

---

[1] 庞桂美,何坤.学校教育目标系统中的闲暇教育目标探讨[J].天津市教科院学报,2003(4).

他们,尊重其多样性并接受他们;教师应该关心学生有什么困难"〔1〕。英国教育部 2007 年颁布的教师专业标准中要求教师"对学生抱有较高的期望,承诺帮助学生实现自己的教育目标,与学生之间建立平等的、值得信任的、建设性的关系;向学生展示积极的价值观、态度和行为,以起到榜样作用"〔2〕。由此可以看出,这些国家对教师信念是比较重视的。

(二) 教师的人格魅力

自古以来,教师就是一种神圣的职业。俗语道,有什么样的老师,就有什么样的学生。教师在传道、授业、解惑的过程中,需要对学生起到榜样与楷模作用,否则枉受"为人师表"的称谓。因而,教师必须拥有良好的人格魅力。

作为教师必须具有一般职业所不具备的良好个性品质,这包括积极向上的工作态度、正确的自我意识和自我评价、拥有耐心与恒心、坚忍不拔、善于沟通等。这些积极健康的个性品质形成教师人格魅力和道德声望,引导和规范着教师成"人"、做"人"的方向、内涵和品位。

中学教师的人格魅力之所以如此重要,是因为在青少年的成长过程中,教师健全的人格和心理对青少年的健康成长有重要的影响。哲学家斯宾诺莎说过,"人的心灵除了具有思想的力量和构成正确观念的力量以外,没有别的力量"〔3〕。在以人为本的社会中,素质教育从本质上说就是把受教育者当成活生生的人,尊重他的人格,师生在人格上平等对话。拥有高尚正直的人格和对真、善、美的追求,是现代社会对教师的要求,也是教师拥有思想力量的源泉。〔4〕

然而,由于社会环境的变化,教师职业在专业化程度日益提升的同时,教师人格的世俗化、功利化、平庸化现象越来越突出。当今的教师越来越缺乏影响学生心灵的思想力量与精神感染力。广州市穗港澳青少年研究所在广州市区进行了一项名为"教师与青少年"的调研,结果表明,对于"教师应具有热情、诚实、公正等人格特征,比其是否具备很好的专业素质重要"这一说法,表示"赞

---

〔1〕 汪凌.法国中小学教师专业能力标准述评[J].全球教育展望,2006(2).
〔2〕 Professiona Standards for Teachers: Qualified Teacher Status [EB/OL]. [2014 – 07 – 30]. http://webarchive.nationalarchives.gov.uk/20111218081624/http://tda.gov.uk/teacher/developing-career/professional-standards-guidance/~/media/resources/teacher/professional-standards/standards_qts.pdf.
〔3〕 斯宾诺莎.贺麟伦理学[M].贺麟,译.北京:商务印书馆,1958:225 – 226.
〔4〕 金忠明.教师教育的困境、挑战及机遇[J].首都师范大学学报(社会科学版),2009(5).

同"的学生占77.2%,不同意的占11.2%。[1]可见,今天的学生认为,教师的人格魅力比其专业素质更重要。

尽管如此,教师的人格与心理标准在教师专业标准体系中并没有得到应有的重视。不管是澳大利亚还是英国,在其教师专业标准中均很少提到教师的人格和心理。毫无疑问,作为一种无法量化的、难以把握的衡量标准,对教师人格与心理的评估操作起来十分麻烦,教师职业的特殊性,使得对教师人格与心理质量标准的制定尤为复杂。因此,如何研制出具体的教师人格和心理质量标准成为我们不得不关注的课题。

(三)教师的专业伦理

专业伦理是专业职业从业者所必须遵循的行为规范和社会准则。其中某些行为规范和社会准则是通用型的,于各行各业均适用,如爱护公物、团结协作、注重仪表、遵纪守章等,某些行为规范则属特定专业职业所特有,如律师职业的为当事人保密原则、建筑设计师的终身责任制、医生以救死扶伤为天职等。

由于教师职业的特殊性,教师不仅是专业职业人,更是专业道德人。所谓教师专业伦理是指教师在教育教学中作为专业教学人员所遵循的基本的行为规范和社会准则。[2]专业伦理体现了教师专业成熟程度的社会心理和伦理标准,与专业知识和专业能力没有直接关系。当前教育领域中对教师道德操守的研究及评议较多,但是对教师专业伦理的研究还刚刚起步。

从宏观层面看,当前我国教师专业伦理在建构过程中应当实现两个转换:一是顺应教师专业化的发展,充分考虑教育教学工作的特殊性,从教师个体的身份伦理向整个教师行业的专业伦理转换。也就是说,"为人师表"并不是某个人或某些人的个例行为,而是教师职业的特色所在,是有别于其他职业或专业的特殊伦理规范。二是通过对经验的提炼与推广,实现从经验方式到理论方式的转换,从而更好地实现教育理论的指导作用。有学者指出,从微观的伦理规范层面看,新的教师专业伦理规范应该在继承传统师德合理内核的基础上,从广大教师道德修养的实际水平出发,充分尊重教师的道德权利,同时注重提升教师专业工作的道德水准,制定要求适中、切实可行、内在结构完善的教师专业

---

[1] 程鸣.教师的人格魅力[EB/OL].[2013-07-15].http://www.ahmasez.com.cn/zz100/LAOXU2012/ShowArticle.asp?ArticleID=1371.

[2] 康晓伟.发达国家教师专业标准的构成要素研究综述.教育学术月刊,2011(6).

伦理规范。[1]

在当前的社会转型时期,教育行业伦理问题屡见不鲜,少数丧失师德者的以权谋私、体罚学生、收受贿赂、生活作风失检等行为受到社会广泛关注与评议。很多问题由于无法通过法律的介入进行处理,就需要职业伦理进行约束。因此,构建符合我国国情的教师专业伦理评估标准,塑造拥有时代气息、富于道德感召的专业人员形象,是当前建构我国教师专业伦理标准的当务之急。

本 章 小 结

从社会功能、专业资质、专业制度这三个方面的标准来衡量,教师是一种专业性职业。专业化发展是国家教育事业发展所依循的必经之路,专业化的理念就必须渗透到教育教学活动的方方面面,中学教师职前培养的规划就必须按照教师专业发展理论来推行。本章以教师专业发展理论为依据,探讨了教师职业由非专门化到专门化再到专业化的历史进程。在教师专业化内涵阐释方面,以社会学与教育学的双重评价标准,指出教师专业化所涵盖的整体与个体层面的专业成长过程。从职业整体的角度,教师专业化是指教师职业整体从非专业职业、准专业职业向专业性质进步的过程;从微观个体发展的角度,则指教师个体通过职前培养,从一名新手逐渐成长为具备专业知识、专业技能和专业态度的成熟教师的专业发展过程。前者主要从外在的社会"制度"层面进行探讨,强调教师整个群体的、外在的专业性提升;后者则从教育学角度加以具象的、个体的、有针对性的界定,强调教师内在专业素质结构的提升。本研究所讨论的"教师专业化"包含整体与个体的双层意义,将社会学与教育学层面的内涵结合起来考虑。

本章分析了中学教师与其他学段教师在教育对象、教育方式上的区别,在伯林纳和本纳及其他专家研究的基础上,将中学教师的专业发展分成新手、适应与调整、胜任、熟练及专家五个阶段。各阶段的专业水平逐渐递增,呈现出动

---

[1] 徐廷福.论我国教师专业伦理的建构[J].教育研究,2006(7).

态演进的特点。而衡量中学教师专业水平的手段,主要是专业素养。在教师专业化程度较高的国家,教师专业素养作为教师专业标准的构成要素之一,主要在教师专业标准中体现出来,这就使得教师专业素养要求具备高度的权威性,相关的教师教育机构及从业人员必须遵照执行。在参照不同国家教师专业标准的基础上,本章指出,教师的专业素养结构由专业知识、专业能力和专业品质组成,三者缺一不可。其中,专业知识由学科内容知识、教学法知识、课程知识、情境知识、学生知识、教师自我知识等构成,是教师专业素养的基础;专业能力包括沟通、教学、反思、研究、学习等方面,形成教师专业素养的特质;专业品质由教师的教育信念、教师的人格魅力以及教师的专业伦理构成,把控教师专业素养的方向。在中学教师专业发展的过程中,尽管不同发展阶段的专业素养构成是相同的,但其专业素养水平随着教学经验的增长,处于不断提升的演进状态之中。

第三章 专业化视野下的中学教师职前教育解析

从学段上划分,中学教师可具体分为初中教师和高中教师;而根据教师任教科目的不同,中学教师又具体分为语文教师、数学教师、英语教师等不同科目的教师。在专业化的视野中探讨中学教师的职前培养,不同科目的中学教师培养在专业化的本质、目标、内容和途径上是具有趋同性的。因此,在宏观整体的层面上来探讨中学教师的职前教育是可行的。

中学教师职前教育是一个由多种要素构成的整体。作为教师专业职业规划的起点,对于教师教育机构而言,中学教师职前教育包含培养目标的制定、培养模式的设计、培养内容的确立、培养制度的保障等;对于接受培养的职前教师而言,这个职前教育过程涵盖了人生职业目标的规划、对学历学位规格的选择、对课程体系的学习与通过、对教师职业资格的申请等。无论是教师教育机构还是接受教师教育的职前教师,尽管两者在教师职前教育体系中所扮演的角色不同,但他们的追求是一致的,那就是培养/成为国家和社会需要的合格的教师人才(图3-1)。

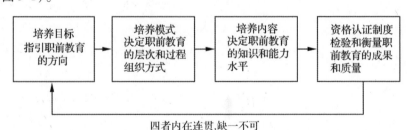

图 3-1 教师职前教育体系的四大要素结构图

教师职业的专业性特征,决定了中学教师的专业发展阶段有其内在的规律,决定了中学教师应该具备相应的专业素养。作为中学教师培养的源头,教师职前教育必然受到教师专业化的影响,要具备专业化的特征(图3-2)。立足于教师专业化的价值观研究中学教师的职前教育,我们不仅应关注培养结果,更需要关注培养的过程。因此,本章的主要内容是在教师专业化的价值立场中,对中学教师职前教育的目标设定、模式选择、课程设置及对职前教师的资格认证等各个要素或环节进行深入细致的分析。

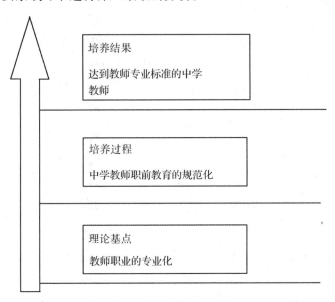

图3-2 专业化对中学教师职前教育的要求

第一节 标准与追求:中学教师职前教育的目标设定

在中学教师职前培养的实践过程中,教育机构的人才培养目标并不是简单的、经过提炼的标语或口号,而是一个多层次、多维度的系统,这决定了高等学校的人才培养目标的复杂性。要确立科学、合理的人才培养目标,首先应正确把握人才培养目标的内涵、结构。不论是哪一类型高等学校的人才培养目标,只有表述准确了才具有实践指导意义和可操作性。因此,明确中学教师的培养目标是把握中学教师职前教育的关键。

一、培养目标及相关概念

人才培养目标的内涵是准确把握某种特定类型大学人才培养目标的前提。人才培养目标是关于"培养什么样的人"的问题，是对理想中的人的素质结构进行总体性的规划和预期。人才培养目标按照其目标设定依照影响权限的不同，可分为国家层面、省市或地区层面及教师机构层面等层面。由于地域博大，各地区差异较多，国家或省市地区层面的培养目标设定多为宏观性、方向性的，一般称之为教育目的。潘懋元主编《新编高等教育学》中认为："教育目的是指培养人的总目标，它所指明的是在一定社会中，要把受教育者培养成为什么样的人的根本性问题。它是一切教育活动的出发点和归宿。国家所制定的教育目的，是全国各级各类学校教育共同的目的。但各级各类学校，还要结合自己的任务及其他特点，制定自己的培养目标。"[1]

一般意义上的培养目标多为中观乃至微观性的，指的是教育机构关于某个专业的人才培养目标。在这个层面上，人才培养目标是指教育目的在某一级某一类学校的具体化，是对学校培养人的质量规格的设想或规定。培养目标规定了人才的规格和发展方向，决定了一所高校的整体水平、发展前景和人才质量。

具体到教师教育而言，培养目标要解决的是"培养什么样的教师"的问题。培养目标集中体现了所要培养的教师的根本特征。培养目标体现在各种不同的指标上，例如培养人才的学历层次、质量标准、专业素质结构等。

培养目标具有不同的层次，主要表现在所要培养的中学教师的学历学位层次。不同国家对不同学段教师的学历学位要求是不同的。例如，我国的教师法规定，取得初级中学教师资格，当具备高等师范专科学校或者其他大学专科毕业及其以上学历；取得高级中学教师资格，应当具备高等师范院校本科或者其他大学本科毕业及其以上学历。不同类型和层次的高等学校的教师教育专业对其所要培养的中学教师的层次选择是不同的，例如，大多数地方院校多以培养本科生为主要目标，而师范大学或综合性大学既培养本科生又培养硕士生。还有一些实力雄厚的一流学校主要以培养研究生为主，包括硕士和博士两个层次。

---

[1] 潘懋元.新编高等教育学[M].北京:北京师范大学出版社,1996:56.

培养目标的多维度性质,主要体现在培养教师的质量控制方面。教师质量的衡量标准是对教师专业素养结构的合格性规定,一般包括专业知识、专业能力、专业品质三个维度。专业知识是教师从事教学活动所必须具备的知识,体现了教师作为一种专门职业的独特性,其丰富程度直接决定着教师专业水准的高低;专业能力是教师可以顺利地组织教育教学活动并对学生施加有目的的影响的能力;教师的专业品质包括了教师应具备的理想追求、专业态度、道德规范和伦理要求等基本理性价值取向,是教师进行教育教学工作的精神动力。总体而言,对教师的专业知识、专业能力及专业品质三个维度目标的设定,不仅要满足社会对于教师的要求,还要符合教师自身的专业发展规律,不能缺失某一方面而过于倚重某一方面。

总而言之,培养目标是在特定的教育内外条件下,依据一定的教育目的所制定的教育事业与教育活动所要达到的预期状态。培养目标具有重要的地位,它是教育思想的具体体现,课程体系的指南,教育评价与监督的依据。

培养目标的确定也是选择与其相适应的人才培养模式的基础,只有明确了高校要培养什么样类型、层次的教师,才能以此为依据选择能培养其理想人才的模式和途径。

在培养目标与课程设置的关系上,培养目标既是课程设置的出发点,又是课程的归宿。培养目标制约着专业课程的设置。课程目标是培养目标的具体化,因此也是教师教育课程内容选择与组织、实施与评价的直接依据。目标的定位不同,课程体系的结构和具体课程的安排也因此不同。例如,教师教育的目标如果定位于培养掌握精深专业知识的学者型教师,那么课程体系的安排中就比较注重所属学科的专业课程安排;如果目标定位是培养具有熟练教学技能的能力型教师,课程体系中会注重实践课程,尤其是技能训练课程(图3-3)。

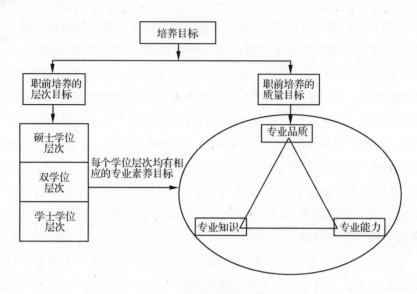

图 3-3　培养目标的结构

二、教师职前培养目标的影响因素

教师教育的培养目标是要解决"培养什么样的教师"的问题。确立合理有效的高等学校人才培养目标是完善高等学校内部教学目标和培养社会发展所需要的合格的高层次人才的关键。一所高校的人才培养目标不是凭空而定的，它会受到多种因素的影响。首先是社会的发展引起社会对教师需求的变化。不同的时代对教师的知识、能力和素质的要求是有差异的。社会所处的发展阶段和发展水平不同，教育的发展水平也不同，对教师的需求也不同，高校教师教育专业的培养目标也因此变化。因此，高等学校人才培养目标的制定，总是要与一定的社会文化背景、社会就业需求等相适应。

高等院校教师教育专业的培养目标还受到国家高等教育政策和方针以及其他因素的影响，例如必须遵循国家关于本科教学、教师专业标准等方面的规定，并在某种培养理念的指引下而采取细化的、可操作性培养目的界定(图 3-4)。

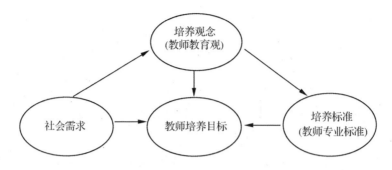

图 3-4 教师培养目标的主要影响因素

在中学教师职前培养的诸多影响因素中,培养理念及培养标准是最关键的两个因素。本节将就这两个因素予以重点分析。

(一)观念层面的影响因素

人类作为万物之灵,其最大的特点在于大脑思维的运用。人类的思考改变了世界,当然也在改变教育的现状与未来。所以,理念决定目标,目标指引行动。

中学教师的职前培养目标并不是一种现存的观念或意识形态,而是在对教师社会形象的选择性定位基础之上形成的,它体现了高等教育机构有组织、有目的、有意识的价值引导。因此,培养目标的制定,是在一定的理念指导下进行的。或者说,培养理念对培养目标的制定有导向功能。

理念是某一个体或群体对某种社会现象的观念,理念处于不断发展变化之中,不同时代有不同的教师教育观,即使同一时代,不同的教师培养理念也可能交叉存在,对教师培养目标产生不同的作用和影响。因为中学教师职前培养理念侧重于"培养什么样的教师"这类宏观性与方向性的问题,受意识形态、价值取向、文化背景的影响较大,所以特定国家或地区对于中学教师职前教育培养观念的选择因教师社会形象定位不同而有异。

在社会公众的心目中,中学教师应该是一个什么样的群体?他们在仪表、言行方面的表现怎么样?他们的社会地位如何?他们应该具备什么样的素质?……诸如此类,均涉及教师的社会形象问题。教师的社会形象不是某一个人或某一群体对于教师职业的观点,而是经过较长时间的积淀,整个社会受众所形成的关于教师形象的总体认知或总体观念。由于地域差异及教育发展水平不同,不同国家中学教师的社会形象认知可能存在不同,即便是同一国家,其在不同历史发展阶段关于中学教师的社会形象定位也有所区别。

一个国家或地区中学教师的社会形象究竟如何，可以通过抽样、访谈、讨论等调查的方式得知。从历史的发展来看，教师的形象及定位是随社会的发展不断变化的。根据对已有文献的研究与总结，不难看出，自教师成为一种专门职业以来，中学教师大体出现了三种不同的社会形象，有学者型教师形象、技术员型教师形象，以及实践反思型教师形象（表3-1）。

表3-1 教师的三种社会形象

分类	目标取向	特征
学者型教师	学术取向	强调对学科知识的系统掌握
技术员型教师	经验或技术取向	强调基本理论知识及技能训练
实践反思型教师	实践取向	强调探究、反思与价值再创造能力

1. 学者型教师

培养学者型教师是一种学术取向的教师教育观，将培养目标定位于打造"学科专家"。在职前教育阶段，较多关注学科知识在教师职业能力结构中的重要作用，强调师范生掌握系统的学科知识。

学术取向认为学术学科知识是教师专业教育的知识基础，强调知识的系统性与完整性，关注学科专业知识在教师职业能力结构中的重要作用。美国哈佛大学校长科南特就是"学术取向"的典型代表。1963年，科南特在《美国教师教育》中提出了他的改革主张。他认为"教育科学"（Science of Education）在很大程度上是虚妄的空想，呼吁取消州政府颁发教师执照对教育课程的要求。[1]

在我国也一直有"学高为师"的说法。"学高为师"一语出自陶行知先生之口。意思是说，作为一名教师要有高深的学识。这种观点是深入人心的，有的高等院校甚至将它作为校训。但随着社会的发展，尤其是教师专业化理论的提出，这种教师教育观受到了越来越多的批判。

2. 技术员型教师

技术员型教师培养目标的定位是，将师范生培养成经验型或技术型的教师。在实际的培养过程中，强调基本理论知识和教学技能训练。

这种培养目标定位受一种技术取向的教师教育观的影响。这种观点认为，

---

〔1〕刘静.美国教师教育的专业教育改革理论取向[J].现代教育论丛，2007（1）.

教育教学是一种技术性的活动,所以教师被视为"承担技术人员的角色(Teacher as Technician),是用别人设计好的课程达到别人设计好的目标的知识传授者,是手段——目的的中介人"[1]。传统的教师教育秉持了技术取向的教师教育观,认为"只要传授给师范生教育教学理论与技能,他们就可能会在今后的教学岗位上自觉、自如地运用所学的理论与技能,就可以成为一个'合格'的专业人员"[2]。

这种目标定位在当前仍然备受推崇。教师教育专业重视技能训练,举办各种教学技能大赛,强化师范生的教学技能。但由于这种教师培养的价值取向强调师范生通过对指导教师的工作尤其是课堂教学进行观摩、模仿,没有认识到教育教学活动和过程的复杂性,也忽视了教师作为知识创造者与生产者的地位,因此也受到较多的质疑和批判。

3. 反思实践型教师

反思实践型教师是当前国际教师教育领域最受推崇的一种教师形象,是基于对前两种培养目标定位的批判而产生的。培养反思型教师的目标定位是:不仅具备进行课堂教学的基础能力,还具有课堂教学的提升能力,即对自己的教学过程和教学方法、教学效果不断进行反思并予以改进;另外,教师还具备对教育教学实践进行研究的能力,以达到更高的教育理论水平和专业素养水平。

这是一种实践取向的教师教育观,它在脚踏实地的教育实践基础之上,强调思考与研究的重要性,而不仅仅关注单纯的墨守成规的教育教学活动。实践取向的教师教育观是在对"技术理性"的教师教育的批判中产生的。在技术理性的视域中,研究与实践是分离的,而不是融合的。研究者进行基础科学与应用科学研究,并由其中衍生出诊断与解决实践问题的技术;实践者则提供问题给研究者做研究,并检验其研究结果的效用。[3]所以,研究与实践倾向于走两条不同的路径,研究者与实践者越来越像生活在不同的世界,追求不同的事业,彼此之间几乎不交流。[4]可见,技术理性将研究与实践看成是对立的,研究者与实践者的关系被看成是知识的生产者与消费者的关系。因此,技术理性的教

---

[1] 刘复兴. 我国教师教育的转型与政策导向[J]. 高等师范教育研究,2002(4).
[2] 林一钢. 论"实践反思性"教师教育[J]. 教师教育研究,2008(6).
[3] 唐纳德·A. 舍恩. 反映的实践者——专业工作者如何在行动中思考[M]. 夏林清,译. 北京:教育科学出版社,2007:31.
[4] 王艳玲. 教师教育课程论[M]. 上海:华东师范大学出版社,2011:29.

师教育观培养出来的只能是偏重于技术的教学人员,而非善于思考富于创新的教师。

从教育实践来看,技术理性的教师培养面临着"专业的合法性危机"[1]。因为教师所处的教育实践情境往往具有"复杂性、不确定性、不稳定性、独特性和价值冲突性"[2]。因此,教师常常会发现自己处于两难的情境中:一方面,他们依据技术理性的方法获得的严谨的专业知识,并不适应于实践的不确定性;另一方面,适应于实践情境的艺术性方法和实践性知识,却又不符合专业知识的严谨标准。这就是所谓的专业的合法性危机。[3]

美国当代教育家、哲学家唐纳德·舍恩(Donald Schon)提出,解决这种危机的办法是"反思性实践",反思性实践的目的在于造就"反思性实践家",以替代原来的"技术熟练者"。[4]反思性实践的特征在于,立足于特定的教育情境,解决特定情景中的问题,在行动中进行反思,获取实践性学识。

作为一种思维方式或行为方式,反思的目标在于专业素养尤其是专业能力的提升。在教学过程中,反思实践型教师不是按部就班或因循守旧,而是不断反思自己教育理念和教学行为的合理性,不断地进行自我调整和自我建构,从而在使教学质量不断提高的同时,自身也获得持续的专业成长。

因此,每一所高校教师教育专业培养目标的确定,必然会受到当前的教师培养观念的影响。如前所述,不同时代教师具有不同的社会形象。学者型、技术员型与反思实践型三种形象的教师代表了三种不同的培养观念所指向的培养目标:学者型教师培养观念影响下,培养目标中最重视专业知识的传授,尤其是学科知识体系的深度和广度;技术员型的培养观念注重教师的各项教学技能的获得;反思实践型则重视教师的反思和研究能力的培养。对教师教育而言,培养观念不同,培养目标也自然有别。

(二) 政策层面的影响因素

高等学校人才培养是属于社会范畴的活动,具有一定的阶级性和政治性。

---

[1] 王艳玲.教师教育课程论[M].上海:华东师范大学出版社,2011:33.
[2] 唐纳德·A.舍恩.反映的实践者——专业工作者如何在行动中思考[M].夏林清,译.北京:教育科学出版社,2007:33.
[3] 王艳玲.教师教育课程论[M].上海:华东师范大学出版社,2011:33.
[4] 邓志伟.关于教师反思性实践的批判性反思[J].开放教育研究,2008(8).

因此高校人才培养目标的确立必然受国家高等教育政策和方针以及其他因素的影响。国家是高等学校的主要举办者。一个国家的政治政策和倾向会在很大程度上影响高等学校人才培养的价值取向；一国经济实力决定着它对高等学校的投资和支持力度，进而影响高等学校人才培养的规模和质量的选择；不同国家不同的文化底蕴也是高等学校人才培养目标的一个重要影响因素。[1]

而对教师教育专业而言，国家因素的影响主要通过国家机器的权威性、严肃性来体现，如制定相关的法律、政策、条例、标准等，用以规范教师培养的目标。其中最重要的就是关于教师专业标准的规定，一般称为教师资格认证标准或教师专业标准，其对职前教师的培养具有至关重要的指导作用。

随着社会的进步及教育事业的发展，教师专业标准从无到有，从粗略到细化，经过了较长时期的演进过程。教师专业标准出现的早晚，标准立意的高低，在一定程度上反映了某个国家或地区教育发展水平的状况。目前，世界上很多国家都出台了教师专业标准的规定，作为该国教师教育机构培养各级各类教师的参照依据。

发达国家的教师专业标准一般分为多种类型，有的是针对职前教师或教师教育机构的毕业生的，有的是针对在职教师的。我们可以将前者称为培养标准。由于文化差异，教师培养标准在世界各国拥有不同的名称。如美国的候选教师标准、英国的合格教师标准、澳大利亚的初任教师标准。

我国于1995年颁布的教师资格认证条例规定了教师资格认证的条件、考试、程序等。教师培养目标的制定首先必须考虑这些最基本的要求，因而该资格认证标准可视为教师培养标准。随着国家教育水平的提高，2011年教育部颁发了《教师教育专业标准》，作为国家对合格中学教师的基本专业要求，以及中学教师培养、准入、培训、考核等工作的重要依据。因此，我国的教师专业标准既是中学教师职前培养的标准，也是在职教师培训的标准。

无论何种名称，教师专业标准对教师专业发展具有引领和导向作用，尤其是针对职前阶段的培养标准，是教师职前培养的主要参考依据，因而必须充分考虑其对高校教师培养目标制定的影响。

---

[1] 吴菲菲.教学研究型大学的人才培养目标与途径研究[D].内蒙古农业大学硕士学位论文,2007:19.

三、教师专业化对职前教师培养目标的要求

如前所述,培养目标在整个培养体系中具有至关重要的地位。培养目标的制定直接影响到中学教师职前教育的专业化水平。从教师专业化的角度,中学教师职前培养目标应具备如下特征:

其一,初、高中教师的培养目标定位应有所区分和细化。从学段的划分看,中学包括初中和高中两个学段。尽管初中教师和高中教师的培养面临的专业化问题是相同的,但由于教学对象和教学内容具有差异,因此初中教师和高中教师的职前教育在培养目标的制定、培养内容和模式的选择上也应有所不同。从当前社会发展和基础教育的发展来看,高中学校与初中学校对应聘的职前教师在学历层次和专业素养等方面有明显不同的要求。因此,对高校教师教育专业而言,根据社会和教育发展的需求对中学教师培养进行合理的定位是当务之急。

其二,培养目标的制定要考虑教师专业发展的阶段性。职前教师教育的培养目标应以中学教师的专业发展规律为前提,不能跨越教师的专业发展阶段或混淆各阶段的指征。职前培养的成果是培养出具备一定职业资格和就业能力的新入职教师,是为教师正式执教做准备,无论新入职教师的称谓如何(如新手教师、合格教师、候选教师等),其在专业资质、职业角色、认知行为等方面具有一致的共性。中学教师职前培养目标的设定要充分考虑这些特点。

其三,培养目标的制定要以具体化和可操作性为准则。作为模式选择的参考,课程体系的指南,资格评价的依据,培养目标必须具备现实的可操作性与可执行性,具有脚踏实地的特点。如前所述,教师的专业素养可分成专业知识、专业能力与专业品质三个层面,那么对职前教师的培养目标就应落实在这三个层面,每个层面都应指出对职前教师期望达到的状态。细化的具体的培养目标不仅对决策者考虑模式的选择、课程的具体设置以及教师的教学与评价有具体的指导作用,对职前教师的学习和专业发展同样提供了明确的引导作用。如果职前教师从始至终都明确教师教育专业的培养目标,自然也会有意识地去朝这个方向努力。

第二节 路径与组织:中学教师职前培养模式的选择

人类几千年的文明积淀使得教育专业蓬勃发展。教育从最初的散漫、无序状态逐渐发展为有目标、有规模、有组织的活动,各种教师培养模式也不断涌现。培养模式作为一个任何教育都非常关注的术语,对它的理解、界定与分类是非常重要的。

一、培养模式的概念

"教育教学人才培养模式"这个概念在我国出现的时间相对较晚。刘明浚于 1993 年在《大学教育环境论要》中首次对这一概念做出界定:"在一定办学条件下,为实现一定的教育目标而选择或构思的教育教学样式。"[1]我国的高等教育管理层面对这一概念所做的首次正面陈述,是在教育部于 1998 年召开的第一次全国普通高校教学工作会议上。该会议的文件《关于深化教学改革,培养适应 21 世纪需要的高质量人才的意见》中提到"人才培养模式是学校为学生构建的知识、能力、素质结构,以及实现这种结构的方式,它从根本上规定了人才特征并集中体现了教育思想和教育观念"[2]。

其后,有很多学者都从不同的角度对人才培养模式给出了不同的界定。大体可以分为狭义的和广义的两种。

狭义的界定主要是将教师人才培养模式界定在教学活动的范畴内对其内涵进行诠释,强调在教学方式方法上来使用。例如龚怡祖认为,人才培养模式是"指在一定的教育思想和教育理论指导下,为实现培养目标(含培养规格)而采取的培养过程的某种标准构造样式和运行方式"[3]。阴天榜认为,"在一定的教育思想、教育理论和教育方针的指导下,各级各类教育根据不同的教育任

---

〔1〕 刘献君.人才培养模式改革的内涵、制约与出路[J].中国高等教育,2009(12).

〔2〕 教育部.关于印发《关于深化教学改革,培养适应 21 世纪需要的高质量人才的意见》等文件的通知[EB/OL].[2013 - 05 - 15]. http://www.moe.edu.cn/publicfiles/business/htmlfiles/moe/s7056/201401/xxgk_162625.html.

〔3〕 龚怡祖.略论大学培养模式[J].高等教育研究,1998(1).

务,为实现培养目标而采取的组织形式及运行机制,即是培养模式"[1]。

相对于狭义的概念界定,广义的教师人才培养模式将其内涵的界定扩大至整个管理活动的范畴,把人才培养模式理解为职前教育体系各种要素的组合,从而提出了更广泛的界定。比较典型的例子有:

俞信认为,人才培养模式是指"在一定教育思想指导下,培养目标、教育制度、培养方案、教学过程诸要素的组合"[2]。

马国军认为,"人才培养模式是在一定的教育思想指导下,人才培养目标、制度、过程的简要组合,是为了实现一定的人才培养目标的整个管理活动的组织方式。它是在一定的教育思想指导下,为完成特定的人才培养目标而构建起来的人才培养结构和策略体系,它是对人才培养的一种总体性表现"[3]。

徐魁鸿认为,教师培养模式是"在一定教育思想指导下,人们为了培养合格的中小学教师,在特定机关选用合适的培养目标、课程设置、学制和培养方式等的理论范式和操作程序"[4]。

沈有禄认为,教师教育人才培养模式,是"教师教育的构成要素及其相互影响和运行方式,即从事教师教育的教育主体、受教育者、管理者之间为培养教师而构建的教师教育理念、目标、教育影响等因素之间形成的交互复杂的关系及其运行方式"[5]。

从总体上看,持广义说的学者,大多把人才培养模式从内容上分为目的性要素(培养目标)、计划性要素(培养制度)、实施性要素(培养过程)和评价性要素(培养评价)四个方面,具体包括培养目标、培养方案、培养途径、培养方式、管理制度、评价体系等。[6]

从以上的界定可以看出,关于培养模式的界定林林总总,不同的学者在不同的层面上探讨人才培养模式,各有各的侧重点。狭义界定的局限性过强,但广义界定普遍过于笼统、宽泛,与教育实践中出现的模式概念在内涵上相差甚远,缺少针对性、适用性。事实上,从培养模式这一概念应用看,教育管理人员

---

[1] 阴天榜.论培养模式[J].中国高教研究,1998(4).
[2] 俞信.对素质和人才培养模式的基本认识[J].工程教育研究,1997(4).
[3] 马国军.构建创人才培养模式的研究[J].高等农业教育,2001(4).
[4] 徐魁鸿.我国师范大学教师培养模式群的建构初探[D].江西师范大学硕士学位论文,2005:5.
[5] 沈有禄.试论我国教师教育模式变革的路径与政策[J].黑龙江高教研究,2007(1).
[6] 林玲.高等院校"人才培养模式"研究述论[J].四川师范大学学报(社会科学版),2008(4).

以及学者提及最多的是两种情况：一种是本科培养、研究生培养、双学位培养等；另一种是混合培养、分段培养，例如"2+2"模式、"3+1"模式等。前者是根据教师教育的学制或学位的层次来分类的，而后者则是根据教师教育专业的双专业性质，即学科专业和教育学专业课程的组织形式或结构关系来分类的。鉴于此，本文采用整合界定法，在结合狭义界定与广义界定两者的优点之上，将培养模式理解为教师教育专业培养人才的层次定位以及培养过程设计的一个综合概念。培养模式是为了达成特定培养目标而采取的教学资源配置及教学过程组织方式，包含四个关键要素：培养人才的层次定位、专业准入标准的制定、培养过程的设计以及职前与职后的衔接。

对中学教师职前培养而言，培养模式与培养目标、培养内容等都是职前教育的主要构成因素，它们既相互区别，又相互联系。

二、教师培养模式的分类

通过对国内外教师培养模式的统计梳理，我们可以根据教师培养的学制学位的不同，把教师培养模式分为学士培养模式、双学士学位培养模式、硕士学位培养模式。同时，再根据教师教育的"双专业性"特点，即根据学科专业课程和教育专业课程的结构关系，再将培养模式细分为分段培养模式与混合培养模式。

（一）学士学位的教师培养模式

学士学位的中学教师培养模式，学制一般为四年。实行教育类课程和学科专业课程的分段设置的培养模式被称为分段模式，各种课程混编施教的一般称为混合模式。学科专业课程与教师教育课程分段实施的，主要有"3+1""2+2""1+3""2.5+1.5"、混合培养模式等（表3-2）。

"3+1"培养模式，指学生在入学时并不区分师范生和非师范生。经过三年的通识课程和学科专业课程学习后，在第四年根据自己的志愿分流，可以选择除教育学以外的专业课程，获得专业学士学位。也可以选择教师教育，进入校内独立于其他专业学院的教育学院，进行为期一年的教师教育专业学习和实践训练。毕业后获得教师教育专业学士学位和教师资格证书。

"2+2"培养模式，指学生前两年主要学习通识课程与学科基础课程，后两年学习专业课程和教师教育课程，并进行教育实习，毕业后获得教育学士学位。

"1+3"培养模式，指师范生入学的第一年先学习公共课程，经过专业方向再次选择并确认后,后三年学习专业课程。这种模式的实施,只是通识课程与专业课程(包括学科专业课程和教师教育课程)的分段。

混合培养模式也被称为"4+0"模式。学生在入学时,专业的性质即被确定为师范专业。这是一种学科专业教育和教育专业训练同时进行的一体化模式。通识课程、学科专业课程与教师教育课程是同时开设、穿插或混合进行的,而不是分段进行的。我国大部分高校都采用混合式培养模式。

表3-2 学士学位的教师教育人才培养模式

分段培养模式	"3+1"	经过三年的通识课程和学科专业课程学习后,在第四年根据自己的志愿分流。
	"2+2"	学生前两年主要学习通识课程与学科基础课程,后两年学习专业课程和教师教育课程,并进行教育实习。
	"1+3"	入学的第一年先学习公共课程,经过专业方向再次选择并确认后,后三年学习教师专业课程。
混合培养模式		通识课程、学科专业课程与教师教育课程同时开设、穿插或混合进行。

(二)双学士学位培养模式

双学士学位培养模式是"学科专业教育+教育专业教育"的教师培养模式,师范类专业的学生毕业时,获得相应学科专业的学士学位和教育学学士学位。一般的培养模式为:"通识教育+学科专业教育(主修学位)+教育学专业教育(辅修学位)"。

从课程的设置看,有分段进行的培养模式,如"3+1""3+2"和"4+1"等模式,是学科专业教育与教育专业相对独立的分离型培养模式。即学生用三年或四年时间在各专业院系修完本专业本科课程,然后进入本校的教育学院或其他专门的师范院校学习两年或一年的教育类课程并参加教育实习,毕业后取得学科专业的学士学位和教育学学士学位。

双学位培养模式在不同国家有不同的做法和特点。例如,澳大利亚的双学士学位教师培养模式则是一种混合培养模式,一般有教育/科学和教育/文学双学士学位两种。学科专业课程与教师教育课程一般是同期开设,混合在每一学年中。双学位并没有主辅之分,而是在科学专业或文学专业分主修的教学科目和副修的教学科目。

在学习年限不延长的情况下,国内有些高校,例如云南师范大学所采用的教师培养的双学位模式是:通识教育及学科专业教育在主修专业所属学院完成;学生在修读学科专业的同时,利用周末、节假日以及少部分假期等课余时间攻读教育学专业(教师教育方向)双学位。既不同于分段,也不是混合。

由于国情差异,某些国家采用的混合培养模式与我国不同。例如,澳大利亚的双学位教师培养模式,采用一学期教育类课程、一学期学科专业类课程交叉进行的方式。

(三)硕士学位的教师培养模式

硕士学位或双学士学位培养模式也被称为学士后教师教育培养模式,是在延长现有学制的条件下而进行的中学教师培养模式,国内主要有"4+2""4+3"模式,国外主要有"3+1"模式。

我国的"4+3"模式,是采用七年分段式培养模式。学生首先在各专业学院经过四年的学科专业学习之后,获得专业学士学位后进入第二阶段,考取本专业的三年制硕士研究生。该阶段主要进行学科专业的加深和拓展,同时学习教师教育课程,训练教育实践技能,提升教育科研能力,毕业后获得教育学硕士学位。

在我国还有一种"4+2"模式,是学生在完成四年的本科专业学习获得专业学士学位后,通过适当的筛选,直接进入教育专业硕士阶段学习两年,获得教育专业硕士学位。"4+2"模式的特点是,将学科专业课程与教师教育课程相分离,既可以保证学生的学科专业优势,又可以有充分的时间强化教师教育课程和实践。

"4+2"模式和"4+3"模式的区别是毕业生所获得的学位类别不同。在我国的学位制度中把学位分为学术学位和专业学位两大类。学术性学位是在人文学科与自然科学领域里所授学位的统称,是重理论和学术研究方面的一种学位。而专业学位是在专业领域所授学位的统称,如法律硕士、工程硕士、教育硕士、金融硕士等。因此,专业学位的最大特点是,获得这种学位的人,主要不是从事学术研究,而是有明显的某种特定的职业背景,如工程师、教师、律师、金融分析师等。

国务院学位委员会第十四次会议审议通过的《专业学位设置审批暂行办法》第二条规定:"专业学位作为具有职业背景的一种学位,为培养特定职业高层次专门人才而设置。"[1]因此,教育硕士与教育学硕士属于同一层次不同类型的研究生教育。

相对于西方教育发达国家,硕士学位的中学教师在我国出现较晚。1990年10月,为了适应国家建设和发展的需要,多渠道培养高层次应用型专门人才,国务院学位委员会第十次会议批准在我国设置和试办法律硕士、工程硕士、教育硕士、工商管理硕士等六种专业学位。1996年4月,国务院学位委员会通过决议设置教育硕士专业学位,并于1997年开始招生试点工作。教育硕士专业学位在我国的设置,为中小学教师获取研究生学位开辟了渠道。

三、教师专业化对培养模式选择的要求

培养模式反映了培养过程中的路径设计与选择。尽管中学教师职前培养模式存在总体上的共性,但对高校而言,中学教师职前培养因受院校传统、办学条件、培养对象、培养规格、培养层次、培养成本等诸多因素的影响,培养模式呈现出多样化的特点,每家教师教育机构都有自己的风格(图3-5)。在以人为本、质量至上的教育时代潮流中,这种多元化是教师专业化进程中的演进特色之一。那么,专业化的教师职前培养模式应该具备怎样的特点?

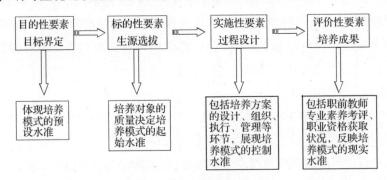

图3-5 培养模式的四要素

首先,培养人才的层次定位应符合社会的需求。培养目标定位决定培养的质量与层次。中学教师职前培养的层次或规格是指毕业生所要达到的学历和学位的层次。根据我国教师法的规定,初级中学教师的学历应在专科以上,高

---

[1] 教育部.专业学位设置审批暂行办法[EB/OL].[2013-02-01]. http://www.eol.cn/20041129/3122575.shtml.

级中学教师在本科以上。所以,当前中学教师的培养层次有专科、本科、研究生等区分。

在教师职前培养这个动态系统之中,培养模式作为一种过程行为,是对市场各种不确定性进行综合分析考量之后所做出的可行性选择。作为师资人才的提供方,教师教育机构的市场敏感性至关重要。高校要把中学教师的职前培养模式放在国家整体的教育体系及全球一体化的互联中考虑。教师培养是提高国家教育质量与国际竞争力的源头,必须走在时代的前列,具备适度的超前量,适当提高教师培养的层次与规格。当然,这种关于培养层次的定位应科学平衡各方变量,追求最好或最优是不太现实的,而只能是"最合适"或"最可行"。这种适宜性是实现培养模式专业化的前提,是培养模式实际推行的基础,否则再理想的专业化也只能成为空谈。

其次,培养人才有严格的准入标准。教师职业,作为一种专业化程度较高的职业,并不是任何人都适合从事的职业。教师肩负着培养人才、提升整个民族素质的重任。中学教师职前培养模式的专业化必然要求培养对象的高标准。对职前教师的质量把关要从起点抓起,对生源严格筛查。换句话说,高校教师教育专业要有严格的准入标准。将不适合从事教师职业的学生录取到师范专业,既是对教育事业的不负责任,也是对师范生的不负责任。

再次。培养模式应体现对学科专业和教育专业的同等重视。过程设计决定培养模式的控制水平。教师教育专业具有双专业的性质,既具有学科专业性,也具有教育专业性。中学教师职前培养过程中,学科专业与教育专业的组织或安排,是培养模式关注的一个重要问题。主要表现在两个专业的课程模块的开展上,不同培养模式有不同的设计。但无论怎样,都应对两个专业给予同等的重视,而不能过分重视其中一个而忽视另一个专业。

最后,培养模式应考虑职前教育与教师职后专业发展的联系。教师的专业发展是终身性的,具有阶段性的特点,不是职前培养就能一次性完成的。教师在职前阶段所受到的教育是职后专业发展的基础,因此,教师职业的专业发展特点要求教师的职前培养模式都要有前瞻性、可持续性的长远发展观点,在职前阶段也要考虑师范生的职后发展。

第三节 内容与实施：中学教师职前教育课程体系的确立

在中学教师必备的专业知识与能力体系中，有相当一部分是在职前教育过程中获得的。因而培养内容的确立至关重要，它直接影响着教师培养的质量。

对教师教育机构而言，培养内容是指为实现一定的培养目标经选择而纳入教育活动过程的知识和活动的总体。如果说培养目标和培养模式相当于中学教师职前教育的框架支撑，那么培养内容就是这个框架中的填充物，令教育体系丰满充实，具备现实的功能性。

培养内容与培养课程之间的关系密不可分。培养内容是通过具体的课程设置呈现出来的，或者说培养内容的载体是课程设置。因此，课程是教师职前教育极为重要的核心部分，是教师培养目标得以实现的中介，也是制约教师培养质量的首要因素。课程质量的高低、课程设置的合理程度以及实施的有效程度等都直接关系到大学创新性人才的培养目标能否实现及其实现的程度。因此，对中学教师职前教育而言，课程是最重要、最显性、最直观的要素。

一、课程与课程体系相关概念

研究中学教师职前教育的课程与课程体系，首先应从课程及课程体系的内涵开始。

（一）课程及其概念

对于课程，人们都不陌生。但课程究竟是什么，如何定义，则不是一个简单的问题。关于"课程"这一概念，国内外学者给予的界定多种多样。美国的一位学者做过统计，对课程这一术语的界定有119种之多。[1]我国学者黄甫全教授在《大学课程论初探——兼论课程（论）与教学（论）的关系》中对国外学者关于课程内涵比较有代表性的观点进行了梳理，归纳出三种观点：(1)课程是"学校提供给学生的教学内容或特殊材料的一种综合性的总计划"；(2)课程是"学习者在学校指导下获得的一切经验"；(3)课程是"一种预期学习结果的结构化序

---

[1] 乔治比彻姆.课程理论[M].黄明皖，译.北京：人民教育出版社，1989：169.

列".[1]从这三种观点不难看出课程的主体由学校和学生组成,分别对应着提供者与接受者的角色,同时课程还具备计划性、预设性、综合性的特点。

对课程的界定还有狭义和广义之分。广义的课程是指"为实现学校教育目标而选择的教育内容的总和,也即作为某种人才培养方案的课程总体或结构。它包括了大学所教各门学科、专业、教学活动和课外活动"[2]。广义的课程概念涵盖面很广,充分体现了教育教学活动的动态性、互动性。狭义的课程概念则指学校开设的各门学科,如大学英语、高等数学、大学体育等,这种狭义概念也是社会上大多数人所熟知的课程概念。

关于课程与教学的关系,很多学者都认为课程与教学是统一的。例如,黄甫全教授认为,"课程实施实际上也就是教学"[3],因为真正的课程,只有在教学活动紧密相连的学习活动中才能看到。李臣之在《课程实施:意义与本质》一文中认为"教学与课程是内在统一的,课程实施就是教学"[4]。这些观点的正确性毋庸置疑,因为课程只有通过教师和学生的参与,才能真正地发挥其功能。

由于广义的课程概念太宽泛,涉及的参与主体过多,其不确定性也很大,难以进行横向比较,为便于研究,本研究中讨论的"课程"是指狭义的课程,是指高校教师教育专业设置的各门学科或实践活动。培养内容与培养理念、培养目标、培养模式等都是教师职前教育系统的主要因素,它们既相互区别,又相互联系,共同决定着中学教师职前教育的专业化水平。

(二)课程体系的含义

由于知识种类具有丰富性及多样性,因此中学教师在职前培养中要接触到不同的课程。不同课程具有不同的目标和功能。但这些课程并不是各自独立的,而是彼此之间存在各种不同的联系。课程之间在相互联系和相互制约的基础上,构成了一个有机整体,即课程体系。实质上,一个课程体系就是作为一个系统而存在的。如果把专业课程体系看作一个有机联系的系统,那么具体课程就是系统中相互联系着的要素。[5]

---

[1] 黄甫全.大学课程论初探——兼论课程(论)与教学(论)的关系[J].课程教材教法,2000(5).
[2] 常思亮.大学课程决策论[M].长沙:湖南大学出版社,2010:8.
[3] 黄甫全.大学课程论初探——兼论课程(论)与教学(论)的关系[J].课程教材教法,2000(5).
[4] 李臣之.课程实施:意义与本质[J].课程教材教法,2001(9).
[5] 潘柳燕,林小峰.新世纪高校课程建设改革新思路[J].辽宁教育研究,2004(9).

运用系统论来研究课程体系,首先要了解系统的概念和特征。一般情况下,系统可以理解为是由一些相互联系、相互制约的若干组成部分结合而成的、具有特定功能的一个有机整体或集合。系统是组成系统的要素和系统内要素之间关系的有机组合,系统的特性是由其组成要素和要素之间的关系决定的。如果用符号 S 表示系统,E 表示组成该系统的要素集,R 为要素之间的关系集,则一个系统可以表示为 $S=(E,R)$。R 也被称为系统的结构。凡系统必有结构,或者说,系统的要素关系是构成系统的重要标志。

整体大于部分之和,是系统论的核心定律之一。与数学概念的 $1+1=2$ 不同,系统的重要特征是 $1+1>2$。系统要素之间的关系集成,其所产生的效能之和要大于要素之间简单的物理性组合。因此,系统结构决定系统的功能。系统结构不同,所产生的功能也不同。不论是自然界还是社会系统,同种要素在不同结构情况下,会有不同的功能和属性。例如金刚石和石墨,它们都是由碳原子组成,但由于它们的微观结构是不同的,所以物理性质有极大的差异。

所以,把课程体系视为一个系统,就必须关注课程结构。课程结构反映了课程各组成部分如何有机地联系在一起。有的学者认为,课程结构是指"课程各部分的组织和配合,即探讨课程各组成部分如何有机地联系在一起的问题"[1]。胡弼成在《大学课程体系现代化》一书中,对课程结构进行了如下界定:课程结构是"在一定课程价值观的指导下,学校课程体系中的各个构成要素、要素间的组织、排列形式及各要素间的配比关系。课程结构属于一种人为结构,是人们思想中占主导地位的价值观在课程实践中的具体体现,是课程体系的主体部分"[2]。

很多学者认为,课程结构和课程体系是一个概念,是可以混用的。因为体系离不开结构,没有结构的体系也无法成为真正的体系。赫冀成等主编的《课程体系与人才培养比较》一书中认为,课程体系又称课程结构,它是所设全部课程互相之间的分工和配合,是教学计划的核心。[3] 杨树勋也认为,课程体系即课程结构,是课程设置及其进程的总和。[4]

---

[1] 施良方.课程理论——课程的基础、原理与问题[M].北京:教育科学出版社,1996:123.
[2] 胡弼成.大学课程体系现代化[M].长沙:湖南大学出版社,2007:20-21.
[3] 赫冀成,张喜梅.课程体系与人才培养比较[M].沈阳:东北大学出版社,1994:19.
[4] 杨树勋.现代高等教育学[M].北京:化学工业出版社,1999:97-98.

本研究所讨论的课程体系是针对具体的教师教育专业而言的。在以上研究的基础上,本研究认为,课程体系是由一系列课程组成的,并按照一定的逻辑关系组织,这种逻辑关系反映在不同课程的纵向和横向的关系上,就是我们讨论的课程结构(图3-6)。

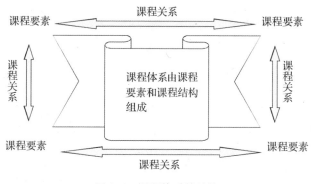

图3-6 课程体系的结构

二、教师职前培养的课程分类与课程体系构成

由于中学教师职前教育所涉及的课程类型较多,因此研究课程不仅要关注课程的内涵,还要关注课程的分类。从不同角度去认识课程,可以对课程进行不同的分类。就中学教师职前培养而言,课程分类的标准有很多。从传授内容来看,课程可分为理论课程与实践课程,基础课程和专业课程,单一课程和综合课程,人文课程和科学课程;从层次构成看,课程可以分为通识教育课程、专业课程;从学习的要求看,课程可分为必修课程和选修课程;等等。不同的分类方法既有助于课程决策者设计课程,也有助于研究者对课程的功能进行研究。

由于教学传统与管理方式的差异,不同高校采用的课程分类方式也不尽相同。例如,苏州大学的《本科教学手册》中对各个专业的课程分类都是采用统一标准,都分为三大类:通识教育课程,大类基础课程,专业教学课程。每类课程又分为必修和选修课程。有的高校把课程分为五类:通识课程、学科基础课程、专业课程、素质课程和实践课程,例如盐城师范学院。还有的高校分为通识课程、专业课程、综合实践课程与素质培养课程,例如苏州科技学院。这种分类方法不是针对教师教育专业的分类,而是为了课程和教学管理的方便。采用这种分类方法并不适合对教师教育的课程体系做深入的研究。

就中学教师的职前教育而言,尽管不同的学者对课程构成有不同的见解,但伴随着教师专业化的进程,世界各国教师教育的研究者在教师教育专业课程体系的基本结构方面已取得趋同的研究结果。全球范围内,教师教育专业的课程体系正趋于一个相似的模式,它由三部分或三个模块组成,即通识教育课程、学科专业课程、教育专业课程(图3-7)。这三个部分相互配合,形成有机的整体:

通识教育课程:大部分为基础理论课程,主要包括政治、经济、文化、科学、社会、伦理等方面,其目的是为学生提供全面的文化基础知识,使学生对社会和文化有全面的理解。

学科专业课程:所涉及的内容是学科专业知识,包含该学科的基本知识、基本理论和基本技能。目的是使学生学有专长,让学生掌握所任教学科的专业知识,能胜任未来所教专业的教学工作。

教育专业课程:是教师教育专业的标志性必备课程,是教师教育专业特殊性的体现,主要由教育学科课程、教育技能课程和教育实践课程组成。也可以称为"教育类课程"或"教育专业课程"。教育专业课程又可以分为以下几类:

(1)教育理论课程:包括教育学、心理学、学科教学论等课程,目的是使师范生能够全面理解教育教学的一般原理、方法及其发展趋势,了解和掌握教育规律和儿童青少年身心发展规律,形成教育教学的一般技能。教育理论课程通常以阅读和讲授的形式进行。

(2)教育实践课程:主要包括教育见习、教育实习以及其他的技能训练课程等。其目的主要是创造一种情境性的互动环境,让师范生在实践中以体验和反思等形式进行学习,从而获得实践性知识和教育教学能力。

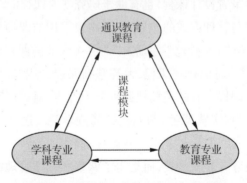

图3-7 教师教育专业的课程体系模块

三、优质课程体系的专业化特征

优质教育的产生不是偶然的,它需要周详的计划、娴熟的教学,以及能确保每位学生有机会达到所修课程之目标的总体结构安排。[1]优质教育的课程体系应该具备什么样的特征?以系统论的观点来看,优质的课程体系必然拥有优质的结构,能够有机地统一要素,合理地配置资源,科学地提高效率,灵活地适应外围环境。

(一)课程体系的整体性

运用系统论的思想和方法论去研究课程体系,则可以把课程体系看作职前教育体系的子系统。系统的结构与功能是系统论研究的核心问题。凡系统必有结构,系统结构决定系统,结构是功能的载体,功能是结构的表现。[2]系统功能是系统结构的整体属性。系统功能是评价系统价值大小的重要尺度。根据系统论基本原理,我们可以得到这样一个启示:在研究课程体系时,首先从课程体系的结构开始,研究如何使课程体系的结构优化,使其达到所期望的培养目标。

运用系统的方法去研究高校的课程体系,我们可以从以下三个方面去理解课程体系:

首先,课程体系是一个由若干要素或部分组成的,这些要素可以是一些课程,也可以是由一些相关课程组成的课程模块(也可以称为子系统)。

其次,课程体系有一定的结构。组成课程体系的各门课程之间是相互联系和彼此影响的。这种联系和制约的方式就是课程体系的结构。课程之间的联系有纵向和横向两种。优质课程体系具有整合性特点(图3-8)。整合性是指对各种课程内容之间的横向联系和纵向联系进行协调和统整,努力在各种课程要素之间寻求内在的联系,克服支离破碎、各自为政的状态,以达到最佳的培养目标。

---

〔1〕 罗伯特·M.戴尔蒙德.课程与课程体系的设计和评价实用指南[M].黄小苹,译.杭州:浙江大学出版社,2006:40.

〔2〕 柴文森.论系统的结构与功能[J].农业系统科学与综合研究,1986(12).

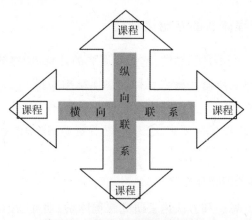

图 3-8 课程体系的整合性图示

再次,课程体系有一定的功能。每一课程要素都有自己独特的对人才培养的作用。但课程体系的功能不仅取决于各门课程,还受到课程结构的影响。换言之,课程体系对学生的培养作用不是各门课程功能的简单相加,而是体系内各门课程相互作用的结果。只有结构具有整合性特点的课程体系才能发挥最佳的培养功能。

从课程体系的整体性出发,任何课程改革都应该纳入课程体系的整体视野来考虑。课程的组织和安排不是各门课程的简单组合,而应在一定的教育价值观的指导下,使所有课程成为一个和谐统一的整体,各种课程在动态运行的课程结构中产生合力,以有效地实现培养目标。

(二) 课程体系的适应性

系统存在不同的类型。按与环境的关系,系统可以划分为孤立系统、封闭系统和开放系统。孤立系统是指一个完全不与外界交换能量或质量的系统;封闭系统是指一个只与外界交换能量而不交换质量的系统;开放系统是指与外界环境有物质、能量和信息交换的系统。从系统论的角度,中学教师职前培养的课程体系可以视为一个开放系统。

对一个开放系统而言,面对未来种种不确定因素,其注定要处于不断的变化调整之中。但过于频密的变化显然不利于系统的成长与发展。系统论认为,动态平衡是系统结构合理的条件。课程体系的动态平衡是指,课程体系在不断发展的社会环境中进行自调节,以适应社会发展的需要。

课程体系的动态平衡之所以关键,是由于现代社会发展的速度明显加快,课程体系作为人才培养的载体,要不断接受来自社会经济、政治、文化发展的影响,要不断顺应社会需求层面(学校、学生及家长)的动态变化,学科本身的发展、教育教学研究的新成果等各方面的因素也在不断推动教师教育专业自身的演进。如果课程体系面对如此变化的环境无法做出良好的、及时的反映,课程体系就会变得刻板、僵化,无法培养适应现代化社会需要的高层次人才。因此,课程体系应是一个动态系统,必须随时与外界进行信息、能量、物质的不断交换,才能正常运行和发展。进行中学教师职前培养的高等院校必须建立开放的、富有弹性的课程体系,使其在开放和动态中实现其自我调节和自我适应,这种调适性主要体现在三个方面:

首先是适应社会发展的需要。为了适应知识经济社会的千变万化,中学教师的培养课程设置必须建立快速应变机制,缩短教材的修订期,使教材内容的更新速度加快。只有这样,才能让师范生及时地了解到教育教学的最新研究成果、研究动态以及现实社会的需求。

其次是适应基础教育改革的需要。为了实现教育强国的目标,国家对基础教育的改革处于不断的进行之中。随着基础教育改革的逐渐深化,我国现有师资队伍的质量与全面实施素质教育所要求的教师质量尚存在一定差距。这种差距的存在会直接影响基础教育的发展。因为,基础教育改革的成功与否关键在于教师的综合素质水平如何,而教师的综合素质高低在很大程度上又取决于高校教师教育的培养质量。因此,高校教师教育专业的课程体系必须不断改革,才能培养出能更好地适应基础教育改革的教师。

再次是适应中学教师自我发展的需要。在以人为本的社会里,课程的设置要考虑师范生的身心发展以及专业成长的规律,既要考虑师范生在职前阶段的培养,也要考虑他们职后的专业发展。

四、中学教师职前培养课程体系的开发依据

中学教师职前培养课程体系的开发是一个系统工程。课程体系的开发不是课程决策者随意决定的,而是有一定理指导和实践依据。课程的设置应以现代化的思想、观念、价值来统设课程编制,更好地解决"社会需求""知识体系"和"个体发展"三者之间的关系,使课程系统诸要素在结构性的联系中展现整体

效应。[1]

(一) 理论指导：课程开发理论及教师专业化理论

如前所述,中学教师职前培养的课程体系具有重要性、严肃性及系统性,这些特点都决定了课程体系的设置是一个严谨的、复杂的、科学的过程。因此,课程决策理念是非常重要的。如果没有先进的课程理念引领课程决策人员,是不可能制定出好的课程体系的。有学者指出:"任何课程变革必须依据一定课程思想的引领才能得以实现,因为,课程实践在本质上是一种价值创造活动,因而必须遵循一定的价值原则。任何课程结构如若不优先考虑价值取向问题,如若没有哲学价值论的引领,都将陷入盲目和混乱,从而以失败而告终。"[2]

对中学教师职前教育而言,培养内容的改革应"从课程体系的整体化出发,在考察问题时强调局部与整体的有机关联性,选取在总体上最优的解决方案"[3]。课程体系的开发必须在一定的课程理论的指导下,吸收国内外同专业发展的先进经验,结合本校实际,并广泛征求意见,按照科学的程序对课程体系进行设计。根据具体专业的培养目标,确定课程体系的整体性目标,明确每门课程在课程体系中的地位和作用。课程体系中各要素相互配合,整体功能才能达到最佳状态。因此,要确保"每种课程要素的改革和优化都必须服从于课程体系的整体优化,课程要素的功能取向与整个系统的取向一致"[4]。

(二) 国际比较：不同国家同专业课程设置比较和借鉴

由于教师培养关系着一个国家的教育事业的发展,课程设置又是教师教育体系的核心,所以教师教育专业课程体系的研究是世界各国都非常关注的。尽管课程设置受到文化背景、社会经济发展等因素的影响,但教师教育专业课程还是具有一定的相似性,尤其是数学、物理学、化学、生物学等学科的教师教育专业。因此,在国内和国际比较的视野中,了解国内和其他国家高校相同专业所开设的课程,有助于课程决策者做出更科学合理的决策。

(三) 评价反馈：任课教师及毕业生的反馈

首先,教师教育专业的课程设置应考虑来自课程实施过程中的信息反馈。

---

[1] 胡弼成.大学课程体系现代化[M].长沙:湖南大学出版社,2007:67.
[2] 郭德红.美国大学课程思想的历史演进[M].北京:中央编译出版社,2007:1-2.
[3] 胡弼成.大学课程体系现代化[M].长沙:湖南大学出版社,2007:30.
[4] 胡弼成.大学课程体系现代化[M].长沙:湖南大学出版社,2007:30.

这些信息反馈主要来自中学的任课教师及高校的师范毕业生。首先,作为教师教育专业人才培养的对象,中学教师在职前培养过程中拥有一定的话语权是相当重要的,他们在教学实践中的切身感受将为课程设置提供有益的建议。

其次,来自毕业生的反馈信息也是非常关键的。不管这些毕业生是否从事教师职业,课程设置都要考虑毕业生在求职和工作过程中的感受和评价。有学者指出,尽管校内外人士对课程设置的看法可能不同,但这类与具体职业相关的信息,对于制定课程或课程体系目标、确保专业课程的设置能够符合用人单位的需求起着一个关键性的作用。[1]《课程与课程体系的设计和评价实用指南》一书中有这样一个例子。在锡拉丘兹大学的一项音乐教育专业课程重新设计的项目中,多数毕业生反映,在工作中,他们有时会得到那些提供音乐教学和演奏使用的演示厅或教室、设备的业务——他们对这种任务总是感到手足无措。结果,音乐专业课程设置从此就增加了一项内容,即设备设计与仪器挑选。[2]因此,高校有必要对不同专业毕业生的就业状况及课程反馈进行调查,为高校的培养内容改革奠定民生基础。这样一来,就可以通过多方协商机制建立,使得各方利益都能得以表达,所培养的教师人才也就更接近于社会的期望。

第四节 制度与保障:中学教师职前培养成果的衡量与检验

在教师专业化发展思想的指引之下,中学教师职前教育所取得的培养成果究竟如何检验?这就涉及教师资格认证的问题。对现代社会的公民而言,要从事教师这一职业,就必须经过特定的考核,要符合特定的规定和要求;对教师教育机构而言,要检验其所培养的毕业生是否符合这种规定和要求,就必须对职前教师进行相应的资格认证(图3-9)。因此,对教师个体而言,教师资格证书的取得是职前教育的成果之一,意味着人生新阶段的开始;对教师教育机构而言,教师资格认证是检验教师教育质量的重要准绳。教师资格证书制度的重要性

---

〔1〕 罗伯特·M.戴尔蒙德.课程与课程体系的设计和评价实用指南[M].黄小苹,译.杭州:浙江大学出版社,2006:55.

〔2〕 罗伯特·M.戴尔蒙德.课程与课程体系的设计和评价实用指南[M].黄小苹,译.杭州:浙江大学出版社,2006:55.

不仅在于它提供了教师教育领域赖以发展的环境平台,更决定了教师教育的水准与质量。

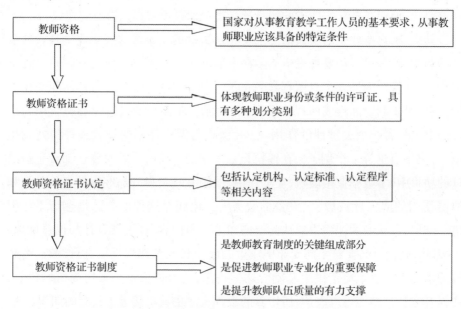

图 3-9　教师资格证书制度相关概念的关系

一、教师资格与认证

(一)教师资格与教师资格证书的概念及类别

在《现代汉语词典》中,"资格"一词有两种解释,其中有一种是"从事某种活动所应具备的条件、身份等"[1]。教师资格中的"资格"即属该种解释。教师资格是国家对准备进入教师队伍从事教育教学工作人员的基本要求,也是从事教育教学工作的人员应该具备的特定条件和身份。[2]当今世界上许多国家都规定,凡在各级各类学校和其他教育机构中专门从事教育教学工作的公民,都必须具备教师资格。

作为一种条件或身份的显示,教师资格是通过教师资格证书体现的。教师资格证(Teacher Certification)是从事教师这一职业的许可证。教师资格证书不

---

[1] 中国社会科学院语言研究所词典编辑室.现代汉语词典[M].北京:商务印书馆,1993:1529.
[2] 渠素彬.实施教师资格认证制度的意义探讨[J].北京教育学院学报,2008(3).

是简单的一纸证明文件,它是中学教师职前培养所涉及的关键制度的浓缩体现,凝聚了教师教育领域的质量测评规程,是每个立志从事教育行业的毕业生都应取得的通关文书。

对教师个人而言,教师资格证书是一个人具有从事某一学段或某一学科的教育教学工作资格的证明。因现代学校教育的高度发展,教学类型、教学科目划分非常精细,因此教师资格拥有很多类别。不同国家对教师资格类别的规定也往往不同。一般常见的有按学段和学科来分类。根据教师任教学段的不同,可以将教师资格分为幼儿园教师资格、小学教师资格、初级中学教师资格、高级中学教师资格、中等职业学校教师资格、高等学校教师资格等。本研究所关注的是初级中学教师资格和高级中学教师资格证。就初中和高中学段而言,教师资格证还有语文、数学、英语、物理、化学等学科之分。在学段与学科分类的基础上,还有的发达国家根据教师的专业水平对教师资格进行分类,如初任教师资格、中级教师资格、高级教师资格等。

教师资格证书是公民获得教师岗位的法定前提条件。也就是说,获得教师资格证书是从事教师职业的必要条件。教师资格证书是国家对具有教师资格者的个人水平、能力、素质的认定。在实行教师资格证书制度的国家一般都规定,不具备教师资格者不能从事教师职业。例如我国现有法律规定,只有依法取得教师资格,持有教师资格证书者,才能在教育行政部门依法批准举办的各级各类学校和其他教育机构中从事教育教学工作。

但必须注意的是,教师资格只是成为教师的必要条件,而非充分条件。教师资格证书不等于教师聘任证书。因为聘任教师还要考虑学校编制、教师数量、学科结构、年龄结构、岗位需求等方面的因素,所以并不是获得了教师资格就等于或一定能被聘任成为教师。

(二)教师资格的认定

教师资格的认定,也被称为教师资格认证,是指负责教师资格认定工作的有关部门按照一定的标准对申请者的条件进行认定的活动。资格认定是一种关于合格性评定的活动,由相关的标准和程序组成,它是职业和岗位专门化的必然结果。

1. 教师资格认定的机构

教师资格认定的机构就是指负责教师资格认定工作的有关部门。因不同国家的国情和体制不同,各国教师资格认定的机构也不同。在我国,各级教育行政部门是教师资格的认定机构。我国2000年发布的《教师资格条例》实施办法第五条规定:"依法受理教师资格认定申请的县级以上地方人民政府教育行政部门,为教师资格认定机构。"[1]另外,不同学段教师的资格认定机构不完全相同。《教师资格条例》第十三条规定:"幼儿园、小学和初级中学教师资格,由申请人户籍所在地或者申请人任教学校所在地的县级人民政府教育行政部门认定。高级中学教师资格,由申请人户籍所在地或者申请人任教学校所在地的县级人民政府教育行政部门审查后,报上一级教育行政部门认定。"[2]

发达国家,如美国教师资格认定的机构主要是各州教育厅,民间的一些非官方的专业组织也是教师资格认定的主要机构。例如,美国国家专业教学标准委员会(NBPTS)即是一个非官方的教师资格认定机构。

2. 教师资格认定的标准

教师资格认定的标准是教师资格认定机构审核教师资格并颁发教师资格证书的依据。一个国家或地区对教师资格认定的标准,往往整合了教育、法律、经济、社会等多领域对教师的期许。因此,不同国家或地区的教师资格认定标准也不尽相同。但是,尽管认定标准的条件有所差异,我们还是能够发现各国教师资格标准的共性。我国学者荀渊在《教师专业发展制度》一书中将教师资格认定标准分为三类:基本标准、硬性标准和软性标准。基本标准主要指教师的年龄、健康状况等从事教师职业最基本的要求;硬性标准主要指的是学历以及各种水平测试等易于量化的要求;软性标准主要是指教师的思想品德、职业素质和职业道德等不易量化的要求。[3]

而从内容上看,教师资格认定标准是一个多维体系,包括对申请者的教育背景、专业能力等方面的要求。判断申请者是否达到教师资格标准,各国通行的做法是组织教师资格考试。也就是说,申请者要获得教师资格证书,一般都需要参加并通过教师资格考试,否则就不能获得教师资格证书。

---

[1] 国务院. 教师资格条例[EB/OL]. [2012-10-03]. http://baike.baidu.com/view/438067.htm? fr = aladdin.

[2] 国务院. 教师资格条例[EB/OL]. [2012-10-03]. http://baike.baidu.com/view/438067.htm? fr = aladdin.

[3] 荀渊. 教师专业发展制度[M]. 北京:教育科学出版社,2011:50-51.

3. 教师资格认定的程序

教师资格认定拥有严格明细的、易于执行的流程。教师资格认定的程序一般包括三个阶段：申请阶段、认定阶段和颁发证书阶段。在申请阶段，申请人准备教师资格证书制度规定的各种材料；在认定阶段，认定机构组织教师资格考试，对申请人的教育教学能力进行考核，并根据一定的标准对申请人所提交的材料进行审核；最后一阶段是颁发证书，如果申请人达到了教师资格的要求，教师资格证书管理部门将颁发资格证书，以证明申请人获得了教师职业的"通行证"。

二、教师资格证书制度

认证制度是伴随人类进入工业文明而出现的，最早出现于产品领域，后延伸至社会生活的其他层面。围绕着教师资格认定的标准、考试的内容、认定过程与颁发，国家形成了一系列的法律规定，即教师资格认证制度。教师资格认证制度，在我国也被称为教师资格证书制度，是在一定的历史条件下，国家或行业保护组织对从事教师职业、专业或教育教学活动的人所应具备的条件或身份的一种强制性的规定，是对教师实行的法定的职业许可制度与公民获取教师岗位的法定前提，也是对专门从事教育教学工作的人员基本的资格要求。[1]教师资格证书制度与《中华人民共和国教师法》《中小学教师职业道德规范》等共同构成了教师队伍质量的法律保障体系。

教师资格证书制度是一个体系化的制度，它以教师资格证书为核心标的，规定了该资格证书的文本格式、法律依据、管理机构、认定标准、测评办法、考试规定、违规处罚等内容。一般来讲，教师资格证书制度主要由三个部分组成，即建立教师资格认证机构、制定教师资格认证标准、确定教师资格认定程序。

（一）教师资格证书制度与教师职业的专业化

教师质量既取决于教师教育的质量，也在很大程度上依赖于与教师相关的制度建设。[2]专业制度的建立是实现教师教育规范化管理，确保教师专业化水平不断提高的关键和重要保证。

---

〔1〕 荀渊,唐玉光.教师专业发展制度[M].北京:教育科学出版社,2011:42.

〔2〕 荀渊,唐玉光.教师专业发展制度[M].北京:教育科学出版社,2011:1.

教师资格证书制度是教师教育专业制度的一种,推行和完善教师资格证书制度对于促进教师职业的专业化进程具有重要意义。因为在对教师职业作为专业职业的界定标准中,除了社会职能的重要性、专业资质的必备性,专业制度的保障性也是不可或缺的。如果缺少专业制度的保障,教师职业就不可能成为一种专业职业。钟启泉教授曾指出,教师专业化与教师教育制度有关,两者互为因果,互相影响,具体就是教师专业化需要教师教育制度的完善,体制健全的教师教育制度也包括教师资格制度的优化。[1]

因此,教师专业化的推进并非独立而为,既要有社会资源的支持,也要有法律和制度平台的支撑。从教师个人的职业发展流程而言,对职前教师的资格认证是连接教师职前培养和职后专业发展的媒介,或转换平台。教师资格认证制度是教师职业的准入制度,是促进教师专业化和优化教师队伍的重要保障。作为一种职业身份的体现,实施教师资格制度,有利于全社会充分认识教育事业和教师职业的重要性,提高教师社会地位和待遇,使教师地位、教师队伍素质和教育质量形成良性循环。

(二) 教师资格证书制度与教师队伍的整体素质

对质量提升的关注胜过对数量扩张的要求是教师教育发展到一定高度时必然面临的问题。教师质量的提升直接决定教育改革的成败,"质量问题"永远是教育创新的核心问题。作为一种职业准入门槛,教师资格证书制度有利于政府有关部门依法管理教师队伍,通过考查申请人是否具备教师职业道德和专业素养,从而严把教师入口关,确保各级各类学校师资的质量;有利于依法治教,使教师任用科学化、规范化,从根本上提高教师队伍整体素质;有利于吸引非师范专业的毕业生和其他行业的优秀人员,通过教师资格认定的途径,从而加入到教师预备队伍中来;而对于已经在岗在编的教师而言,教师资格认证制度的实施对他们提出了更高的要求,要求他们向更高的层次和水平发展。

因此,教师资格证书制度是一个国家提升整体教师队伍质量的有力支撑和重要保障。国家有必要从制度层面对各级各类学校教师的专业资格提出最基本要求,逐步建立起适应经济、社会和教育发展要求的教师资格证书制度。

---

[1] 钟启泉.教师专业化的两个课题[J].内蒙古教育,2005(2).

（三）教师资格证书制度与教师职前培养的规范化

人类的社会生活离不开制度。从人本层面上看，制度要求大家共同遵守某种办事规程或行动准则。而从社会层面上看，制度是由一系列规范体系构成的，其目的是实现某种社会功能或社会目标。

在实施教师资格制度的国家或地区，只有持有教师资格证书的人员，才能被教育行政部门依法批准举办的各级各类学校和其他教育机构聘任为教师。故而教师资格证书制度对从教人员的水平与能力形成了一种甄别与筛选作用。对培养教师的教师教育机构而言，教师资格证书制度则是检验自身培养质量的一个手段，对职前培养、课程设置、教学和评价都具有一定的约束和导向作用。因此，实施教师资格证书制度有助于促进教师职前培养的规范化。

教师教育与教师资格认证关系如图3-10所示。

图 3-10　教师教育与教师资格认证

作为一个集成体系，教师教育制度也是随时代变迁而不断更新变化的。自教师教育发展伊始，各种相关的制度、办法、规章、条例就应运而生，一直处于动态的修正、完善之中。教师资格证书制度作为教师教育制度的关键组成部分之一，在保证职前教师的质量方面具有其他制度不可替代的作用，因此在很大程度上影响着一个国家或地区依法治教的水平。教师资格证书制度的实施标志着教师任用走上科学化、规范化和法制化轨道。但教师资格证书制度也同样经历了一个不断改革、逐步科学化的过程。因此，对现有的教师资格证书制度进行改革与创新，不断发展和完善教师资格证书制度，是规范中学教师职前培养、提高教师队伍质量的助推器，是实施教师专业化战略的重要标志和根本保障，也是新时期我国经济社会和教育发展对教师队伍建设提出的必然要求。

三、专业化对教师资格证书制度的要求

如前所述，教师是专业性职业。如何去判断或检验教师候选者能否达到或符合要求，就需要对职前教师进行资格认证。认证制度已经成为教师专业化的一个重要组成部分。我们已知，教师资格证书制度是推行教师职业专业化的重要保障。由此不难推断，如果教师资格证书制度的专业化水平无法保证，那么

该制度势必在教师专业化的进程中无法发挥应有的作用。教师资格证书制度要具备高瞻远瞩的立意,走在时代的前列,能够为教师教育的发展提供明确的指引方向,而不是被动地为社会潮流所推动,被动地去解决现存问题而导致出现制度出台的时间差与滞后性,从而降低制度的效能。从教师专业化的角度出发,教师资格认证制度应该具有如下几个特点:

第一,认证基于具体细化的教师专业标准。如前所述,任何一门专业都应有具体的资质标准,包括专门的知识、技能和较高的职业道德规范等。而作为专业性职业的从业人员,任何欲从事教师事业的候选者在专业知识、专业能力和专业品质上都必须达到一定的要求。检验高校教师教育专业培养的人才,需要依据一定的标准,即教师资格认证标准。教师资格认证的标准与教师专业标准应是统一的。中学教师的职前教育应该能够达到一个什么状态,教师专业标准中应该给出明确的要求。

第二,具有严格全面的资格认证条件。教师资格认证对于中学教师的职前教育而言,实际上是一个检验培养人才质量的过程。因此,资格认证的条件决定了职前教师的质量,对职前教师的资格认证应制定全面严格的认证条件。只有如此,才能保证职前教育为基础教育输出合格的教师力量。

第三,应能体现对教师专业发展的促进性。如前所述,教师专业发展是有阶段性的,从职前培养到职后发展会经历新手、胜任、成熟、优秀等若干阶段。因此,对教师资格认证不能仅仅停留在对职前教师的认证上,而应以促进教师终生的专业发展为宗旨,为教师的职业生涯发展提供可持续的保障,并通过教师资格证书含金量的提高,提高教师职业在社会上的竞争力与职业地位,助推教师作为专业职业人的价值与尊严的实现。

本 章 小 结

教师职业的专业化决定了中学教师职前教育体系也必须走上专业化的发展道路,决定了教师职前培养在目标设立、模式设计、课程设置、教师资格认证方面应该具备相应的专业化特征。从培养目标、培养模式、培养内容直至最终的成果检验,形成一个内在连贯的整体系统,缺一不可。

在教师专业化的理论指引之下,中学教师职前培养目标需要解决"培养什么样的教师"这样的核心问题。培养目标是在特定的教育内外条件下,依据一定的教育目的所制定的教育事业与教育活动所要达到的预期状态。高等院校是师资队伍培养的承担者,培养目标是其教育思想的具体体现,直接决定着高等院校的人才培养规格与培养质量。在中学教师职前培养目标的诸多影响因素中,培养理念及培养标准是最为关键的两个因素。学者型、技术员型与反思实践型三种形象的教师代表了三种不同的培养理念所指向的培养目标:学者型教师培养目标中最重视专业知识体系的深度和广度;技术员型教师培养观念则注重教师的各项教学技能;反思实践型则重视教师的反思和研究能力。国家因素对于培养目标的影响主要通过国家机器的权威性,其中最重要的就是关于教师专业标准的制定。本章对中学教师培养目标的相关概念予以界定并指出培养目标的层次以及专业化的培养目标应该具备的特色。

在中学教师的职前教育体系中,有了培养目标,培养过程如何展开?这就涉及培养模式的问题。本章分析了中学教师职前培养模式应包含四个关键要素:培养目标的定位、专业的准入标准、双专业课程的结构设计以及职前培养与职后专业发展的关联。然后对学士学位、双学士学位、硕士学位这三个层次的培养模式进行了梳理。本章的最后分析了教师专业化对职前教师培养模式的要求。

培养内容是指为实现一定的培养目标经选择而纳入教育活动过程的知识和活动的总体。如果说培养目标和培养模式相当于中学教师职前教育体系的框架支撑,那么培养内容就是这个框架中的填充物,令教育体系丰满充实,具备现实的功能性。由于培养内容与培养课程之间的关系密不可分,本章以课程体系为切入点对中学教师职前的培养内容进行研究。课程概念有广义狭义之分,本研究中讨论的"课程"是指狭义的课程。不同课程之间的相互联系和相互制约构成课程体系。专业化的优质课程体系的开发,必须在教师专业化理论的指导下进行,并充分考虑课程体系的国际比较与现有课程体系的实施反馈。

教师资格证书制度作为一种专业制度,体现出教师作为专业性职业的重要特征。它不仅提供了教师教育专业赖以发展的环境平台,更决定了教师教育的水准与质量。本章分析了教师资格证书制度的相关概念并就专业化的教师资格制度给出了较为全面的描述。

  当然,中学教师职前教育体系的专业化与差异化并不矛盾。由于中学教师涵盖的范围较广,不仅有教学科目之分,有初中、高中的学段之分,也有学校性质的差别,不同教育机构培养职前教师的策略侧重必然有所区分,但这并不影响中学教师职前教育在价值立场和发展方向上的一致性:专业化是不容置疑的趋势。

第四章 比较与参照：国外中学教师职前教育实践

不同的国家由于历史、文化背景不同，因而在中学教师职前培养的实践过程中会表现出一定差异。发达国家的高等教育事业相对较为先进，在教师职前教育实践上也各具特色。分析发达国家中学教师职前教育实践对我国将能提供一些参照和借鉴。

在对中学教师职前教育体系的研究过程中，对国外案例的选择是一个重要内容。在国别选择方面，主要考虑其在世界范围内教师教育水平的先进性、教师教育制度的完善性以及与我国教师教育体系之间的可比性等。美国是世界上最早推行教师资格制度的国家，其教师专业化发展水平迄今无他国可以超越，英国的教师教育特立独行、别具一格，而澳大利亚则是教师教育体系起步晚但发展快、质量高的典型。因此对上述三国的中学教师职前教育实践进行探究甚有必要。与此同时，在具体院校的选择方面，尽量选取学校口碑和教育质量均较好的大学作为样本，以增加参照的力度和可借鉴性。

依照前文关于中学教师职前教育体系的描述，对美国、英国和澳大利亚三国中学教师职前培养的分析主要从培养目标、培养模式、课程设置、资格认证这四个方面进行，贯穿了中学教师职前教育所涵盖的关键节点。

第一节 美国中学教师职前教育实践

作为世界超级大国，美国一直将加强教育作为提高国家竞争力的基础，视教师队伍建设为教育改革成功的关键，始终关注着教师教育改革。美国是世界上教师教育最发达的国家之一,无论从教师专业标准体系的制定,教师教育机构课程的设置,还是从教师资格认证制度看,美国的教师教育都具有很多值得其他国家借鉴和参考之处。

一、美国中学教师的职前教育目标分析

如前所述,一个国家或地区关于教师职前培养标准的制定是影响教师教育机构确立自身职前培养目标的一个最重要因素。在美国,高等院校教师教育专业的培养目标制定是在遵守国家教师专业标准的前提下进行的,并根据不同学科专业方向予以针对性的、具体化的界定。因此,对美国中学教师的职前培养目标分析应首先从了解美国教师专业标准体系开始。

(一)美国的教师专业标准

美国的教师专业标准是由不同的机构负责研制的职前、入职和职后三位一体的教师专业标准体系。整个标准体系具体可分为资格认证阶段、教师入职培训阶段和教师入职后提高阶段,如表4-1所示。这三个阶段的标准贯穿着每一个教师的职业生涯。

表4-1 美国教师专业标准体系

标准名称	使用对象	制定标准的机构名称
职前标准 (NCATE Unit Standards)	候选教师 (Candidate Teacher)	美国国家教师教育认证委员会 (NCATE)
入职标准 (INTASC Standards)	新教师 (Beginning Teacher)	洲际新教师评价与支持联盟 (INTASC)
在职标准 (Professional Teaching Standards)	优秀教师 (Accomplished Teacher)	国家教师专业教学标准委员会 (NBPTS)
	杰出教师 (Distinguished Teacher)	优质教师证书委员会 (ABCTE)

资料来源:周文叶,崔允漷.何为教师之专业:教师专业标准比较的视角[J].全球教育展望,2012(4).

美国国家教师专业标准体系涉及不同学段和不同学科。教师专业标准对学段的划分如表4-2所示,分为幼儿阶段、小学阶段、初中阶段、高中阶段四个学段。从标准的学段划分看,标准充分考虑到了学生身心发展的不同阶段性与过渡性对教师的专业要求的不同。

从标准的内容看,美国的教师专业标准分为总标准和学科标准。总标准的内容是概括性的,针对所有学科的教师,是每个学科标准的基础。学科标准的具体内容是根据总标准衍生出来的,内容具体,具有学科的针对性。从表4-2可以看出,教师专业标准体系涵盖了中小学的所有学科,为不同学段与不同学科教师的培养及专业发展提供了具体的参考。

表4-2 不同学段、不同学科的美国国家教师专业标准

学科	幼儿阶段	小学阶段	初中阶段	高中阶段
语文	幼儿及小学语文教师专业标准		初中语文教师专业标准	高中语文教师专业标准
数学		小学与初中数学教师专业教学标准		高中数学教师专业标准
科学			初中科学教师专业标准	高中科学教师专业标准
综合	幼儿综合教师专业标准	小学综合教师专业标准	初中综合教师专业标准	
社会			初中社会科教师专业标准	高中社会科教师专业标准
体育	幼儿及小学体育教师专业标准		初、高中体育教师专业标准	
艺术	幼儿及小学艺术科教师专业标准		初、高中艺术科教师专业标准	

资料来源:根据美国国家教师专业教学标准委员会网站信息整理:http://www.nbpts.org/certificate-areas,2014-04-06.

教师专业标准是美国教师培养的重要依据。标准之所以能发挥作用,主要原因是美国的教师标准同时也是资格认证标准。美国各州的教师资格证书有两类:普通教师资格证书和特殊教师资格证书。普通教师资格证书又有科目、学段和等级之分。等级的划分有初任教师资格证书、继续证书或二级证书、高级教师资格证书等几个层次。其中,初任教师资格证书是颁发给刚入职的见习教师的,资格认证的依据是职前标准。申请者通过真实反映教师教学情况的档案袋评价及教学现场评价,达到教师职前标准方能取得教师资格。但教师资格不是终身的,具有一定的有效期,到期后必须进行教师资格再认证。例如教师要获得优秀教师的资格认证,至少要有三年成功教学经历,必须符合国家教师专业教学标准委员会(NBPTS)制定的优秀教师专业标准(Accomplished Teacher,也有学者翻译为成熟教师),通常需要7个月的评估过程。申请人为获

得优秀教师认证,就必须熟悉评估标准,并在教学中达到这些标准。

(二)职前培养标准:美国候选教师的基本要求

中学教师职前教育的培养结果是有意向从事教师职业的职前教师,在美国被称为候选教师。因此,候选教师专业标准是对中学教师职前教育的一个最基本的要求。

美国对候选教师的考核与认证由专门的机构来负责。美国国家教师教育认证委员会(the National Council for Accreditation of Teacher Education,简称NCATE)是经美国教育部和美国高等教育评估委员会认可的全国性教师教育认证机构,其主要作用是培养学前教师及对中小学教师的教育机构进行认证。在我国,NCATE也被译为美国国家教师教育认证协会、美国国家师资教育认可委员会等。"NCATE的认证过程判断学校及其他的教师培养机构是否符合教师及其他教育专业人员的培养标准。通过认证过程,NCATE向公众提供了保障,保证经认可的教师培育机构的毕业生已经掌握了必要的专业知识、技能、专业意向,能够帮助所有的学生学习。"[1]

2008年NCATE颁发了最新的教师教育机构专业标准认证(Professional Standards Accreditation of Teacher Preparation Institutions),提出了准备做中小学教师的候选者在知识、技能及专业性等方面的具体要求,具体通过四个标准呈现出来(表4-3)。每个标准都分"不能接受""可接受""目标"(Unacceptable,Acceptable,Target)三个层次来描述。

表4-3 NCATE提出的教师候选者标准

标 准	具 体 要 求
标准1 内容知识	教师候选者对教学内容深入掌握,通过探究、批判性分析、综合推理等方法展示自己的知识。
标准2 教学法知识与技能	教师候选者对内容和相应的教学法具有深刻的理解;深入理解所教的内容,对问题能够给出多种解释和多种教学策略。能够把教学内容用清晰的、具有挑战性的、引人入胜的方式呈现给学生,能够利用现实情境并适当利用教育技术。

---

[1] Professional Standards Accreditation of Teacher Preparation Institutions [EB/OL]. [2014-01-15]. http://www.ncate.org/.

续表

标 准	具 体 要 求
标准3 专业知识与技能	教师候选者对专业知识和教法知识具有深入的理解;帮助学生建立有意义的学习经历以促进所有学生的学习,对自身的教学实践进行反思并进行必要的调整以提高学生的学习效果。 教师候选者懂得学生是怎样学习的,以及如何把概念转化为学生能接受的形式;能够利用学校、家庭与社区等因素,把教学中的概念与学生以前的生活经验相联系,并把所教知识运用到现实问题中。
标准4 学生学习	教师候选者评价和分析学生的学习情况,对教学进行适当的调整,监测学生的学习,并做出积极的反应。

资料来源:Professional Standards Accreditation of Teacher Preparation Institutions [EB/OL]. [2014-03-10]. http://ncate.org/Portals/0/documents/Standards/NCATE%20Standards%202008.pdf.

以上的四个标准知识仅是对教师候选者的一个粗略的框架要求。而具体到某一学科和某一学段的教师专业标准则对教师候选者提出了更具体的、有针对性的要求。以科学教师为例,2012年NCATE通过的职前科学教师专业标准对职前的科学教师具体要求包括内容知识、内容教学法、学习环境、对学生学习的影响、专业知识和技能6个方面。[1]

1. 标准1:内容知识

职前教师应理解所教学科领域的,以及全国科学教师协会推荐的相关领域的主要概念、原理、理论、规则及其相互联系等;理解相关学科的核心概念与科学技术的作用;理解州和全国的课程标准及其对教授从学前到12年级学生的内容知识的影响。

2. 标准2:内容教学法

采用多种探究方法对课堂教学进行设计,以此展示自身的知识和对学生怎么学习科学的理解;能开展积极互动的探究课,学生在课上搜集信息、解释数据,生成和交流概念,理解科学过程,相互联系以及从实践经验中得出自然规律;能在课堂中恰当地运用科学技术;能设计一定的教学和评价策略,以应对一些天真的概念或前概念。

3. 标准3:学习环境

使用多种策略或方法展示自身的知识,选择恰当的教学活动以促进学生的

---

[1] NSTA Preservice Science Standards[EB/OL]. [2013-10-09]. http://www.nsta.org/preservice/.

学习,这些策略是针对所有学生的;设计积极互动的探究课,让学生通过收集数据、解释数据、利用适当的科技手段去形成概念、理解科学过程、相互联系以及从经验中得到规律;设计公平公正的评价策略以分析学生的学习,评价学生是否达到了既定的学习目标,并对学生持有的前概念进行持续的评价;为学生设计的学习环境应保证安全并遵守伦理规范。

4. 标准4:安全

设计的教学活动应保证安全,教学准备、储存、利用、监督以及所有材料的使用都遵从相关的安全事项;教室内的教学活动设计应能体现出教师候选者具有应急程序的实施、安全设备的维护的能力;设计的教学活动应能展示出教师候选者对待所有的生物体的道德伦理;对待动物要强调安全、人性、伦理,在收集、保存和使用生物有机体时应遵守相关法律。

5. 标准5:对学生学习的影响

对学生的心理变化进行诊断性的、形成性的和总结性的等多种方式的评价,并进行收集、整理、分析,以证明学生确实掌握了科学知识或修正了已有的错误。

能够理解科学的发展和实践是人类努力的结果,对一些以科学冠名的言论进行批判性分析;让学生参与到具有发展性的探究活动中,要求学生从自身的观察、数据中形成概念,并用科学的方式进行推理。

6. 标准6:专业知识和技能

参与本学科领域的专业发展活动,例如教学交流、专题讨论会、课题研究、学术会议等。

二、美国中学教师的职前教育模式

美国中小学教师培养始于19世纪初,在二百多年的发展过程中,经历了师范学校、师范学院、综合性大学中的教育学院培养教师三个阶段。20世纪50年代开始,由于高等教育迅速发展,教育学科作为独立学科受到重视,加之公众特别是教育界对进步教育运动的批判,单一的师范学院培养教师模式逐步被综合性大学培养模式所取代。[1]目前,美国的中小学教师几乎全部由综合性大学的教育学院或教育系培养。当然,由于大学院校众多,且各州采用的教育政策有

---

〔1〕 蒋亦华.本科层次中小学教师培养模式的主体建构[J].江苏高教,2008(4).

所不同,美国教师培养模式也呈现出多样化态势。就中学教师而言,本科学制的主修+副修的混合培养模式是一种主流模式。

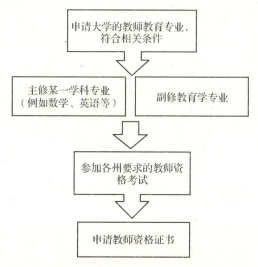

图 4-1 美国高校本科混合式中学教师培养模式

如图 4-1 所示,这种主修+副修的混合培养模式,体现在主修与副修的协同方面,对副修学科的重视度较高。如果学生想从事中学数学教学,则可主修数学学科,副修教育学。已经获得学士学位的毕业生,如果在大学阶段没有修教育学,要想从事教师职业,则必须参加本州举办的教师教育项目,并通过一系列教师资格考试,方可拿到教师资格证。

本研究以伊利诺伊州立大学(Illinois State University,简称 ISU)为例,来分析美国中学教师本科混合式培养模式的特点。伊利诺伊州立大学创立于 1857 年,是美国伊力诺伊州的一所公立学校,也是美国中西部地区最古老的高等学府之一。教师教育专业从建校时开始设立,是经过美国国家教师教育认证委员会完全认证的高等学校。伊利诺伊州立大学是美国教师产出最多的 10 所大学之一,伊利诺伊州大约七分之一的公立学校的教师持有伊利诺伊州州立大学授予的学位。[1]

伊利诺伊州立大学对中学教师混合培养的模式对生源的选拔要求不是特别严格,没有特定的教师教育专业要求,但在校的学习要求和毕业条件都和教

---

[1] Why ISU for a degree in Physics Teacher Education? [EB/OL]. [2014-07-01]. http://www.phy.ilstu.edu/programs/physics_education/why_isu.shtml.

师资格认证相关联,因此是相当严格的。所有教师教育专业的学生都需要完成各种测评,以保证具备职前教师需要的知识、技能和职业意向。

(一)专业研究的准入要求

伊利诺伊州立大学教师教育专业的课程体系由学科专业课程(Content Major Course)、专业研究课程(Professional Studies Courses)、通识教育课程(General Education)三大模块组成。专业研究课程也就是教师教育课程,但不包括教学法课程。进入专业研究课程的学习之前需要满足以下要求,如表4-4所示。

表4-4 专业研究的准入要求

测评项目	具体要求
初期反思的文章	要求学生对自己关于能否达到伊利诺伊州立大学的任务而产生的信念和挑战进行评价。
法律和道德行为评审	有的案底或犯罪前科将影响到教师资格的获得。
犯罪历史检查	学生必须完成法律和道德行为表,CECP将会检查并评价学生的法律和道德行为。
犯罪背景检查	在任何临床实践开始之前,要完成伊利诺伊州警察局的指纹检查。在结果出来之前,学生不得进入中小学校。
GPA	GPA(Grade Point Average),即平均成绩点数。不同专业对GPA的要求不同,累积GPA一般最低达到2.5以上。
TAP	通过TAP(Test of Academic Proficiency),即学术水平测试。
职业意向评价	主要考查学生合作能力、诚信、自我反省能力、责任心等品质,对出现问题的学生会有专门的教师采取补救措施。
沟通技能评价	主要考查学生的口头语言和书面语言能力,教师对存在问题的学生采取补救措施。
安全教育评价	通过安全教育测试。
强制性之通报员训练	所有的实习教师都必须在网上完成关于虐待或忽略儿童的强制性通报的训练,完成后有相应的证书。

资料来源:根据美国伊利诺伊州立大学网站信息整理:http://www.illinoisstate.edu,2014-05-10。

(二)教育实习的准入和通过要求

教育实习不是想参加就能参加的,而是有严格的准入要求。如表4-5所示,教育实习之前学生必须满足诸多要求。而且所有测评项目都是有时间限制的,超过期限的学生的教育实习将推迟至下一学期。

同样,在教育实习的过程中,学生(实习生)也要接受各种测评和检查,如表4-6 所示,这些也是学生毕业所必须通过的。

表 4-5　学生参加教育实习的准入要求

测评项目	具体要求
结核菌素试验(TB Test)	有效期仅一年,必须在教育实习前进行。必须保证在实习的有效期内是有效的。
性犯罪记录检查	学生不得有过性犯罪的记录。
暴力行为记录检查	学生不得对青少年有过暴力行为的记录。
主修课程的 GPA	不同专业要求不同。
累积 GPA	达到最低要求。
临床实践	教育实习前的临床实践不低于 100 小时,在多样化的情境中至少有 50 小时。
院系的同意	必须通过院系部门的同意。一般需要通过一个面试程序。面试前先递交面试表格,面试的目的是帮助学生对自己的专业有更清楚的认识。
学科内容考试	伊利诺伊州的学科内容考试。
专业意向/沟通技能评价	同表 4-4。

资料来源:根据美国伊利诺伊州立大学网站信息整理:http://www.illinoisstate.edu,2014-05-10。

表 4-6　学生通过教育实习的要求

测试或评价的项目	评价要求
后期反思的文章	要求学生反思自己能力的变化及成长。
RDI 教育实习评价(Realizing the Democratic Ideal Student Teaching Assessment)	要求学生从教学实习中选择合适的材料或证据以证明自己达到了伊利诺伊州立大学的教师教育标准,必须在实习期间完成。
EdTPA 评价(Educational Teacher Performance Assessment)	这是一项关于教师教育水平的测评。学生按照要求递交教学设计、视频短片、实习工作案例等的教学档案袋。

续表

测试或评价的项目	评价要求
APT 测试 （Assessment of Professional Teaching）	是关于专业知识、教法知识和技能的测试，分不同的学段。这是申请教师资格认证和毕业所必须通过的。
教育实习成绩	教育实习成绩达到 C 或以上。
职业意向/沟通技能评价	同表 4-4。

资料来源：根据美国伊利诺伊州立大学网站信息整理：http://www.illinoisstate.edu，2014-05-10。

三、职前教育的内容：以课程设置为切入点

培养内容与培养课程之间的关系密不可分。培养内容是通过具体的课程设置呈现出来的，是教师培养目标得以实现的中介，也是制约教师培养质量的首要因素。因此，在中学教师职前培养内容中，课程是最重要、最显性、最直观的要素。

伊利诺伊州立大学教师教育专业的课程由三大模块组成：学科专业课程（Content Major Course）、专业研究课程（Professional Studies Courses）、通识教育课程（General Education）。三个模块课程在课时或学分上大约各占1/3。其中学科专业课程包括学科教学法课程和教育实习。这种分类和本研究对课程体系的研究思路不一致。为了研究表述的方便，下面仍沿用通识教育课程、学科专业课程、教育专业课程、教育实践课程的分类方法。

（一）通识教育课程

通识教育是学生学习专业知识以及终身教育的基础，是任何专业课程体系的重要组成部分。如表4-7所示，伊利诺伊州立大学的通识教育课程包括沟通与写作、数学、自然科学、社会科学、人文科学和美术等11类课程，开设目的是拓宽学生知识面，培养学生的口头和书面交流技能，逻辑推理、科学推理以及定量分析技巧，从而使学生的本科学习具备深厚的文理基础知识，避免狭隘的专业化。通识教育课程是所有专业的必修课，无论主修方向是文科还是理科，学生都要学习，这对促进学生的知识融会贯通，培养知识面宽广的教师是非常有利的。

伊利诺伊州立大学的通识教育课程有13门课程,共39个学分,大约占总学分的1/3。[1] 有的专业要求更多,例如物理教师教育专业,要求通识教育课程至少修15门,45个学分。[2] 通识教育课程基本上安排在第一和第二学年,与部分专业课程和选修课程共同开设。学校鼓励学生选择能够扩大视野、为自己的专业发展奠定良好基础的通识教育课程。

表4-7　伊利诺伊州立大学教师教育专业的通识教育课程

分　类	课程特点及要求
沟通与写作	批判性思维写作、批判性思维沟通2门课程
数学	从"数学推理的元素"等4门课程中选择1门课程
自然科学	从两种不同的自然科学中选择2门课程
美国文化传统	从美国文化等课程中选择1门课程
个体与公民生活	从"个体、社会与正义"等课程中选择1门课程
美术	选择1门美术课程
人文科学	选择1门人文科学课程
外语	选择1门外语语言课程
定量推理	选择1门定量推理课程
科学、数学和技术	选择1门科技类课程
社会科学	选择1门社会科学课程

资料来源:根据美国伊利诺伊州立大学网站信息整理:http://illinoisstate.edu/catalog/pdf/gen_ed.pdf,2014-05-15.

(二)学科专业课程

学科专业课程是为学生今后欲从事的教师职业提供所教科目专业知识的课程。伊利诺伊州立大学的中学教师教育专业学科专业课程包括两个部分:主修学科的专业课程以及与主修学科相关的其他学科课程。

1. 学科专业课程的结构分析

学科专业课程是因具体学科而异的,但也有共性。从数学、物理、化学、生

---

[1] General Education Requirements [EB/OL].[2014-06-20]. http://illinoisstate.edu/catalog/pdf/gen_ed.pdf.

[2] Sequence at a Glance-Physics Teacher Education [EB/OL].[2014-07-01]. http://www.phy.ilstu.edu/programs/physics_education/sequence.shtml.

物、地球与空间科学等学科的教师教育专业课程设置来看,伊利诺伊州立大学教师教育专业的学科专业课程的设置注重基础性和相关学科的综合性,突出相关学科课程的重要性(表4-8)。

表4-8 学科专业课程的结构分析

专业方向	主修学科专业课程学分	相关学科专业课程学分
物理教师教育	31学分	31学分
化学教师教育	36学分	28学分
生物教师教育	36学分	23—24学分

注:相关学科专业课程统计包含了通识课程中的数学和自然科学课程。
资料来源:根据美国伊利诺伊州立大学网站信息整理:http://www.illinoisstate.edu,2014-05-10.

2. 相关学科课程的设置

相关学科课程的设置是不仅为了培养学生宽广的知识面及良好的知识结构,还为了培养学生在以后的工作中能任教不同的学科。例如,物理教师教育的培养目标定位是除了能胜任高中物理教学之外,还能胜任物理之外的其他科学课程的教学。因此,除了通识课程所要求的数学、自然科学课程和人文科学课程之外,在专业课程的设置中也突出对相关学科课程的要求。从表4-9可以看出,不论学生的专业方向是什么,所要学习的相关学科课程都是比较丰富的。

表4-9 伊利诺伊州立大学理科教师教育专业对相关学科课程的要求

专业方向	相关学科课程要求	学分统计
物理教师教育	初级微积分(4学分) 微积分Ⅰ(4学分)(通识课程) 微积分Ⅱ(4学分)(通识课程) 微积分Ⅲ(4学分) 生物学原理(3学分) 普通化学Ⅰ(4学分)(通识课程) 普通化学Ⅱ(4学分) 地球系统科学(4学分)	31学分

续表

专业方向	相关学科课程要求	学分统计
化学教师教育	微积分Ⅰ(4学分)(通识课程) 微积分Ⅱ(4学分)(通识课程) 科学与工程物理学Ⅰ(4学分)(通识课程) 生命的细胞基础(4学分) 物理化学(3学分) 物理化学实验(3学分) 宇宙起源(3学分) 普通生物化学(3学分)	28学分
生物教师教育	有限数学或微积分Ⅰ(4学分)(通识课程) 普通化学Ⅰ(4学分)(通识课程) 普通化学Ⅱ(4学分)(通识课程) 基础物理学(4学分) 有机化学基础(5)、有机化学、有机化学实验(4学分)三选一 地质学原理(3学分)、地球的发展进化(3学分)二选一	23—24学分
地球与空间科学教育	数学(3学分) 普通化学Ⅰ(4学分)(通识课程) 分子与细胞(4学分)(通识课程) 大学物理Ⅰ(5学分) 宇宙起源(3学分) 生物多样性(4学分) 大学物理Ⅱ(5学分)或普通化学Ⅱ(4学分)选一	27—28学分

资料来源：根据伊利诺伊州立大学网站提供的物理、化学、生物、地球与空间科学四个学科的教师教育的学习计划样例(Sample Plan of Study 2014—2016)整理而得：http://www.illinoisstate.edu,2014-05-20。

(三)教育专业课程

伊利诺伊州立大学教师教育专业的教育专业课程可以分为两部分：教师教育基础课程与教学法课程。教师教育基础课程是不分学科的，由教育学院开设，而教学法课程针对的是具体的学科专业，因此由具体学科所属院系开设。

1. 教师教育基础课程

教师教育基础课程是针对所有学科的教师教育专业开设的，其主要作用是为师范生提供教育学领域的整体知识，使学生掌握关于教育教学过程的基本理论与通用技能。一般的学科专业都开设的教师教育基础课程约 14 个学分,涉及课程与教学、教育心理学、教育哲学、教育社会学等学科(表 4-10)。

表 4-10　伊利诺伊州立大学教师教育基础课程

课　　程	学　分
中学教学过程	2 学分
中学教学内容阅读	3 学分
中学教学与评价	3 学分
教育心理学	3 学分
从下面三门课程中选一: 教育的社会学 教育哲学导论 美国公立学校的历史	3 学分

资料来源:根据伊利诺伊州立大学网站提供的物理、化学、生物、地球与空间科学四个学科的教师教育的学习计划样例(Sample Plan of Study 2014—2016)整理而得:http://www.illinoisstate.edu, 2014-5-20.

2. 注重主修学科的教学法课程

教学法课程是教师教育专业的核心课程,对中学具体的学科教学实践具有直接的指导意义。从表 4-11 可以看出,伊利诺伊州立大学的教师教育专业设置的教学法课程不尽相同,但对教学法课程非常重视,既针对主修的学科,也涉及相关学科。教学法类课程的学分比例比较高,如表 4-12 表示。有的学科,例如物理学科的教师教育专业开设的教学法课程多达 5 门,共计 9 个学分。

表 4-11　伊利诺伊州立大学教师教育专业教学法类课程的设置

专业方向	开设课程	教学法课程门类/学分
物理	高中物理教学导论(1 学分) 高中物理教学中的计算机应用(1 学分) 高中物理教学阅读(3 学分) 高中物理教学(3 学分) 教学实习论坛(1 学分)	5 门/9 学分
化学	科学教学导论(2 学分) 化学教学(3 学分) 教学实习论坛(4 学分)	3 门/9 学分

续表

专业方向	开设课程	教学法课程门类/学分
生物	科学教学基础论坛讲座(2学分) 科学教学实验方法(1学分) 生物教学方法(3学分) 教学实习论坛(1学分)	4门/7学分
数学	高中数学教学(3学分) 教学实习论坛(3学分) 高中数学教育导论(3学分)	3门/9学分
地球与空间科学	地理与地球科学教学(3学分) 高中物理教学阅读(3学分)	2门/6学分

资料来源:根据伊利诺伊州立大学网站提供的物理、化学、生物、数学、地球与空间科学五个学科的教师教育的学习计划样例(Sample Plan of Study 2014—2016)整理而得:http://www.illinoisstate.edu,2014-05-25。

表 4-12　教师教育基础课程与学科教学法课程学分的比例关系

专业方向	教师教育基础课程学分	学科教学法课程学分
数学教师教育	14学分	9学分
物理教师教育	14学分	9学分
化学教师教育	14学分	9学分
生物教师教育	14学分	7学分
地球与空间科学	14学分	6学分

资料来源:根据伊利诺伊州立大学网站提供的物理、化学、生物、数学、地球与空间科学五个学科的教师教育的学习计划样例(Sample Plan of Study 2014—2016)整理而得:http://www.illinoisstate.edu,2014-05-25。

(四)教育实践课程

教育实习是教师教育专业课程的重要组成部分。实习的主要内容包括指导学生学习;参加中学和社区的活动;在经验丰富的教师指导下负责班级事务;等等。实习时间为50天,大学指导教师在学生实习期间至少视察四次。

1. 学生参加教育实习的条件

学生参加实习是有前提条件的。伊利诺伊州立大学规定,学生必须满足以下条件才能参加教育实习:

(1) 累计的 GPA 达到 2.5。

(2) 实习前有最低 100 小时的临床实践。

(3) 获得部门领导的同意。

(4) 完成 15 小时的课程作业。

2. 实习过程和评价

每位实习生都会被安排一个中学的合作教师(Cooperating Teacher)，相当于我们国家教育实习中的中学指导教师。大学指导教师(University Supervisor)在学生实习期间，至少访问实习学校四次。每次访问期间，大学指导教师都会对实习生进行形成性评价和终结性评价。伊利诺伊州立大学对实习访问的次数、时间以及每次的任务都有非常明确具体的要求。

伊利诺伊州立大学对学生教育实习的评价有两种方式：教育实习水平评价(Student Teacher Performance Assessment Instrument)以及 EdTPA 汇报(Educational Teacher Performance Assessment)，即教师表现性评价。

教育实习水平评价是依据实习的课程目标，使用专门的实习生实习成绩评价表，对实习生在教育实习中的各种表现进行评价。实习生每周根据伊利诺伊州立大学制定的专业教学标准进行自我评价。在具体操作上，实习生对每周的实习情况进行总结，完成相应的自我评估表。针对实习阶段所教的课程，必须完成 10 个不同的自我评估表和一个总结性自我评估报告。

因为教育实习是申请初级教师资格证书所必需的，因此，教育实习的经历必须被完整地记录下来。实习生和合作教师在实习阶段要完成学校要求的表格。具体要求如下：

(1) 实习生在参加实习之前完成并递交实习教师信息表给大学导师。

(2) 实习阶段每周周末通过邮件递交给大学导师两份报告。一份是关于每周的时间分配，另一份是每周的教学反思。两份都必须有实习生和合作教师的签名。

(3) 实习生必须完成中期自我评估表。

(4) 合作教师须使用学校规定的表格，完成对实习教师的中期评估，以留作与大学指导教师讨论用。

(5) 实习结束后，实习教师完成总结性的教学反思报告。

(6) 实习生必须完成最终的自我评估表，并由实习生本人、合作教师以及大学导师签名。

（7）合作教师须使用规定的表格完成最终的实习生评价表，并在大学导师最后一次访问时上交。

（8）完成 EdTPA，即教师表现性评价。实习生按照要求完成包括教学设计、视频短片、实习工作案例等在内的教学档案袋，并在规定的期限内完成并递交。

四、美国中学教师的职前资格认证

在美国，对职前教师的衡量与考核相当严格。教师教育机构培养的职前教师必须通过本州的教师资格认证，获得教师资格证书后才能被各级各类学校聘任。

（一）美国的教师资格认定机构

作为一个联邦制国家，美国教师资格认定管理实行地方分权制，教师资格的认定管理由各州负责。各州政府与州立法机构拥有教师资格评定与核发资格教师证书的权力。具体来说，主要是各州教育部或教育委员会负责教师资格认定工作的实施。几乎所有州的教育部都设有负责教师资格认定的部门，有的称为教师资格认定处，有的称为教师资格证书办公室。不论部门的名称各样，但其主要职责是相似的：制定州教师资格认定标准以及相关政策并报请州教育委员会批准；按照教师资格认定的政策法规和标准，审核、颁发和废止教师的资格证书；提供有关教师资格认定的情报和信息；提供教师资格认定服务；等等。〔1〕

就全国范围而言，美国也存在国家层面的教师资格认定机构。如美国国家专业教学标准委员会(The National Board for Professional Teaching Standards，简称 NBPTS)、美国洲际新教师评估与支持联合会（简称 INTASC）等。其中，NBPTS 是美国历史上第一个对优秀教师进行认证的机构，其专业的权威性非常高。

NBPTS 成立于 1987 年，它是一个独立的、非营利性、非官方的机构。它的一项重要职能是认证学校中的优秀教师，并授予高级教师资格证书。NBPTS 的

---

〔1〕 荀渊,唐玉光.教师专业发展制度[M].北京:教育科学出版社,2011:49.

使命是:通过建立具体的标准来认证优秀教师,以促进学生的学习并提高其成绩;提供全国性的认证系统和政策,以支持卓越教学和领导,并吸引 NBCTS 认证的教师参与。NBPTS 的主要任务有三个:第一,提升公众对教师工作复杂性的认识;第二,为教师职业设置较高的职业准入标准;第三,通过严格的、与医学、工程和法律专业相比拟的专业认定过程以甄别优秀的教师。[1]

(二) 美国教师资格的不同类型

美国的教师资格证书制度起步较早,其教师资格的分类也较为丰富、完善。就中学教师而言,教师资格的分类主要有以下几种:

1. 州级和全美教师资格证书

如前所述,美国的教育管理模式是分权制,教师资格认定由各州的教育部负责。各州颁发的教师资格证书仅仅适应用于本州,被称为州级教师资格证书。大多数的州将教师资格证书还分为不同的等级或层次。不同州申请教师资格的条件也不尽相同。

在美国,并不存在全国通用的教师资格证书。州级教师资格证书是很难迁移的,或者说,一个州的教师资格证书并不能用于其他州。为了解决州与州之间教师资格证的迁移问题,各州联合组织(National Association of State Directors of Teacher Education and Certification,简称 NASDTEC)建立了一个正规的契约性协议,即洲际教师资格互认免责声明(Interstate Certification Reciprocity Disclaimer)。该协议规定了州级教师资格可以流通互认的范围。从美国一家关于教师资格认证的网站(http://certificationmap.com)提供的信息看,一共有 46 个州采纳了这一协议。如果教师想在协议州之间流动,只要满足相应的条件,通过递交申请可以获得其他州相应级别的教师资格证书。但该协议并不保证所有级别证书的互认,另外,各州对持外州教师资格证书的教师政策往往不同。某些情况下,持外州资格证的教师还需完成额外的要求。

相对于州级教师资格证书而言,国家教师资格证书(National Board Certification)是国家教师认证机构,例如美国国家专业教学标准委员会(NBPTS)授予的教师资格证书。申请 NBPTS 颁发的国家教师资格证书必须具

---

[1] NBPTS. Mission[EB/OL]. [2014-05-10]. http://www.nbpts.org/mission-historyJHJsthash.l9VFRNhB.dpuf.

备三个条件:首先是学历条件,申请者必须具备某个州授权的教师教育机构颁发的学位证书;其次是教学经验,申请者在提交申请表格前必须具有三年成功的教学经验;第三是持有有效的州级教师资格证书。[1]所以,国家教师资格证书并不是针对职前教师的,而是针对有经验的在职教师的,它是教师教学水平和教学资历的象征,是对优秀教师的一种身份认可。有很多州教育部规定,持有NBPTS教师资格证书的申请者被直接视为符合本州教师认证的要求。因此,持有NBPTS教师资格证书的教师在州与州之间的流动则更加容易。

为了促进教师专业化水平的提升,美国大多数州都支持或鼓励在职教师去努力争取获得NBPTS授予的高级资格证书。NBPTS提出了一系列教学标准,对不同学科和年级水平的高水平教学给出了具体的描述。这些标准被用来对申请NBPTS教师资格的申请者进行考核。因此,对申请者来说,最重要的一步是学习NBPTS提出的教学标准并选择适合自己水平的证书等级。

2. 不同学段与不同学科的教师资格证书

美国的教师资格证书还有学段和学科之分。每一份教师资格证均对持证者可以任教的学段和学科有明确规定。学段即学生的年龄段。NBPTS对学段的分类是幼儿期(3—8)岁、儿童期(7—12)岁、少年期(11—15岁)、青年期(14—18岁)。学科则分为31类。

在学科的划分方面,NBPTS的证书有16个认证领域(Certificate Areas),其中大部分是针对具体的学科的,例如艺术、英语语言艺术、数学、科学等。还有的针对职业教育技师资格、学校管理人员资格、学校服务人员资格等。[2]

州级教师资格证对学段的划分因州而异。有的州对学段划分比较简单,比如密歇根州的教师资格证书分为初级证书(Elementary Certificate)和中级证书(Secondary Certificate)。承担1—5年级的所有学科教师须持有初级证书,而承担6—12年级各学科的教师须持有中级证书。中学教师资格的学科分类一般有生物学、化学、计算机科学、地球科学、经济学、英语、综合科学、数学、物理学、社会科学、技术与设计等。

---

[1] 2013 Guide to National Board Certification [EB/OL]. [2014-05-20]. http://boardcertifiedteachers.org/about-certification/candidate-resources.

[2] 袁霞. 教师资格认证的中外比较[J]. 教学与管理,2008(10).

3. 不同等级的教师资格证书

在美国,教师资格证书都有一定的有效期,有效期过后,必须重新申请资格认证,才能继续任教。在教师资格证书的等级划分方面,一般有初任教师资格证书、临时教师资格证书、应急教师资格证书、专业教师资格证书、高级教师资格证书等。但不同州的教师资格证书的类别划分和有效期的规定有所不同。从表4-13和4-14可以看出不同州之间教师资格证书的等级划分及有效期的差异。

表4-13 密歇根州教师资格证的等级划分

教师资格证书的等级	有效期	申请条件
初任教师资格证书 (Initial Teaching Certification)	6年	已经完成该州认可的教师教育培养,并通过了密歇根的教师资格考试的申请者可以申请该类资格证书。
临时教师资格证书 (Provisional Certificate)	有多种,一般有效期为1年	适用于不具有本州的,但持有美国其他州的教师资格证书,同时符合条件的申请者申请。
专业教师资格证书 (Professional Education Certificate)	5年	适用于已经持有有效的或者过期的密歇根教师资格证书的申请者。申请条件是:具有3年的教学经验,申请范围与临时证书上的学段相同。
高级教师资格证书 (Advanced Professional Education Certificate)	5年	申请者必须持有专业教师资格证;持有国家教师资格证书或者完成了教师领导培训;申请者在最近5年连续获得好评。

资料来源:http://www.michigan.gov/documents/mde/Facts_About_Teacher_Certification_In_Michigan_230612_7.pdf,2014-07-13.

表4-14 弗吉尼亚州的教师资格证书

教师资格证书类别	有效期	申请条件
临时性证书 (Provisional License)	不超过3年,不可更新	学士学位;具备熟练的教育技术应用能力;完成虐待儿童识别和干预训练课程;完成急救、心肺复苏训练及自动体外电击器的使用训练;通过Praxis Ⅰ、Praxis Ⅱ考试;不可更新,必须在有效期内申请专业证书。

续表

教师资格证书类别	有效期	申请条件
大学生专业证书 （Collegiate Professional License）	5年，可更新	满足认证的所有条件，包括教育委员会指定的专业教师评价。
研究生专业证书 （Postgraduate Professional License）	5年，可更新	符合大学生专业证书的条件，并持有硕士学位；可以更新，但必须在5年有效期内完成180个进修学分。

资料来源：http://www.doe.virginia.gov/teaching/licensure/licensure_regs.pdf，2014-07-13.

（三）教师资格的认定条件和过程

在美国，获得教师资格认证有多种途径，有很多因素会影响申请者的路径选择，例如申请者的教育经历和所在的州。尽管各州的认证标准不同，但我们还是能总结出认证的一般途径或程序。

从申请方式上来看，美国的教师资格申请人大致可以分为两类：一类是经过专业资质认证的教师教育机构毕业生，一般不需要再经过资格审查，毕业后可以直接申请初任教师资格证书；第二类是直接向州教师资格认证机构递交申请的申请者，他们需要通过本州要求的教师资格考试才能申请教师资格。

教师教育机构的毕业生可以直接申请教师资格，不是因为他们不需要参加教师资格考试，而是他们的资格考试一般嵌入大学阶段的学习过程中。如图4-2所示，在大学阶段主修某一学科，副修教育学的毕业生大学阶段通过了相应的教师资格考试并满足其他的资格认证条件，则在毕业后可直接申请教师资格证。

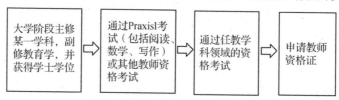

图 4-2 教师教育机构毕业生申请教师资格证的程序

第二类申请者主要是非学校人员和拥有非教育专业学士学位但有意从事教育工作的人员。允许非学校人员和非教育专业毕业生进入教师队伍，始于20世纪80年代的选择性教师资格认证制度（Alternative Teacher Certification），其主要目的在于弥补美国教师资源短缺、适应美国多元文化需求，以及吸引更多优秀人才进入教育领域。[1]

如图4-3所示,直接向州教师管理机构递交申请的申请人,要参加本州的教师资格认证项目,接受教育主管部门对他们在教学实践方面的考察评估,并参加州政府或社会专业机构组织的教师资格考试,成绩合格者才能获得正式的教师资格。

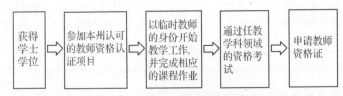

图4-3　选择性教师资格认证程序

尽管美国各州对教师资格认定的具体要求有所不同,但几乎所有的州都要求申请者具备三个条件:具有某一经过认证的大学或学院授予的某一学术领域的学士学位;具有一定的教育实践经历;通过本州的或全国的教师资格证书考试。只有满足这三个基本条件,才可以申请教师资格证书。

学位是教师资格申请的一个最重要也是最基本的条件。美国所有的州都要求教师具有教育学学士以上的学位,才有资格获得认证。而有的州则要求更高。除了学位要求外,对申请者的教育实习经历、教师资格考试还有其他条件都有严格而具体的要求。

1. 教育实习经历

在美国,无论申请哪种类型、哪种级别的教师资格,申请人都必须要有10周以上的实习经历。申请人申请临时证书需要10周以上的全时实习;取得初任证书之后还需要1年以上的辅导期,才可能获得正式的教师资格;申请长期教师资格证书者,必须通过临时教师资格审定,并相当成功地从事了两年以上的教学。[2]而要申请全国通用的教师资格证书,则需要有3年的教学经验。

美国绝大多数州都把教学实习经历看作申请教师资格证书的一个主要条件。有的州要求教师资格证的申请者具有教学实习的经历,但对教学实习的具

───────────

〔1〕 转引自戴丽敏,袁德润.当代美国教师资格认定考试的核心尺度及启示[J].教育测量与评价, 2011(11).

〔2〕 李广平.从国际教师资格制度的发展趋势看我国教师资格证书的完善[J].外国教育研究, 2004(3).

体事宜并不做出明确的规定。而有的州对教学实习要求具体而明确。

2. 教师资格考试

美国的教师资格考试是很严格的。每个州要求的教师资格考试有所不同，但资格考试的内容一般是数学、英语、社会和科学中的通识知识。

美国大多数州要求的教师资格考试是 Praxis 考试，一般包括两个独立的部分：Praxis Ⅰ 和 Praxis Ⅱ。Praxis Ⅰ，也被称为职前技能测试（Pre-Professional Skills Test），由阅读、写作和数学组成。Praxis Ⅱ 涵盖不同的学科领域。大多数州要求申请人参加的 Praxis Ⅱ 包括内容知识和教学知识。有些州要求师范生在教育实习前必须通过 Praxis Ⅱ 考试。很多州都使用 Praxis Ⅱ 考试来判断教师候选者的质量。

目前也有部分州不采用 Praxis 考试。例如美国加利福尼亚州的教师资格考试包括加州基本教育技能考试（California Basic Educational Skills Test，简称 CBEST）及学科专业知识考试（California Subject Examinations for Teachers，简称 CSET）。CBEST 考试主要由阅读、写作和数学三部分组成。而 CSET 考试是已经通过 CBEST 考试的申请者参加的学科专业知识的统一考试。例如，希望在加州教数学的教师，就必须通过 CSET 的数学科目考试，考试通过了方可拿到数学单科的教师资格证。

纽约州的教师资格考试也是本州特定的，主要用来测试申请者的文理科知识和技能、教学理论与实践操作等。申请中学教师资格的考试包括文学和科学考试（Liberal Arts & Sciences Test，简称 LAST）、中学教学技能测试（Secondary Assessment of Teaching Skills，简称 ATS-W）、专业内容测试（Content Specialty Tests，简称 CSTs）等，具体如表 4-15 所示。

表 4-15　纽约州申请中学教师资格所需参加的考试

教师资格考试门类	考查内容
文理科考试 （Liberal Arts & Sciences Test，简称 LAST）	测试应试者的概念掌握和分析技能，批判性思维和沟通技能，以及对多元文化的了解。考试内容涵盖数学、科学、科技进程、历史、社会科学等。
中学教学技能评价 （Secondary Assessment of Teaching Skills，简称 ATS-W）	测量 5—12 年级教学所需要的教学法知识。

续表

教师资格考试门类	考查内容
专业内容测试 （Content Specialty Tests，简称 CSTs）	考察应试者在欲认证的所教学科领域的专业知识和技能。
交流和定量技巧 （Communication and Quantitative Skills Test，简称 CQST）	考察应试者关于教师职业的知识和技能。
表现性教学技能评估 （Assessment of Teaching Skills Performance，简称 ATS-P）	要求应试者递交一个 20～30 分钟的视频资料，展现自己的教学活动。

资料来源：Become a Teacher in New York [EB/OL].[2014-7-20]. http://certification-map.com/states/new-york-teacher-certification/.

除了要满足学位要求、具备教育实习经历和通过资格考试，申请教师资格证书还需要其他条件。例如法律和道德行为评审、犯罪历史检查、犯罪背景检查等。有过不良道德行为或犯罪前科者将无法通过教师资格认证。这一点在前面部分已经给过详细的介绍。

第二节 英国中学教师职前教育实践

英国师范教育自 18 世纪中期产生至今，已有 200 多年的历史，其间，经历了无数次的变革，形成了比较完备的教师教育体系和办学特色。

一、英国中学教师的职前培养目标分析

（一）英国的教师专业标准与合格教师标准

英国从 20 世纪 80 年代末开始教师专业标准的研制工作，经过 20 多年的努力，形成了一套包括职前、入职和职后等不同教师专业发展阶段的教师专业标准。英国于 2007 年颁布实施的《教师专业标准》是一个由不同阶段标准组成的全国的、统一的、分层次的教师标准群。该标准将教师划分为由低到高的 5 个等级：合格教师、入职教师、成熟教师、优秀教师和专家教师，如表 4-16 所示。不同阶段的专业标准形成了一个彼此相互独立又前后紧密衔接的层次性的标

准体系。这个标准体系反映了教师的知识、专长和经验的发展性。这些互相衔接的层级性教师专业标准就相当于一个清晰的发展性评价量规，有助于教师对每一个阶段专业发展要求的领会，使他们明白自己现在的发展位置和下一个阶段的努力方向。[1]

表 4-16　英国教师不同发展阶段的专业标准框架

发展阶段	教与学领域的要求
合格教师（Qualified Teacher Status）	对教、学和行为管理策略有一定的知识和理解，知道如何运用这些策略促使学生进行个性化的学习，并为所有的学习者提供机会，发挥他们的潜能。
入职教师（Teachers on the Main Scale）	对教、学和行为管理策略具有较好的、最前沿的知识和理解，知道如何运用这些策略促使学生进行个性化学习，并为所有的学习者提供机会，发挥他们的潜能。
成熟教师（Post Threshold Teachers）	对如何运用教、学和行为管理策略具有广博的知识和理解，知道如何运用这些策略促使学生进行个性化学习，并为所有的学习者提供机会，发挥他们的潜能。
优秀教师（Excellent Teachers）	对绝大多数有效教学、学习和行为管理策略具有批判性的理解，知道如何选择和运用各种方法促使学生进行个性化的学习，为所有的学习者提供机会，发挥他们的潜能。
专家教师（Advanced Skills Teachers）	不断强化以上各条标准。

资料来源：Professional Standards for Teachers [EB/OL]. [2014-02-15]. http://webarchive.nationalarchives.gov.uk/20111218081624/http://tda.gov.uk/teacher/developing-career/professional-standards-guidance/downloads.aspx.

在英国，对不同学段教师的职前培养真正起到引领作用的是合格教师专业标准。合格教师专业标准是低层次的，也是最基础的，任何想做教师的人都必须接受教师教育并获得"合格教师资格"。更高层次的专业标准都是建立在合格教师专业标准基础上的，教师只有通过考核被确认达到高一等级的专业标准要求，才能晋升等级。

为了保证专业标准对教师培养的作用，英国的合格教师专业标准是由英国师资培训署和英国教师标准局共同提出的。前者是培训机构，后者是监督部

---

〔1〕 周文叶，崔允漷. 何为教师之专业：教师专业标准比较的视角[J]. 全球教育展望，2012(4)

门。前者的资格认证、培训的质量都要受后者的检查和监督,如果结果是令人满意的,师资培训署才有可能获得资金。这样的培训、评价分权管理机制,是确保将来进入中小学的教师具备良好素质的保障,值得学习和借鉴。

(二)英国的合格教师专业标准

一个想从事教师职业的人,要达到什么样的专业水准,才可以成为一个教师?英国对此有非常明确的规定。职前教师要获得教师资格,必须要达到合格教师的专业标准。

2007年颁布的《英国教师标准框架》中对合格教师的要求包括三部分:专业品质、专业知识和理解、专业技能。专业品质规定了教师应具备的态度和承担的义务;知识和理解规定了教师在教学、课程、评价等方面的知识要求;专业技能则包括计划、教学、监控、评估、团队合作等方面的技能。下面是合格教师标准的主要内容[1]:

1. 专业品质(Professional Attributes)

(1) 与学生的关系。对学生抱有较高的期望,承诺帮助学生实现自己的教育目标,与学生之间建立平等的、值得信任的、建设性的关系;向学生展示积极的价值观、态度和行为,以起到榜样作用。

(2) 法律法规。教师知道教师的职业责任以及与教师工作有关的法律法规;知道相关政策与实践。

(3) 与他人的沟通和合作。与儿童、青少年、同事、家长及监护人进行有效的交流和沟通;能够发现并尊重同事、父母、看护人对孩子的健康和发展所做的贡献,并提高他们的教育水平;具有与其他教师合作的意识。

(4) 个人的专业发展。反思并提高自身的教学实践,了解并满足自己的专业发展需要;对教育改革与创新持创造性的、建设性的态度,在教学实践中乐于采纳一些已经被证实有效的改革措施。

2. 专业知识和理解(Professional Knowledge and Understanding)

(1) 教与学。拥有关于教学、学习和行为管理策略方面的知识,并知道如何运用这些知识,包括如何为所有学生定制个性化的学习方案,并帮助他们达

---

[1] Professiona Standards for Teachers: Qualified Teacher Status [EB/OL]. [2014-07-30]. http://webarchive. nationalarchives. gov. uk/20111218081624/http://tda. gov. uk/teacher/developing-career/professional-standards-guidance/ ~ /media/resources/teacher/professional-standards/standards_qts. pdf.

到目标。

（2）评价与监督。知道所教的学科及课程领域评价的要求和安排；知道一系列评价方法，包括形成性评价的重要性；知道如何利用地方的和国家的统计信息去评价自身教学的有效性，去监控学生的进步，以及提高他们的学业水平。

（3）学科与课程。能够较好地掌握所教的学科和课程领域的知识，以及针对不同年龄阶段和能力范围的学生的教学方法；知道和理解相关法定的与非法定的课程结构。

（4）读写、计算和信息通信技术。通过读写、计算和信息通信技术方面的专业技能测试；知道如何将这些技能运用到教学和专业活动中。

（5）成绩与差异性。教师应理解学生学习和健康受到社会的、宗教的、伦理的、文化的、语言的等一系列因素的影响；知道如何为所教的学生制订有效的个性化的成长计划，包括那些母语不是英语的、有特殊需要或残疾学生；能够采取多样化的方法促进公平公正。

（6）健康。注意当前的关于保护及提高儿童青少年身心健康的相关法律要求、国家政策等；当学生的进步、发展或健康受到其成长环境的影响时，教师应知道如何识别和提供帮助。

3. 专业技能（Professional Skills）

（1）计划。为不同年龄和能力范围的学生设计有效的学习顺序；创造机会，发展学生的读写算技能及ICT技能；布置家庭作业或课外作业以保持学生的进步，并拓展和巩固学生的课堂学习。

（2）教学。在教学过程中能够运用多种教学策略和教学资源；重视学生的前概念，使学生能够运用新知识、技能，达到教学目标；使用适合学生的语言，清楚地阐释新的思想和概念，有效地运用解释、提问、讨论等教学方法；具有处理好个体、小组和班级整体学习的能力。

（3）评价、监督和反馈。教师恰当地运用一系列评价、监控策略，评价学生的学习需要，为学生设立具有挑战性的信息目标；给学生提供即时的、准确的、建设性的反馈，以促进学生的发展；支持并引导学生对自身的学习进行反思，认识到自身的进步以及新的学习需要。

（4）对教与学进行检查和反思。评价自身的教学对所有学生学习的影响，必要时要调整教学计划和进度。

(5) 学习环境。建立有目的的、安全的、有利于学生学习的学习环境,为学生创造机会让学生在校外环境中学习;针对班级纪律建立一个基准,以建设性地管理学生的行为,促进学生自控和独立能力的形成。

(6) 团队合作。与同事一起合作分享有效教学的经验;确保一起工作的同事能适当地参与到要完成的教学任务中。

二、英国的中学教师职前教育模式

(一) 英国中学教师的培养模式

在英国,任何人想成为教师,都必须获得学位,并完成入职教师培训(Initial Teacher Training,简称 ITT)。英国的师范教育体系与我国的体系很不相同。目前,英国没有独立设置的师范学院,中小学教师培养任务主要由综合性大学的教育学院、高等教育学院(一种区别于综合大学的高等教育机构)承担。英国的中学教师培养主要有本科培养和研究生培养模式。

1. 本科培养模式

学生在两年预科(A-Level)课程的基础上,申请大学教育学院的教育学专业,一般经过 3~4 年的学习,取得教育学士学位的同时取得教师资格身份。这种模式主要用来培养小学教师。也有些提供入职教师培训的机构(ITT Institutions)采用这种模式培养中学教师,但提供的学科范围非常有限。

文学/科学学士学位 + QTS(Qualified Teacher Status,即合格教师资格)模式也是一种中学教师培养模式。这种模式的特点是学科专业课程和教师入职培训是同时进行的。学制非常灵活,对全日制学生,学制一般为 3 年或 4 年,非全日制学生学制为 4~6 年。如果学生以前的学习中已经修满所要求的学分,则可能在两年之内就获得学位。

申请教师教育课程,学生必须通过文学、数学专业技能测试(Professional Skills Tests)方可开始教师教育课程的学习。专业技能测试的成绩有效期为 3 年,在有效期内必须开始教师入职培训,否则过期后需要重新参加考试。

2. 研究生培养模式

对于已经获得学士学位的申请者,若想从事教师职业则可以申请大学里的 PGCE 课程。这是一种研究生教育证书模式(Postgraduate Certificate in Education,简称 PGCE),是先进行学科专业学习然后进行教育专业训练的模式,即学生先在大学里修完某学科专业的课程,时间一般为三年,然后再申请大学教育学院的 PGCE 课程,接受为期一年的教育专业训练,理论学习和教育实习成绩达到要求后即可获得 PGCE 证书。这种职前教师培养模式也被称为"3 + 1"模式,是当前英国培养中学教师的主体模式(图 4-4)。

图 4-4　英国中学教师的 PGCE 培养模式

PGCE 是为持有学士学位、欲从事教师职业的大学毕业生准备的课程,在英格兰、威尔士和北爱尔兰,通过 PGCE 课程的毕业生可以获得硕士学位。在苏格兰也曾经采用 PGCE 课程,但于 2005—2006 年(不同高校更名的时间不同)将其更名为教育专业研究生文凭(Professional Graduate Diploma in Education,简称 PGDE),但其内容与 PGCE 是一致的。

PGCE 培养模式中有一种是以中小学校为基地的,另一种是以大学为基地的。以中小学校为基地的 PGCE 培养模式中,中小学校对教师的培养起到更多的作用。学生的学习方式类似于医学专业的学生,从经验中学习,指导教师是经验丰富的中小学教师,他们对学生手把手地指导。得到政府授权的培养中小学教师的学校被称为 SCITT(School-centered Initial Teacher Training,简称 SCITT)。所有的 SCITT 课程一般持续一年,学生修完所有的课程并达到要求后直接获得合格教师资格(QTS)。

(二)英国 PGCE 培养模式的主要特点

对英国的中学教师职前培养模式分析,本研究主要选取伦敦大学进行案例分析。伦敦大学(University of London)是一所位于英国首都伦敦的公立联邦制大学,于 1836 年由伦敦大学学院和伦敦国王学院合并而成。经过近两百年的发展,已经成为包含 18 个独立自治的学院和 10 个研究所的巨型联盟。伦敦大学教育学院(Institute of Education,简称 IOE),是伦敦大学的一所研究生院,被称为欧洲的师范培训与教育研究航母,自 1902 年建立以来,一直从事师资培训工作,是当今英国最大的专门从事教育及其相关学科研究的学院。伦敦大学教育学院 PGCE 培养模式的主要特点如下:

1. 严格的生源选拔标准(Entry Requirements)

由于 PGCE 培养模式是可以直接获得 QTS 认证的,所以,与我国的分段培养模式相比,"3+1"培养模式不仅意味着学科专业课程与教师教育课程分段设置,更是对欲从事教师职业的申请者的严格选拔。也就是说,英国的 PGCE 培养有严格的准入要求。申请 PGCE 课程的条件主要包括学位条件、学术成绩、学校的实践经验等方面。例如,伦敦大学教育学院对 PGCE 申请者的具体要求如下[1]:

(1) 学位要求。申请者必须具有学士学位,而且符合以下三个要求之一:必须持有本科学士学位,经过认证的英国高等教育机构颁发的学士学位,学位等级2:2以上;英国以外的,被 IOE 认可的同等水平的学位;或者 IOE 认可的研究生学历。

(2) 普通中等教育证书考试。申请者必须通过普通中等教育证书考试(General Certificate of Secondary Education,简称 GCSE)。考试科目一般包括英语语言和数学,考试成绩须达到 C 以上(包括 C)。想做初中教师还需要加一门科学科目的课程考试。

(3) 健康条件。申请者必须符合英国教育部提出的身体和心理健康要求,职业卫生服务部门的评价为"适合做教师"。

(4) 近期学校经历。中级 PGCE 课程的申请者必须在面试前在中学学校有不少于一周的见习经历。

(5) 无犯罪和不良社会行为。为了保护儿童及其他弱势群体,确保给他们提供安全的环境,申请者必须提供披露和阻止服务机构(Disclosure and Barring Service,简称 DBS)颁发的显示本人的任何不良社会行为及违法犯罪记录的披露证书(Disclosure Certificate)。学校将根据申请者的披露证书进行判断申请者是否适合接触儿童或其他弱势群体。另外,如果申请者近5年内去过欧洲外的其他国家,并居住6个月及以上,则还需提供该国家提供的良好行为记录。

(6) 具体学科要求。PGCE 课程是分学科的。不同学科的 PGCE 同样有准入要求。英国教育部的规定是学位的类别与所教的科目必须是相关的。例如,

---

〔1〕 Entry Requirements [EB/OL]. [2014-02-20]. http://www.ioe.ac.uk/study/59837.html; Basic Requirements to Become a Qualified Teacher [EB/OL]. [2014-03-10]. http://www.education.gov.uk/get-into-teaching/apply-for-teacher-training/basic-requirements.

物理学科 PGCE 要求申请人必须获得物理学或工程学的学士学位,或联合学位(物理为第一专业)。物理学科的课程成绩要求为 A 等,其他学科成绩最低为 D 等。申请人还需具有较好的生物学、化学知识,且最好具有在中学学校中见习的经历。

数学学科的 PGCE,对申请者原有的学科和学位要求是很低的,没有数学学位并不影响申请。如果申请者欲从教中学数学,但并没有获得数学学科的学士学位,那么申请者可以通过参加学科知识提高课程来弥补。伦敦大学的规定是,只要大学阶段所学的分析、代数、几何、微积分、力学、概率论、统计学等学科中至少有 3 门是 A Level 以上,就可以申请数学学科 PCGE。

2. 培养能够适应两个学段及两门科目的教师

英国的义务教育分成 4 个学段。如图 4-5 所示,小学包括 1 段和 2 段,中学包括 3 段和 4 段。教师的培养也是针对学段设计的,任何培养模式都是针对至少两个学段。

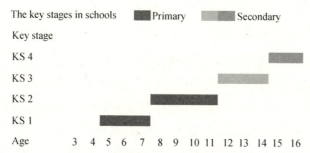

图 4-5 英国义务教育的学段划分

资料来源:What age groups would you like to teach?[EB/OL].[2014-03-15]. http://www.education.gov.uk/get-into-teaching/subjects-age-groups/age-groups.

在英国,任何培养模式都不是培养单科型的教师。PGCE 培养模式注重强调学生对相关学科知识的掌握,并在实习阶段安排同一学科不同学段的教学实习,或不同学科的教学实习,从而中学教师一般能够胜任两门或以上的科目教学,如表 4-17 所示。例如伦敦大学物理 PGCE 的毕业生在毕业后既可以从事物理教学,也可以从事综合科学课程的教学。

表 4-17　伦敦大学不同专业方向的从教领域

专业方向	从教的学科领域
物理	物理、综合科学
化学	化学、综合科学
生物	生物、综合科学
物理+数学	物理、数学

资料来源:根据伦敦大学教育学院网站信息整理:http://www.ioe.ac.uk/,2014-02-25。

三、英国中学教师职前培养课程

英国中学教师的培养一般采用学科专业学习与教育专业训练先后进行的模式,即 PGCE 模式。这种模式是当前英国中学教师教育的主体模式。下面以伦敦大学教育学院为例,对英国培养中学教师的 PGCE 课程做一个梳理和介绍。

PGCE 培养模式属于分段培养,两个阶段并不是作为一个整体来设计的。这种培养模式对第一阶段的主要要求是学位及某些课程的成绩等级,而不是关心具体的培养过程。例如,申请物理学科的 PGCE 要求申请人必须获得物理学或工程学的学士学位,或联合学位(物理为第一专业)。物理学科的课程成绩要求为 A 等,其他学科成绩最低为 D 等。所以,这种培养模式对学科专业课程没有统一的详细的要求。因此,我们在此仅分析第二阶段即 PGCE 的课程设置。

伦敦大学的 PGCE 中级课程为期一年,全职的、由伦敦大学教育学院和伦敦中学教师设计的课程,涉及 14 个学科专业。PGCE 目标是由中学学校和教育学院共同制定的。

PGCE 课程主要关注的学科教育理论和教学方法,主要由三个模块组成:学科研究(Subject Studies)、专业研究(Professional Studies)和教学实习(Teaching Experience)。[1] 前两个模块是针对具体学科教学的,学分均为 30,要求等级为 7。而教学实习没有学分。

---

〔1〕 Institute of Education University of London. World-leading Education and Social Research Prospectus [EB/OL]. [2014-03-15]. http://www.ioe.ac.uk/about/documents/Agent_Zone/Prospectus_2014-15.pdf.

(一) 学科研究

学科研究主要是为了扩展职前教师的学科知识,培养他们在教学中应用学科知识,掌握所修学科的教学技能,理解课程的基本要求,并寻求不同的教学方法。

学科研究包括两个模块:学科研究1和学科研究2。学科研究1主要关注学生所修学科的学科知识以及该学科的教学。开设的课程包括课程政策、学习理论和教学方法等。这一模块课程的开展在实习学校和伦敦大学教育学院都有进行。

学科研究2模块是学科研究1模块的补充,被称为"更广泛意义上的学科"(Subjects in a Wider Context)。该模块主要关注学生所修的学科和整个中学课程体系的关系,以及对文化和社会的重要性。与模块1相似,该模块的开展在实习学校和伦敦大学教育学院都有进行。

(二) 专业研究

专业研究主要是让学生了解整个学校的政策和实践、教师的工作职责、法律义务和责任。专业研究的开展主要在实习学校进行,如果有讲座或专题研讨会则一般安排在伦敦大学教育学院进行。

不同学科 PGCE 的专业研究课程会有所不同。例如,物理学科的 PCGE 开设的课程包括健康与安全、实验室与户外教学和学习管理、ICT 的使用、促进小组讨论、满足学生的特殊需求等课程。学院为教学提供实验室和微机教室,并为学生提供在课堂外进行教学的机会,例如科学博物馆等。[1]

(三) 教学实习

教学实习是 PGCE 课程安排中最重要的组成部分,几乎贯穿于 PGCE 的全过程。所以,PGCE 课程的大部分时间被安排在当地中小学校,以实习的方式实现教育理论与教育实践的结合。实习教师必须达到合格教师标准(Standards for Qualified Teacher Status)。在英格兰,实习教师还必须通过 QTS 技能测试(QTS Skills Tests),包括读写能力测试和数学测试。

在职前教师开始 PGCE 课程学习之前,伦敦大学教育学院安排学生在小学

---

[1] Institute of Education University of London. Programme Specification[EB/OL]. [2014-03-15]. http://www.ioe.ac.uk/documents/brochures/IPGC_EDM99P.pdf.

听课5天,目的是让学生熟悉小学教育,尤其是特定的学科教学。而真正的教学实习分布在3个学期中。PGCE整个课程所需时间为36周,其中教学实习时间要占到24周,可见教学实习的重要性。

　　由于PGCE培养模式强调学生对不同学科的任教能力,因此在课程设置上注重学生对相关学科知识的掌握,并在实习阶段安排同一学科不同学段的教学实习,或不同学科的教学实习,如表4-18所示。

表4-18　不同专业方向的实习学科

专业方向	实习学科
物理	物理、综合科学
化学	化学、综合科学
生物	生物学、综合科学
物理+数学	物理、数学

资料来源:根据伦敦大学教育学院网站信息整理:http://www.ioe.ac.uk/,2014-03-25。

　　伦敦大学规定,教学实习至少在两所学校进行。实习内容主要包括:班级管理,包括制定教学计划和写教案;在经验丰富的教师指导下进行课程教学;使用信息和通信技术进行辅助教学;批改学生作业,对自己的教学过程和结果进行自我评价;承担学校教师的一般职责;等等。

　　每个实习生在每所实习学校,都被安排一个过渡期,以便实习生观察学校是如何运作的,以及观摩经验丰富教师的课堂教学。实习生的实习全程都会安排一位经验丰富的学科指导教师。

　　对实习生教学实习的评价主要依据英国合格教师专业标准。教学实习没有学分,只记录及格与不及格。对学生的教学实习评价除了教案、小论文、案例研究报告、研究任务和报告等,还有对实习生的课堂教学进行形成性和终结性的评价,至少包括10节的课堂观察及反馈,以帮助实习生提升教学技能。

第三节 澳大利亚中学教师职前教育实践

自 1986 年正式脱离英国殖民统治成为独立主权国家以来,澳大利亚教育发展成就斐然。在基础教育师资培养方面,该国已经建成了完整、健全、高效的教师教育体系,在国际上树立了一个高质量并具有特色的典型。

一、澳大利亚中学教师的培养目标分析

(一)澳大利亚的教师专业标准与初任教师标准

1999 年,澳教育部部长委员会通过了 21 世纪国家教育目标,指出教师专业水平在提高澳大利亚学校教育质量,提升与其他国家相互合作的框架中的地位方面具有重要作用。[1]与此同时,澳大利亚各地也纷纷出现了相关的教师标准,并依此来鉴定教师是否合格。基于国内各州以及各学科教师相关标准的发展,澳大利亚教育部于 2003 年 11 月正式颁布了第一个全国教师专业标准框架,但该标准只提供一般教师、专家型教师和学科专门教师专业标准的框架。随着澳大利亚基础教育改革新战略《墨尔本宣言》的发布和《澳大利亚 2020》规划纲要的出台,教育改革和发展的内外部环境发生了变化,对教师的职业要求也随之改变。为此,澳大利亚政府于 2009 年开始研制新的全国教师专业标准,最终于 2011 年 2 月正式颁布。

澳大利亚的《全国教师专业标准》将教师专业发展分为四个阶段:新手教师(Graduate Teachers)、熟练教师(Proficient Teachers)、优秀教师(Highly Accomplished Teachers)和专家教师(Lead Teachers)。[2]标准对每一个等级的教师专业水准提出了相对具体的要求,增加了专业标准的可操作性,如表 4-19 所示。

---

[1] 张文军,朱艳.澳大利亚全国教师专业标准评析[J].全球教育展望,2007(4).

[2] Australian Institute of Teaching and School Leadership. Australian Professional Standards for Teachers [EB/OL]. 2014 – 05 – 10. http://www.aitsl.edu.au/australian-professional-standards-for-teachers/standards/list.

表 4-19 澳大利亚教师不同发展阶段专业标准框架

发展阶段	教与学领域的要求
初任教师	新任教师拥有经过认可的资格证书,拥有规划和管理成功学习的知识、技能、价值观和特质,能够达到注册教师的所有要求。他们具有成为专业学习者的愿望,并以学习者的姿态来对待学生;他们拥有奉献精神、热情和人际沟通能力,在学校及社区中能够发挥专业作用,并能为学校整体运行做出贡献。
熟练教师	能够展示过硬的专业知识、成功的教学实践及有效的专业发展。他们能够达到基本专业标准。他们是专业团体的成员,能够与同行、学生及家长有效互动。
优秀教师	拥有并不断完善教学内容、教学法和有关学生方面的知识,并能将这些知识应用于实践,使学生的学习成果最大化。他们知道如何与同行、家长及社区团体合作,如何吸引他们参与并支持学生的学习及健康;他们能够对专业团体做出积极贡献。
专家教师	掌握所教学科的知识内容、教学法,了解影响学生学习的各项因素,并应用这些知识来改进教学与学习质量的杰出教师。他们拥有影响他人改进教学实践的专业和个体特质,他们能够成功开展一些有助于教学与学习质量提高、学校和专业团体健康发展的创新计划;他们能够促进建立并保持富有成效的专业关系。

资料来源:根据唐科莉.澳大利亚:颁布全国统一教师专业标准[N].中国教育报,2010-09-30 整理。

(二)教师专业标准中关于初任教师的基本要求

1996 年澳大利亚教学委员会发布了由国家教学质量规划部开发的初任教师能力框架,此后教师教育专业机构、政府注册机构以及学术界开始在全国范围内对教师工作的能力范畴展开讨论。1998 年,澳大利亚教育部长委员会出台了《全国入职教师教育标准与指南》建议书,建议澳大利亚教育部实施相关标准。

2010 年 1 月,联邦政府成立"澳大利亚教学与学校领导协会"(AITSL),旨在就教师与学校领导的卓越发展,为联邦、各州及地区政府提供全国性指导。2011 年 4 月 AITSL 发表了《澳大利亚教师教育课程鉴定:标准与过程》,其中初任教师专业标准明确了完成职前教师教育的毕业生所要达到的专业标准。所以初任教师标准是教师教育认证的关键。需要认证的教师教育专业必须展示他们的毕业生如何达到这些标准。

初任教师标准的主要内容包括以下七个方面[1]：

1. 标准1：知道学生是怎么学的

懂得学生的身体的、社会的和智力的发展特征以及这些因素对学生学习的影响；理解关于学生学习的研究及其对教学的作用；具有教学策略知识，尤其是了解如何提高不同背景学生的学习兴趣和学习需要，例如不同的语言、不同的文化、不同的宗教与不同的社会经济背景的学生；理解文化、文化认同及语言背景对来自原住民与托雷斯海峡岛民的学生的影响；理解不同的教学策略可以用于学习能力不同的学生；理解对有助于残疾学生学习的法律要求与教学策略；

2. 标准2：理解内容并知道如何教

理解所教的学科领域的概念、事实、知识结构及教学策略；将学科内容组织成有效的学习和教学顺序；利用课程、评价、汇报等设计学习序列和教学计划；理解并尊重原住民与托雷斯海峡岛民的文化和语言；知道并理解读写与计算的教学策略以及在所教学科领域的运用；运用信息通信技术辅助教学以扩展学生的认知。

3. 标准3：为实施有效的教与学做设计

为不同能力和个性的学生设定不同的学习目标，对每个学生而言，既具有挑战性又能通过努力实现；运用关于学生的知识、内容知识、有效的教学策略知识设计教学序列；在教学中运用多种教学策略；掌握多种能促进学生学习的教学资源，包括ICT；运用语言的或非语言的沟通交流策略，促进学生参与学习；知道如何评价教师的教学以提高学生学习质量；掌握多种方法让家长或监护人参与到教育过程中。

4. 标准4：创造并维持安全的、支持性的学习环境

知道如何帮助所有的学生参与到班级活动中；具有组织班级活动并提供正确指导的能力；掌握一些实用的方法去管理具有挑战性的行为；知道在学校内、系统内、课程中及法律要求下如何促进学生的健康与安全工作的策略；在教与学中运用ICT能理解相关的要求和策略，能够知道安全措施、有责任心并符合道德伦理。

---

[1] Australian Institute of Teaching and School Leadership . Australian Professional Standards for Teachers [EB/OL]. [2014-05-10]. http://www.aitsl.edu.au/australian-professional-standards-for-teachers/standards/list.

5. 标准5：评价、反馈与汇报学生的学习

掌握评价学生学习的策略，包括正式的与非正式的评价、诊断性评价、形成性评价、终结性评价等；理解反馈的作用，对学生的学习给予及时恰当的反馈；对学生的学习进行纵向的和横向的评价；理解适度评价的意义，并运用到对学生的纵向和横向评价中；能够解释对学生的评价数据，并据此调整教学实践；掌握多种方法向学生、家长或监护人汇报学生的学习情况，对学生的成绩进行准确的可靠的记录。

6. 标准6：参与专业学习

理解澳大利亚教师专业标准的作用；知道相关的恰当的教师专业学习的资源；向督导或其他教师寻求并运用建设性的反馈以改进教学实践；理解持续的专业学习的基本理论及其对提高学生学习的作用。

7. 标准7：与同事、学生父母/监护人、社区合作

理解并运用教师职业伦理规范所描述的关键原则；理解有关立法的、行政的、组织的政策以及对教师的要求；掌握与学生父母或监护人进行有效、谨慎地合作的策略；理解外界的专业人士与社区代表对扩大教师专业知识和实践的意义。

二、澳大利亚中学教师的职前培养模式分析

（一）澳大利亚中学教师培养模式的类型

澳大利亚的中学教师的培养一般由综合性大学承担。从学位的层次看，综合性大学的教师教育主要采用3种培养模式：硕士培养模式、本科双学位培养模式、本科单学位培养模式。其中双学士学位培养模式是澳大利亚中学教师职前培养的主流模式。澳大利亚多所高校，如悉尼大学、墨尔本大学、莫纳什大学、弗林德斯大学等对中学教师的培养都采用双学士学位模式。双学士学位模式一般授予两种学位：教育学学士/文学学士（Bachelor of Education / Bachelor of Arts）与教育学学士/科学学士（Bachelor of Education / Bachelor of Science）（图4-6）。对于全日制学生而言，学制为4年，非全日制的学生学制为8年。

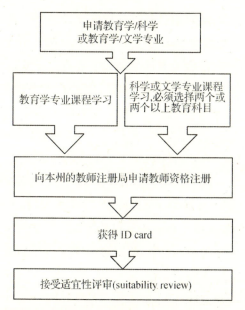

图 4-6 澳大利亚中学教师的双学位培养模式

(二) 双学位中学教师培养模式的特点

本研究以弗林德斯大学为例来分析澳大利亚中学教师培养模式的特点。弗林德斯大学(Flinders University)建于1966年,是澳大利亚最著名的八所研究大学之一,以其出色的教学和科研工作而享誉全球。弗林德斯大学的教师教育专业主要是双学士学位培养模式,培养中学教师有教育/科学双学士学位和教育/文学双学士学位两种。全日制学生需要在4年内完成科学专业(或文学专业)和教育专业的课程,从而取得科学(或文学)和教育双学士学位,然后只需要考取教师资格证即可在中学任教。

1. 培养目标定位

双学士学位模式培养的目标定位在于培养能胜任中学不同科目教学的教师。与一般的培养模式相比,双学位培养模式能提供更广泛的就业方向。以弗林德斯大学为例,该校的双学位中学教师教育的培养目标有四个方面[1]:毕业生能够适应对科学、数学和技术要求越来越高的社会;能够从事或承担二至三个不同中学科目的教学;能够将学到的知识和技能应用到不同的教育情境中,

---

[1] Bachelor of Education (Middle and Secondary Schooling). Bachelor of Arts[EB/OL]. [2014-05-25]. http://www.flinders.edu.au/courses/rules/undergrad/bedmssba.cfm.

对不同的学生进行教学;能够通过各种各样的途径进行专业学习。

弗林德斯大学教师教育的双学士学位培养分初中教学和高中教学方向。之所以采取分学段培养,是因为弗林德斯大学秉持这样的培养理念:"尽管初中和高中可能在同一学校,但青少年在不同时期的心理发展具有不同的特点,所以对初中学生的教学和对高中学生的教学在方法上应是不同的。因此培养初中教师和高中教师也应有不同的侧重点。"[1]高中教师的职前培养强调学生(职前教师)对教学内容的深入理解和个人的兴趣。毕业生至少能够从事两种高中教学科目的教学。教学科目的选择范围很广,有英语、戏剧、视觉艺术、健康教育、信息技术、科学、生物学、地球科学、数学等16种。而初中教师的职前培养则强调职前教师能从事三种不同科目的教学。教学科目的选择范围有人文和社会科学、信息和设计技术、戏剧、英语、视觉艺术、科学、数学、外语、健康与体育等。

2. 选课专业方向的选择

双学士学位要求学生完成教育专业和科学(或文学)两个专业的学习,两个专业的课程设置一般是均衡的,各占总学分的一半。弗林德斯大学双学位专业总学分为144学分,教育学士和文学或科学学士各要求72学分。学生在第一和第二学年学习基础课程,第二学年末开始分流,选择初中教学方向(6—10年级)和高中教学方向(8—12年级),因此不同学生第三、第四学年的课程会有所不同。

文学或科学专业的课程是围绕2~3个教学科目设置的。教学科目的范围对应于澳大利亚中学学校所开设的不同科目。以教育/科学双学位、高中教学方向为例。从表4-20可以看出,学生需要主修一个高中教学科目,对应的课程有27学分,还需要再选择另一个高中教学科目和一个初中教学科目为副修,对应的课程分别为27学分和18学分。其中,副修的初中教学科目也可以为科学专业的选修课。初中教学方向的课程模块也是类似的。

---

[1] Bachelor of Education (Middle and Secondary Schooling), Bachelor of Arts[EB/OL]. 2014-05-30. http://www.flinders.edu.au/courses/rules/undergrad/bedmssba.cfmJHJstrands.

表 4-20　科学专业的主修和副修的学分要求

专业方向	主修	副修	
高中教学	高中教学科目1 （27学分）	高中教学科目2 （27学分）	初中教学科目或科学选修课 （18学分）
初中教学	初中教学科目1 （18学分）	初中教学科目2 （18学分）	高中教学科目或科学选修课 （27学分）

资料来源：根据弗林德斯大学网站信息整理：http://www.flinders.edu.au/courses/rules/undergrad/bedmssbsc.cfm，2014－05－15。

由于初中学校和高中学校开设的教学科目不同，所以对教师教育专业的学生而言，选择初中教学方向和高中教学方向对教学科目的选择范围是不同的，如表4-21、表4-22所示。但不管是高中教学方向还是初中教学方向，学生都可以根据自身的条件和兴趣爱好选择不同的科目，并加以组合。所以这种培养模式和普通的本科培养模式相比，具有一定的复杂性和灵活性。

表 4-21　科学专业主修和副修科目的选择范围

初中教学科目1	初中教学科目2	高中教学科目1或2
生物 化学 地球科学 信息技术 数学 物理学	中文 创新写作 戏剧 英语 法语 地理 健康教育 历史 印度尼西亚语 意大利语 现代希腊语 体育 西班牙语 视觉艺术	生物 化学 地球科学 信息技术 数学 物理学

资料来源：根据弗林德斯大学网站信息整理：http://www.flinders.edu.au，2014－05－01。

表4-22 文学专业教学科目的选择范围

初中教学科目	高中教学科目
生物科学 商学 中文 创新写作 戏剧 地球科学 英语 法语 地理学 历史学 健康教育（只能副修） 信息技术 印度尼西亚语 意大利语 数学 现代希腊语 健康教育 西班牙语 视觉艺术	生物科学 商学 中文 创新写作 刑事司法 戏剧 地球科学 英语 法语 地理学 历史学 信息技术 印度尼西亚语 信息技术 意大利语 数学 现代希腊语 健康教育（只能副修） 政治学研究 法律研究 心理学 西班牙语 视觉艺术 女性研究

资料来源：根据弗林德斯大学网站信息整理：http://www.flinders.edu.au，2014-05-01。

三、澳大利亚中学教师职前培养的课程设置

澳大利亚的科学/教育双学士学位模式是一种较高水平的职前教师培养模式，在培养中小学科学师资方面，有诸多成功的经验，值得我们学习和借鉴。澳大利亚多所高校，如悉尼大学、墨尔本大学、莫纳什大学、弗林德斯大学等都设有双学位培养模式。不同学校的双学士学位课程，在课程设置上有所差异，但还是存在很多共性，尤其是课程结构上。仍以弗林德大学为例来分析澳大利亚教师教育专业课程体系的特点。

弗林德斯大学双学位培养模式的课程体系由两大专业领域组成：科学（或

文学)专业和教育专业,要求完成144学分,其中教育学位72学分,科学(或文学)学位72学分。

(一) 学科专业课程设置

学科专业课程取决于学生选择的教学科目。以教育学/科学双学位的培养模式为例,该模式要求学生选择2~3个教学科目。例如,选择高中教学方向的学生须从高中教学科目中选择2个,从初中教学科目中选择1种(或者用科学选修课代替),如表4-23所示。所以,高中教学方向科学专业的课程设置包括三个模块:两个高中教学科目对应的课程,各为27学分,18学分的初中教学科目课程或科学选修课。

表4-23 教育学/科学双学位专业的教学科目选择及课程模块

高中教学方向	高中教学科目1 (27学分)	高中教学科目2 (27学分)	初中教学科目 或科学选修课 (18学分)	
初中教学方向	初中教学科目1 (18学分)	初中教学科目2 (18学分)	高中教学科目 (27学分)	科学选修课 (9学分)

资料来源:根据弗林德斯大学网站信息整理:http://www.flinders.edu.au/courses/rules/undergrad/bedmssbsc.cfm, 2014 – 05 – 15.

不同教学科目对应的课程设置不同,选择同一科目,但学段不同,对应的课程设置也有差异。表4-24是高中数学科目和初中数学科目对应的课程设置,从中我们可以看出,高中数学科目和初中数学科目对应课程设置的差异主要表现在选修课上。例如,初中数学和高中数学对应的课程模块中都包含数学1A和数学1B,不同的是选修课要求的学分不同。

表4-24 高中数学科目和初中数学科目对应的课程设置

	初中数学方向	高中数学方向
必修	数学1 A 数学1 B 共9学分	数学1 A 数学1 B 共9学分
限选	从12门中选择2门(9学分)	从13门中选修4门(18学分)

资料来源:根据弗林德斯大学网站信息整理:http://www.flinders.edu.au/courses/rules/undergrad/bedmssbsc.cfmJHJmathmid, 2014 – 05 – 20.

从整体上看,科学专业的课程设置有两个特点:注重基础性和学科的整合性;不管是培养高中教师还是初中教师,都避免职前教师知识结构的单一化,通过组合实现知识的综合化,同时考虑他们的兴趣爱好。

(二)教育专业课程设置

教育专业要求学分是72,包含两类:教育基础课程、教学法课程和教育实习。教育基础课程主要涉及教育教学的基本理论问题,共有36学分。

表4-25 教育/科学双学位专业的教育类课程设置

课程类别	课程设置	学分
教育基础课程	教学和教育情境(4.5学分) 中学教育哲学和教学论(4.5学分) 中学生的学习与发展(4.5学分) 澳大利亚原住民学生的教学(4.5学分) 学习的关系学(4.5学分) 中学教育的当代问题(4.5学分) 差异化教学(初中和高中)(4.5学分) 教师专业化(4.5学分)	36
教学法课程	课程的专业化1、2(初中)(4.5学分×2) 课程的专业化1(高中)(4.5学分) 课程的专业化2(高中)(4.5学分) 初中和高中课程中的读写(4.5学分) 初中与高中课程中的计算与ICT(4.5学分)	27
教育实践课程	教育实习1(初中和高中) 教育实习2A(初中和高中) 教育实习2B(初中和高中) 教育实习3A(初中和高中) 教育实习3B(初中和高中)(4.5学分) 教育实习:总评(4.5学分)	9

资料来源:根据弗林德斯大学网站信息整理:http://www.flinders.edu.au/courses/rules/undergrad/bedmssbsc.cfm,2014-05-15.

1. 教学法课程

表 4-26　双学位专业的教学法课程

课　程	学　分	课程目标
课程的专业化 1、2（初中）	4.5	学生掌握针对 6—10 年级两个教学科目的课程知识和教学方法。
课程的专业化 1（高中）	4.5	学生掌握 10—12 年级课程和教学法知识。
课程的专业化 2（高中）	4.5	加深学生对 10—12 年级课程和教学法知识的掌握。

资料来源:根据弗林德斯大学网站信息整理:http://www.flinders.edu.au/courses/rules/undergrad/bedmssbsc.cfm, 2014－05－15.

从表 4-26 可以看出,弗林德斯大学的教师教育专业的教学法课程主要是"课程的专业化"。尽管课程的名称并不是教学法,但从课程的内容和课程目标看,课程的专业化是一门教学法课程。教学法课程共 3 门,13.5 学分,一门针对初中课程与教学,另两门针对高中课程与教学。与科学或文学专业的课程设置相对应,教学法课程也针对相应的教学科目。

2. 教育实习

教育实习是澳大利亚教师教育专业课程的一个重要组成部分,也是教师教育专业毕业生申请教师注册必须具备的重要条件。澳大利亚的教师教育非常注重在中小学环境中训练职前教师的从教能力。教育实习的时间常以天计,一般说来,为期 4 年的职前教育的教学实践不得少于 80 天[1],相当于 16 周。

弗林德斯大学的教育实习不是一次性的,而是分为 6 次,分散在 4 个学年不同学期实施。如表 4-27 所示,每次实习具有不同的主题和侧重点,教育实习的内容和目标是循序渐进的。但教育实习作为一个整体,学分相当于一门普通课程的学分。

---

[1] 赵凌.澳大利亚的教师教育认证机制解析[J].比较教育研究,2010(9).

表 4-27　弗林德斯大学教育/科学(文学)双学位的教育实习安排

实习	实习时间/时长	实习内容与目标
教育实习 1	第一学年	通过系列讲座,给学生介绍对教师的社会期望、法律责任和伦理道德等,为学生从学生走向教师职业的过渡做好准备。
教育实习 2A	第二学年第一学期 5—10 天	观察教师的教学活动,学习教师如何和学生互动;理解教师工作的复杂性;在中学教师指导下进行一些教学活动。
教育实习 2B	第二学年第二学期 5—10 天	内容和目标同教育实习 2A。
教育实习 3A	第三学年第一学期 4 周	通过教学活动理解作为教师与实习教师法律的和专业的职责;在教学和相关的班级活动中理解哪些行为是合乎期望的。
教育实习 3B	第三学年第二学期 1 周教学设计＋4 周中学教学实习	主要内容是教学设计、实施和评价。要求实习生将在弗林德斯大学所学的课程内容与中学课程建立联系。具体目标如下:理解教师对学校的专业职责和贡献;与学生、同事和家长之间建立合作的、有效的关系;在对关于学习和教学的理论认识和班级实践活动之间建立联系;通过具体内容的课堂教学提升教学技能;对自己作为教师的优点、兴趣和个人的专业发展领域进行认识和反思。
教育实习 4	第四学年 8 周:10 天准备,30 天实习	与中学指导教师密切合作,在指导教师的指导下进行一系列教学活动,包括教学设计、实施、评价等,展示自身对教师职业的理解和教学技能。

资料来源:根据弗林德斯大学网站信息整理:http://www.flinders.edu.au,2014-06-02。

四、澳大利亚职前教师的资格认证

教师在澳大利亚是一个非常受尊重的职业,对教师的资格认证也是非常严格的。澳大利亚的教师资格认证被称为教师注册(Teacher Registration)。在澳大利亚没有经过教师注册的个人是无法从事教师职业的。澳大利亚的教师注册和标准法案(2004)规定任何没有经过教师注册的个人不得从事教师职业,任何单位或个人也不得聘用没有经过教师注册的教师。因此,任何教师教育机构

培养的职前教师都必须申请教师注册以获得教师资格

（一）澳大利亚的教师资格认证机构

澳大利亚的教育体制由所在州政府管辖，对教师的资格认证和管理也由各州负责，每个州都有自己的教师注册机构（表4-28）。

表4-28 澳大利亚各州的教师注册机构

澳大利亚各州	教师注册机构
维多利亚州	维多利亚州教学研究所 (Victoria institute of Teaching)
新南威尔士州	新南威尔士教师协会 (New South Wales Institute of Teachers)
昆士兰州	昆士兰教师学会 (Queensland College of Teachers)
南澳州	南澳教师注册委员会 (Teachers Registration Board of South Australia)
西澳州	西澳州教学学院 (Western Australia College of Teaching)
塔斯曼尼亚州	教师注册委员会 (Teachers Registration Board)
北领地	教师注册委员会 (Teachers Registration Board)

南澳州的教师认定机构是南澳的教师注册委员会（Teachers Registration Board），负责教师资格的认证工作。教师注册委员会是依教师注册和标准法案（*Teachers Registration and Standards Act* 2004）以及教师注册和标准条例（*the Teachers Registration and Standards Regulations* 2005）建立的。教师注册委员会是一个独立的法定机构。南澳的教师注册委员会由16个成员组成，成员是南澳州的总督任命的。法案要求至少一半的成员是教师，一名成员是学校学生的家长，代表社区，一名是律师。[1]

---

〔1〕 Teachers Registration Board of South Australia. About Us [EB/OL]. [2014-08-20]. http://www.trb.sa.edu.au/about-us.

(二)教师资格的类型与条件

与美国相似,澳大利亚的教师资格是有等级之分的,有临时注册(Provisional Registration)和完全注册(Full Registration)两种。教师教育机构培养的毕业生要从事教师职业首先要申请注册,只能申请临时注册。临时注册的有效期一般为3年。确保教师资格在有效期内是每位教师的义务。教师资格过期而继续从教可能会被起诉。

更高级别的教师资格被称为完全注册。持有临时注册的在职教师满足一定条件就可以申请完全注册。但这种升级不是自动的,需要通过申请获得。

申请完全教师资格证书必须具备以下条件:申请者具有一年作为全职教师的且符合要求的教学经历或者作为兼职教师有累计200天符合要求的教学经历;提供材料证明已经达到了澳大利亚成熟教师专业标准。[1]在测评阶段,申请者必须协助评估员进行测评。关于教学经历是否符合要求取决于评估员的判断。评估员是持有完全教师注册身份的管理人员、校长或董事,具有关于教学及澳大利亚成熟教师专业标准的充分知识,能够对被测评教师是否达到成熟教师标准的要求进行判断。评估员会考虑多重因素对申请教师做出整体性的判断。

(三)职前教师资格认定的条件和过程

要成为澳洲注册教师必须满足以下几个方面的要求[2]:

1. 学位及课程要求

申请人的学位或学历可以有下列两种情况:

其一,申请者要具有一个受认可的教育专业学位、文凭或同等学力。学位课程必须至少是四年全日制的课程,或同等的非全日制课程,且包含教育实习。

其二,也可以是受认可的非教师教育专业学位、文凭或同等学力。这些课程必须至少是一年全日制的课程,或同等的非全日制课程。研究生课程必须包含在中小学校的教学实习。

---

[1] Teachers Registration Board of South Australia. About Transition from Provisional to (full) Registration [EB/OL]. [2014-08-20]. http://www.trb.sa.edu.au/about-TPR.

[2] Teachers Registration Board of South Australia. Information for New Applicants [EB/OL]. [2014-08-22]. http://www.trb.sa.edu.au/new-applicant.

2. 申请者对教师职业的合适性评价

申请者不仅要具备一定的学历学位资格和学校实习经验,还必须通过国家的刑事记录检查,以及具备做教师的合适性。教师注册委员会必须判断申请者是否适合做教师。申请者如果因为使用违禁药物、性或不雅行为、虐待动物、不诚信、违反职业道德的行为、对待儿童的行为不当等行为而受到指控或定罪,则被视为不适合从事教师职业。教师注册委员会必须确认申请者是一个诚实守信、积极向上、知识丰富、技能娴熟且具备良好品质的人,才能成为教师。

3. 参加强制通知培训课程

为了达到注册的要求,申请者必须在递交申请表前的 12 个月内通过一个 7 天(全天)的强制通知培训课程,是关于对虐待和忽视儿童强制性汇报的一项训练。而对在读学生而言,则被规定在最后一学年内必须完成一个 7 天的强制通知培训课程,也就是在该教师教育专业被认为是符合注册局的要求之前。申请注册教师资格时必须递交该课程的经过核准的副本。

第四节 美、英、澳三国中学教师的职前教育实践的主要特点

以上三节对美、英、澳三国中学教师的职前培养实践进行了梳理和分析,从中我们可以看出,三个国家具有较为成熟的教师专业标准、更适应社会需求的培养模式、科学合理的课程体系以及严格规范的教师资格认证制度。所有这些都值得我们去参考和借鉴。

一、中学教师职前培养目标的主要特点

尽管不同国家教师教育的目标定位有所不同,但我们还是发现有两个共性:

(一)详细的职前教师标准或入职标准

从上述各国的教师专业标准我们可以看出,美、英、澳等国家都将教师专业发展看作一个持续不断的过程,贯穿于教师的整个职业生涯,不同的发展阶段具有不同的特质,以使教师专业标准真正发挥引领教师专业成长的作用。

在专业发展阶段的划分上,这些国家的做法也是比较一致的:根据教师专业发展各个阶段的特质,为每个层次和水平的教师制定相应的标准,并注重通过设立标准来促进教师的专业发展。这为处于不同发展水平的教师明确自身要达到的专业目标提供了参照依据。每位教师在教学职业生涯中都可以参照标准,根据自己的实际情况,判断自己当前的专业发展状态,并制定持续的发展规划。

美、英、澳三国的教师专业标准还划清了与教师入职标准和在职标准的界限。尽管给出的名称不同,但美、英、澳等国家的教师专业标准都包含了对初任教师的专业标准,或者说是培养标准,从专业知识、专业能力、专业品质三个方面提出了严格而具体的要求。这为高校教师教育专业培养目标的定位提供了非常切实有效的参考依据。这一点非常值得我国借鉴。

(二)教师教育专业培养目标具体细化

在教师培养目标的具体要求上,发达国家的做法更为细致,对专业知识、专业能力、专业品质都有具体的要求。在专业知识的要求方面,注重知识的宽度、广度和基础性。不仅重视所教的学科和课程领域的知识,而且重视相关学科领域的主要概念、原理、理论、规则及其相互联系等;既强调教师专业知识应深度与广度,也强调关于教学、学习和行为管理策略方面的知识。

在专业能力的界定方面,能力的获得与能力的应用并举,强调师范生能掌握多种教学策略和教学资源;重视通过教学反思改进教学实践,并促进专业发展。

在专业品质的规范方面,注重品质不仅是一种道德约束,也是一种人际沟通素养,强调学生重视教师之间的团队合作,以及教师与学生、家长、社区的沟通。还注重教师与学生之间建立平等的、信任的关系,以及教师对教育改革与创新的态度,等等。

二、中学教师职前培养模式的主要特点

通过比较,我们可以从中发现美、英、澳三个国家教师培养模式的共同特点如下:

首先,培养模式上突出对生源的入学选拔或对学生的毕业要求,不仅注重学业成绩,还注重其他非学术方面。因为教师职业不同于其他职业,教师的专

业素养会对所教的所有学生产生不同程度的影响。教师不仅要具有丰富的知识和熟练的教学技能,更需要教师职业的兴趣和情感。提高职前教师的准入标准有利于培养出更符合社会发展需要的、更有职业责任感的教师。

其次,发达国家的教师教育对中学教师培养目标定位在培养知识面广、能任教不同学科、就业具有灵活性的中学教师。不管是哪种培养模式,不管是培养初中教师还是高中教师,都不是培养单科型的教师,而是培养能在初中和高中学段胜任两个学科以上的教师。因此,教师教育专业的毕业生在教育领域内的就业面是比较宽广的,对中学教学也会具有较强的适应性。

再次,重视教师教育的持续性。在这个社会发展瞬息万变的社会里,美、英、澳三国的教师教育都注重贯彻终身教育的理念,重视教师职前培养和职后培训的统一。职前培养与初级教师资格认证关联。而教师资格的更新或再认证则需要一定的进修学分。这种做法肯定和强化了教师培养的连续性,与那种认为教师教育是终结性的、一劳永逸的观点是明显对立的。

三、中学教师职前课程设置的主要特点

尽管美、英、澳三国对中学教师职前教育的课程体系有明显差异,但在课程结构、学科专业课程、教学法课程以及教育实践课程的设置上还是存在一些共性。

(一)课程结构的合理性

课程体系的结构受到培养模式的影响,因此,不同培养模式的课程体系结构有所不同。尽管课程的结构不同,但还是存在一些共性的特点,值得我们参考和借鉴:

首先,在课程体系的横向结构上,注重文理相融与多学科的整合性。文理相融是为了培养职前教师合理的知识结构;而设置多学科的专业课程则是为了培养职前教师广博的知识结构,做到知识深度与广度的有机统一。

其次,在课程体系的纵向结构上,注重学科专业课程、学科的教学法课程、教育实习三类课程之间的纵向关联。这使得职前教师不仅知识结构是宽广的,教学能力也是多学科的,就业的机会和专业发展的前景也是更广阔的。

(二)学科专业课程注重基础性和不同学科之间的沟通和组合

在学科专业课程的设置上,上述国家均注重基础性和实用性兼备。基础性

课程的功能是培养职前教师的学科专业基本素养。实用性课程则是强调课程对中学具体科目教学的意义和用途。

不仅如此,学科专业课程的设置还注重学科之间的沟通和组合。美国伊利诺伊州立大学是按照相关学科进行组合,而澳大利亚的弗林德斯学校则是按照学生的兴趣爱好进行组合。不管哪种组合方式,都是为了培养拥有综合广博的知识结构的通才型教师,而不是知识结构单一的专才型教师。

(三)教学法课程的学分较高,与多个教学科目对应

教学法课程是教师教育专业的核心课程,其主要内容是关于具体学科教学的特点、规律和方法。因此,教学法课程对于教师教育专业必不可少。多样化的教学法课程是发达国家教师教育专业课程设置的一个特点。尽管课程名称不同,但美、英、澳国家的不同模式的教师教育专业都非常重视教学法课程,学时和学分比例都较高,而且与学科专业课程科目的选择相对应。

(四)教育实习分多次实施,注重实习过程和实习评价

由于教师职业的特殊性,在中学教师的职前培养过程中,教育实习占据至关重要的位置。发达国家的教育实习和教师资格的认证是关联的。因此,不论是哪种培养模式——混合培养、双学位培养、分段培养,都非常注重教育学专业课程,以及教育实习。教育实习的开展,不是一次性的、终结性的,而是分多次实施。每次教育实习都具有明确的目标和任务,对实习生、大学指导教师、中学指导教师或合作教师有具体的要求。

四、中学教师资格认证的主要特点

近年来世界各国尤其是发达国家的教师教育改革呈现出一个显著特点,即在教师培养、培训、选用、考核等方面制定严格的标准或制度,逐渐形成体系化、法治化的制度平台,这不仅进一步巩固了教师专业化建设的基本经验,也成为各国进行教师教育创新所必须依循的准则。

借鉴发达国家的成熟经验有助于我国教师资格证书制度更好地发展。通过对上述各国教师资格认证制度的梳理和分析,我们可以发现很多共同特点,值得参考和借鉴。

第一,资格认定的条件多,标准高。与我国相比,美、英、澳三国的教师资格认定的条件较多,标准较高。除了学位要求外,美国和澳大利亚的教师资格认

证需要通过严格规范的教师资格考试,考查申请者的专业知识和专业能力。尽管英国的教师资格认证与美、澳有所不同,可以直接认证而不需要再参加资格考试,但资格认证的具体要求是落实在高校具体的教育教学中的。教育实习经历是教师资格申请人必须具备的一个条件。尽管不同国家的具体要求不同,但教师资格认证对教育实习的时间长短、具体过程、实习的具体内容和实习评价都有严格而具体的要求。不仅如此,资格认证还需要其他许多附加条件,例如申请者的道德行为、从事教师职业的合适性等。

第二,教师资格认证遵循教师专业发展的规律。从全美范围看,几乎各州都对教师资格证书的有效期进行了规定。任何教师想要继续从教就必须定期更换教师资格证书。更换证书既要考核教学工作成绩,还要看教师更换前的进修情况。所以,若想提高教师资格证书的等级就必须通过进修以取得学分。这种把教师资格证书的获得与教师的进修相结合的做法,有助于从制度上保证教师素质的不断提高。目前大部分国家实行的是非终身制教师资格证书制度,以促进教师不断提高专业水平。

第三,教师资格认证考虑多元化和差异性。美国、英国、澳大利亚等国家实行教育分权制,各州拥有较强的教育自主权,教师的认证和注册也由各州和地区单独负责,因此对教师的专业发展不仅有全国统一的要求,也考虑地区的差异性。由于各州在教育理念与政策上差异明显,因此不同州之间的教师专业标准在设计理念、内容上都有不同,教师资格认证的条件和具体要求也明显相异。这种多元性使得教师资格认证过程更方便、更灵活。

第四,教师资格认证标准与教师专业标准的统一。教师专业标准作为教师队伍建设的基本准则,若要真正能发挥作用,就必须和教师认证过程有机联系起来,使教师培养的结果与过程、规范与执行实现密切关联。在这一点上,美、英、澳三国教师专业标准既是培养目标制定的指南,也是教师资格认证所遵循的规范。这种统一性是职前教育实现规范化的重要基础,因此很值得思考和借鉴。

本 章 小 结

在对中学教师职前教育的研究过程中,对国外教师教育的实践进行分析比较是一个重要内容。考虑世界范围内教师教育水平的先进性、教师教育制度的完善性以及与我国教师教育体系之间的可比性等,本章选取美国、英国、澳大利亚三个发达国家作为中学教师职前教育的国际比较对象。

美国是世界上最早推行教师资格制度的国家,其专业化发展水平迄今无他国可以超越。美国的教师专业标准制定非常详细,中学教师的职前培养依照候选教师的标准来进行,在培养模式上,以本科混合式培养模式为主流。从伊利诺伊州立大学这一案例,我们可从中看出这种培养模式具备严格的准入和准出要求。在课程体系上,通识课程的设置注重文理贯通,学科专业课程注重基础性和相关学科的重要性,教育专业课程重视不同学科的教学法课程,教育实习具有明确而严格的要求。

在英国,对中学教师的职前培养起到引领作用的是合格教师专业标准,学生达到了合格教师的专业标准即可获得教师资格。在本科培养模式的基础上,研究生教育证书模式(简称PGCE)是当前英国培养中学教师的主体模式,本章以伦敦大学为例,分析了PGCE模式的特点以及PGCE课程的构成模块。PGCE培养模式属于分段培养,对申请PGCE课程的候选者选拔极为严格,在人才培养的定位上强调学生对相关学科知识的掌握,要求学生能够胜任两门或以上的科目教学。与美国的中学职前教育不同的是,PGCE培养的毕业生被认定合格后,可直接获得合格教师资格证书。PGCE课程由学科研究、专业研究和教学实习三大模块组成。教学实习是PGCE课程安排中最重要的组成部分,几乎贯穿于PGCE的全过程。

澳大利亚是国际上教师教育体系起步晚但发展快、质量高的典型。澳大利亚中学教师培养标准适用的是该国规定的初任教师资格标准,中学教师培养一般由综合性大学承担,以双学位培养模式为主流。本章以弗林德斯大学为例来分析澳大利亚中学教师双学位培养模式的特点和课程设置。弗林德斯大学的中学教师教育专业有学段之分,分为初中教学和高中教学。培养口径较宽,强调职前教师能从事两种以上不同学科的教学。课程体系由教育专业课程和学科专业课程组成,学分各占一半。澳大利亚对教师的资格认证与美国相似,教师资格有等级之分,也有对象之分。但无论对职前教师还是在职教师,都有严格的认证条件。

在对上述国家的中学教师培养目标、培养模式、课程体系及资格认证制度进行梳理的基础上,本章总结出美、英、澳三国在中学教师职前培养实践中存在的共性:三个国家具有较为成熟的教师专业标准、更适应社会需求的培养模式、科学合理的课程体系以及严格规范的教师资格认证制度。尽管不同国家的中学教师培养目标、模式、内容和途径都有所不同,即便是同一国家不同教师教育机构之间也普遍存在差异,但比较意在管中窥豹,以点带面,以期为我国的中学教师职前培养提供学习和借鉴之处,而不是"以点概面"或以偏概全,盲目追从。

第五章 问题与原因：
我国中学教师职前教育现状

对中学教师职前教育现状的分析是研究的基础。只有对职前教育所存在的问题有了清楚的认识，才能有针对性地思考和提出对策。本章的主要内容是在教师专业化的价值立场中，以发达国家的中学教师职前教育实践作为参照，来分析我国中学教师职前教育在目标设定、模式设计、课程设置与资格认证方面的偏差或滞后。

第一节 方向之殇：中学教师职前教育的目标偏离问题

培养目标是中学教师职前教育体系的重要环节。培养目标不仅直接影响着中学教师职前培养课程的设置，也影响着中学教师培养模式和培养途径的选择。因此，对我国中学教师职前培养目标所存在的问题进行深入分析具有十分重要的意义。因培养目标受培养理念、培养标准的影响甚大，所以中学教师职前培养目标所存在的问题也主要从这三个方面予以分析，主要体现在培养理念偏离、培养标准落伍、培养目标错位等方面。

一、中学教师职前培养理念所存在的问题分析

观念指引行动。由于培养目标的制定总是受到一定的培养观念的影响，因此，对我国教师教育培养目标进行分析，首先应分析当前教师教育专业的培养观念。长期以来，我国在培养观念上存在以下问题（图5-1）：

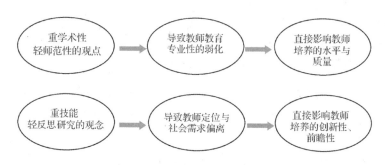

图 5-1　教师培养观念所存在的问题

（一）重学术性轻师范性

"学术取向"的教师教育是以打造"学科专家"为目的的。学术取向认为学术学科知识是教师专业教育的知识基础,强调知识的系统性与完整性,关注学科专业知识在教师职业能力结构中的重要作用。美国哈佛大学校长科南特就是"学术取向"的典型代表。1963 年,科南特在《美国教师教育》中提出了他的改革主张。他认为"教育科学"（Science of Education）在很大程度上是虚妄的空想,呼吁取消州政府颁发教师执照对教育课程的要求。[1]

在我国,从师范学校到综合大学的教师教育中,围绕着"学术性"与"师范性"的取向纷争一直此起彼伏,从 20 世纪初我国兴办师范教育时就已出现。受国情因素、社会文化背景、传统观念等影响,在我国师范院校中,重学术性轻师范性是长期存在的师范教育的价值取向,培养学者型教师一度成为我国中学教师职前培养的主流导向。

这种教师教育的学术取向可以追溯到 20 世纪初。1920 年前后,国内教育界围绕"教师培养是独立设置学校好,还是包含在普通中学、综合大学中好"这一问题展开了第一次激烈的争论。有两种相对立的观点:被称为"独立派"的人强调教师培养具有特殊性,其特殊性主要是指道德要求和教育学及中小学学科教学法的相关知识的学习和训练,因此要独立设置师范学校,这就是"师范性"最初的内涵;而被称为"合并派"者则认为只要学好所教的学科,就能教得好学生。更有甚者,认为师范学校因增设教育学科而削弱了学科学习,降低了学生的学术能力,使优秀学生也不愿报考师范。这就是最初的"学术性"的内涵。[2]

---

[1] 刘静.美国教师教育的专业教育改革理论取向[J].现代教育论丛,2007(1).
[2] 叶澜.一个真实的假问题——学术性与师范性之争的辨析[J].高等师范教育研究,1999(2).

在新中国成立后很长一段时间里,重点师范大学重视增强"学术"实力,普通师范大学则突出师范性教育。但到了20世纪70年代末,随着国家对高等教育科研的重视日趋增强以及职称评审制度的恢复,"国家职能领导部门制定标准,用一把'尺子量所有的学校,然后再按得分多少列出高低排序,按此序列给予相应的政策措施、经济投入等实际利益配套'待遇'"〔1〕。由于这一评定标准和评估过程对每一所高校的发展空间、办学条件直接产生影响,所以对现实具有直接的导向作用。为了提高学术研究水平,一些师范大学在课程设置上盲目向综合大学靠拢,直接导致高校之间出现无谓的竞争,师范院校自身的专业水平也停滞不前。由于师范大学强调学科教学的"学术性"水平,而忽略了自身所特有的师范性特色,在课程的设置上也与综合性大学具有趋同性,因此,除了少量教育学、心理学和教学法等师范类课程外,其余课程与综合大学相差无几。这样造成的直接显性后果是对教师就业产生不利影响,这些学校的学生毕业以后进入中学任教的人数逐年递减,在一定程度上导致师资力量不足。

20世纪80年代,不少师范院校为了适应科技发展和市场经济发展,增设了许多非师范类的新专业,即"非师范专业"。还有一些师范院校抓住改革的时机,努力升级为综合性大学。总之,这一段时期师范院校的办学方向基本上呈现出弱化"师范性"、加强"学术性"或"经济实用性"的趋势。〔2〕对"学术性"的追求,导致师范院校在对学生的培养上也向综合性大学看齐,使教师教育专业偏离了其应有的培养目标。这种趋势延续至今,到了21世纪也并没有发生多大程度的改变。

对"学术性"的过度追求必然导致"师范性"的弱化。教育部高等教育司编写的《普通高等学校本科专业目录和专业介绍》中,培养中学师资的师范专业,如汉语言文学、数学与应用数学、物理学、化学、地理科学、生物科学等都不属于教育学类,而属于相应的学科门类。反映在专业课程的设置上,当前高校的师范专业,有关师范性的课程学分比例较低,课时减少;在教师教育课程标准颁布之前,师范生到中小学见习、实习时间仅为4~6周;师范教育公共课课程仅开设"老三门",且内容陈旧、脱离实际、缺乏理论深度,根本不受学生重视和欢迎。

对学术性的追求使得教师教育较多关注学科知识在教师职业素养结构中

---

〔1〕叶澜.一个真实的假问题——学术性与师范性之争的辨析[J].高等师范教育研究,1999(2).
〔2〕叶澜.一个真实的假问题——学术性与师范性之争的辨析[J].高等师范教育研究,1999(2).

的重要作用,使得"学高为师"的传统观念一直存在并继续流行,从而直接影响教师职业专业化地位的确立与提高,也使我国教师教育的培养水平长期以来得不到有效提高。

(二) 重技能轻反思研究

中国有句俗语"三百六十行,行行出状元",这所谓的"行"里面即包括了教师这一职业。教书育人既为"行"的一种,必然会衍生出诸如行规、行家、行话等称谓。从文化渊源上看,中学教师职前培养的价值取向与过去的行业分派可谓异曲同工,都强调"技术活",是一种重教育技能轻教育研究的价值取向。从其概念核心上看,"行"是一种技术或手艺,是可以模仿、沿袭、传承的。

这是一种技术理性的教师教育观。技术理性,也被称为"工具理性",来源于德国社会学家马克斯·韦伯(Max Weber)。工具理性通过精确计算功利的方法最有效达到目的的理性,是一种以工具崇拜和技术主义为生存目标的价值观。技术理性把专业活动视为一种应用科学技术来解决问题的过程。美国的教育哲学教授皮尔森(Pearson)认为,技术理性的特点是:当有了一个既定目标,其中心任务就是如何采用最适当的方法来实现此目标,所以专业实践的任务就是应用专业领域的科学知识和技术来解决问题,最终实现目标。[1]

在技术理性观念的主导下,教育教学被看作一种技术性的活动,而教师则被视为"承担技术人员的角色(Teacher as Technician),是用别人设计好的课程达到别人设计好的目标的知识传授者,是手段—目的的中介人"[2]。因此,传统的教师教育的培养目标主要是经验型或技术型教师,认为只要传授给师范生教育教学理论与技能,他们就可能会在今后的教学岗位上自觉、自如地运用所学的理论与技能,就可以成为一个"合格"的专业人员,基于这样的预设,传统的教师教育秉持了技术取向。[3]技术理性表现在教师的培养目标定位上,就是对教学技艺、系统知识和教学方式方法的追求。[4]

过分强调教育技能容易陷入"为教书而教书"的误区。在实际的培养过程中,职前教师常常死记硬背一些基本理论知识。在教育实践活动中,则强调技

---

[1] 转引自王艳玲.教师教育课程论[M].上海:华东师范大学出版社,2011:28.
[2] 刘复兴.我国教师教育的转型与政策导向[J].高等师范教育研究,2002(4).
[3] 林一钢.论"实践反思性"教师教育[J].教师教育研究,2008(6).
[4] 陈时见.教师教育课程论历史透视与国际比较[M].北京:人民教育出版社,2011:52.

能训练,实习过程中则注重对中小学教师的教学进行简单的模仿。这种模式最终培养的是"教书匠"。但无论是多么好的"教书匠",也只是一个执行操作者,由于缺乏创新思想和研究意识,他们往往落在教育发展的后头。

这种教师培养的价值取向没有认识到教育专业活动的复杂性,也忽视了教师作为知识创造者与生产者的地位。教育教学并不是单向的知识传递行为,而是一个包含不确定因素、复杂的双向沟通过程。教育教学活动中既存在可感知的、既定的、具体的和预先设定的成分,同时也存在不可感知的、可变的、无法预先设定的因素。过分强调教学技能显然与新课改的理念严重不符,不能体现新课改的精神和要求。

二、中学教师职前培养标准所存在的问题分析

中学教师的职前培养标准作为中学教师培养的参照性规范,应该做到详细、务实、科学。但我国目前在中学教师职前培养方面存在的最关键的问题之一,就是缺少有效的、细致的培养标准的参考或引导。总体来说,国家层次的师范教育培养目标与社会基础教育对新教师的期望是不相符的,或者说是滞后的。

当前,我国高校教师教育专业制定的培养标准和培养规格大都依据教育部颁布的《普通高等学校本科专业目录和专业介绍》(简称《本科专业介绍》)中对师范类专业的参考性规定。在《本科专业介绍》(2012)中,培养中学教师的师范专业涉及汉语言文学、英语、数学与应用数学、物理学、化学、地理科学、生物科学等多个学科,这些学科都不属于教育学类,而属于相应的学科门类,例如数学与应用数学属于数学类;物理学属于物理学类;化学属于化学类;等等。因此,这些学科的师范专业与非师范专业的目标定位是相同的。下面是几个学科专业的培养目标[1]:

汉语言文学专业的培养目标:本专业培养具备扎实的汉语言文学基础和良好的人文素养,熟悉汉语及中国文学的基础知识,具有较强的审美能力和中文表达能力,具有初步的语言文学研究能力,同时具有一定的跨文化交流能力,能在文化、教育、出版、传媒机构以及政府机关等企事业部门从事与汉语言文字运

---

[1] 中华人民共和国教育部高等教育司.普通高等学校本科专业目录和专业介绍(2012年)[Z].北京:高等教育出版社,2012:86,89,126,128,131.

用相关工作的中国语言文学学科复合型人才。

英语专业的培养目标:本专业培养具有较高的人文素养、熟练的英语语言技能、厚实的英语语言文学专业知识和其他相关专业知识,能在外事、教育、经贸、文化、科技、军事等部门熟练运用英语和本族语从事外事、翻译、教育、管理、研究等各种工作的英语专业人才。

数学与应用数学专业的培养目标:本专业培养掌握数学科学的基本理论与基本方法、具有运用数学知识和使用计算机解决实际问题的能力、接受科学研究的初步训练,能在科技、教育、经济和金融等部门从事研究和教学工作,在生产、经营及管理部门从事实际应用、开发研究和管理工作,或继续攻读研究生学位的创新性型人才。

物理学专业的培养目标:本专业主要培养从事物理学及相关前沿学科教学和研究的专业人才,同时也培养能将物理学应用于技术和社会各个领域的复合型人才。经过学习和训练,本专业学生应具备在物理学及相关学科进一步深造的基础,能达到毕业后从事研究、教学、技术应用和管理等方面工作的要求。

化学专业的培养目标:本专业培养具有良好的科学、文化素养,能够较系统扎实地掌握化学基础知识、基本理论和基本技能,富有创新意识和实践能力,能在化学及相关领域从事科研、教学及其他工作的人才。

1998年颁布的《普通高等学校本科专业目录和专业介绍》中关于师范类的专业培养目标绝大部分都定位在培养"在高等和中等学校进行某学科教学的教师、教育科研人员和其他教育工作者"。2012年颁布的《本科专业介绍》对汉语言文学、数学与应用数学、物理学、化学等中学学科的师范专业的目标定位没有实质性的变化。

从以上培养目标可以看出,除了科学教育专业是属于教育学类,中学开设的主要学科都归属相应的学科门类,没有区分师范和非师范。因此,汉语言文学、数学、物理、化学、生物等学科师范专业的培养目标与非师范专业的目标没有区分,也没有提及作为师范专业的专业性目标。教师教育专业培养标准的制定,没有考虑到教师教育专业培养目标的共性,缺少统一的要求、不同学科的教师教育专业培养目标的制定缺少沟通。在知识目标上,都强调本学科专业知识的掌握,而对相关学科知识重视不够;在能力目标上都强调本学科的研究能力,而不是教学研究能力,也不重视教学实践的反思和研究。

培养目标大都未提及对教师的专业理念、情感、态度等的要求。有的专业，例如化学在培养要求中提及"交流、协调能力和团队合作"，而数学与应用数学、物理学等专业均未提及。

三、中学教师职前培养目标的具体问题分析

中学教师的职前培养目标实质上就是培养什么层次和培养具备什么素质的中学教师的问题。对高校的教师教育专业而言，培养目标能否合理定位，影响着师范生的培养质量；而从整体上看，一个国家对中学教师职前培养目标是否合理定位对整个基础教育的发展都会产生很大影响。然而，从我国当前的中学职前教师教育现状看，我国对中学教师的培养目标定位上存在着诸多问题。

（一）中学教师的职前培养目标学历层次定位偏低

20世纪90年代以来，随着科技的进步和社会的发展，中学教师的学历标准在逐渐提升。进入21世纪后，中小学校对求职者的学历要求普遍提高，不管是发达地区还是落后地区都在努力提高中小学教师的学历标准。中学越来越欢迎研究生学历的求职者，专科毕业生在中小学校已经没有市场，本科学历的师范毕业生进入高级中学也越来越难。

然而高校教师教育专业的培养目标定位没有顺应社会需求的变化。当前高校本科层次的师范专业培养目标对人才层次的定位仍然是中等学校教师，或是高级中学教师。以××大学2010级本科师范专业的培养目标为例。数学与应用数学（师范）专业的培养目标定位是培养"高级中学骨干教师或数学与应用数学专门人才"；物理学（师范）专业的培养目标定位是培养"能从事物理学教学和物理学教学研究的高等和中等学校教师"；化学（师范）专业的培养目标定位是培养"在高等和中等学校进行化学教学和化学教学研究教师"。

在本科毕业生就业壁垒越来越高的情况下，有些地区的高等院校出于历史与现实的各种原因，还保留了面向中学学校的专科层次的师范专业。据有关报道，专科层次的师范毕业生在就业时根本无法适应目前各地区招教的大形势，最终陷入"中学和小学都不要"的两难境地。[1]这种不顾市场终端需求的培养目标定位，其实是对社会资源的极大浪费，也是对学生的极不负责。

---

〔1〕吴静.所学专业小学用不到中学教师要求本科,专科生两难[N].河南商报,2010-07-27.

（二）培养目标的就业定位过于宽泛,师范特色缺失

受到《本科专业介绍》的影响,考虑到对学生就业界面的拓宽,很多地方院校的培养目标定位过于宽泛,在确定职前教师的培养目标时,缺乏对自身办学基础、层次、条件和特点的理性思考,忽视针对性和现实性,贪求"高、大、全"。[1]有些具体学科的教师教育专业的培养目标贪多求大,既培养中小学教师,也培养非教育领域例如各种企事业单位的从业者。下面是两个具体的例子。

英语(师范)专业的培养目标:培养德、智、体全面发展,具有社会主义人文精神的创新型、复合型高级人才,能够在教育、外事、旅游、涉外经贸部门和企业、科研院所及政府机构中从事相关业务和管理工作。[2]

物理学(师范)的培养目标:本专业培养具有良好人文和科学素质,基础扎实、知识面宽、实践能力强,具有社会责任感和创新精神,掌握物理学基本理论和基本技能,具备教师职业技能,能在中等学校从事物理学教学和教学研究工作的教师、教学管理人员和其他教育工作者。本专业毕业生也能够在科研机构、企事业单位等从事科学研究、科技开发及管理工作。[3]

这种过于发散的培养目标定位往往适得其反。在社会分工日趋细化、职业竞争日益加剧的大环境下,盲目期望四年教师教育就能培养出适合所有教育层次、满足各社会领域需求的人才,显然是不可能的。由于对中学教师的职前培养针对性不强,缺少核心竞争优势和师范特色,因此培养出来的人才成品往往"四不像",直接导致师范毕业生就业困难。

（三）中学教师职前培养目标的学科领域定位单一

与培养目标的宽泛性市场定位相比,我国职前教师培养普遍存在的一个问题是学科领域定位单一:在知识目标上,强调本学科专业知识的掌握,而对相关学科知识重视不够;在能力目标上,培养仅仅能够从事中学某一科目教学的教师,我们可以称之为单科型教师。

培养目标定位的学科领域过于狭窄,容易导致"毕业生的自身综合素质底蕴不足;相关学科涉及面少;对知识材料统整能力弱;多元化教学方法运用不

---

〔1〕 梁婉倩.地方本科院校师范教育的培养目标问题[J].肇庆学院学报,2007(3).
〔2〕 殷爱苏.苏州大学本科教学手册[Z].苏州:苏州大学出版社,2010:232.
〔3〕 苏州科技学院.物理学专业培养方案[EB/OL].[2014-03-13]. http://slxy.usts.edu.cn/News_View.asp? NewsID=282.

足,难以应付教学情境中的综合性实际问题等"[1]。当在职教师的专业发展达到娴熟水平后,狭隘的知识结构会成为他们向更高水平发展的瓶颈。同时,这种目标定位对师范毕业生的就业也存在不利的影响。对语文、数学和英语几个大学科的毕业生可能影响不大,但对于物理、化学、生物、历史、政治等小学科而言,由于毕业生只能从事单一的科目教学,在面向需求量甚小的教育市场时,往往面临着无法就业的尴尬境地,即使是优秀的师范毕业生,也往往难以摆脱单一学科领域的束缚。

(四)目标设置理想化、空泛化

教师专业发展是阶段性的。教师从新手发展成专家,一般要经过"新手(Novice)、高级新手(Advanced Beginner)、胜任者(Competent)、熟练者(Proficient)和专家(Expert)"[2]五个发展阶段。但是,到目前为止,我们的教师教育仍秉持着一种终结性的教师教育理念,期望能一劳永逸地培养能够长期合格的、胜任的教师。有的高校师范专业的培养目标定位更高,意在直接培养出中学"骨干"教师。例如××大学数学与应用数学(师范)专业的培养目标是"培养能适应社会发展需要……富有创新精神和实践能力的高素质高级中学骨干教师或数学与应用数学专门人才"。

事实上,高等院校教师教育专业的毕业生只是职前教师,在教师的专业发展阶段中处于较低的水平。因为,教师职业本质上带有"实践性"的特点,教师教学所必需的能力大部分来自于实践的历练。尽管教师在职前阶段已经经历了教育见习、实习等教育实践,但职前阶段的教育实践是有限的、不全面的,职前教师从中获得的专业知识和专业能力也是有限的。师范毕业生必须经过一定时期的教育教学实践的锻炼,通常是三至五年,才能得以成长成熟,成为胜任中学教学的教师。因此,对职前教师的培养目标定位超越教师专业发展的阶段性,既不科学也不现实。

综合上述培养理念、培养标准及培养目标三个方面所表露的问题,究其原因,主要存在于如下几个方面:

首先在思想方面,无论是社会公众还是教师职前教育机构,普遍存在认识

---

[1] 罗明东,陈瑶牛,亚凡.教师教育"综合型"培养模式的探索[J].大学研究与评价,2008(11).
[2] 王建军.课程变革与教师专业发展[M].成都:四川教育出版社,2004:76.

僵化落伍的问题,跟不上时代发展的形势,无法应对市场的变化,容易出现意识形态的偏差;

其次,从经济性角度看,沿袭传统习惯的成本较低,对教师教育机构的资源配置和人力资源的专业化要求程度不高,不会造成改革的压力;

最后,由于教育行业在国家体系及社会职能中的特殊性,教师教育无法像其他行业或商品那样实现完全的市场化,国家及政府的领导监管地位不容置疑。在教育制度上,总体上看国家关于教师职前教育制度的出台相对滞后,较为粗糙,缺少可执行性的细化规定,具体的指导作用不强。

因此,我国中学教师职前培养目标所存在的问题关键是制度问题,制度原因首当其冲。国家制定的教师职前教育标准,直接决定教师教育机构培养目标的设立,直接影响公众对于教师培养的信心,直接事关广大职前教师或有志从事教育事业的毕业生的职业发展未来。

第二节 亟须优化:中学教师职前培养模式问题

一、我国中学教师培养模式的演变

长期以来,我国的教师教育体系是单一的、封闭的,基本稳定为中等师范教育、高等师范专科教育和高等师范本科教育三个层次,即由三级师范院校培养教师。其中初级中学教师主要由师范专科院校负责培养,而高级中学教师则由高等师范院校和师范大学负责培养。这种状况一直持续到20世纪90年代初。随着改革开放的深入,我国社会经济发展和教育自身改革都对教师质量提出新的要求。我国教师教育开始逐步转型。

教师教育转型的一个表现是,教师教育的格局已被打破,教师教育体系逐步由封闭走向开放,逐渐形成了以师范院校为主体、其他高等学校共同参与的开放性教师教育体系。1999年《中共中央国务院关于深化教育改革全面推进素质教育的决定》提出"鼓励有条件的非师范院校举办师范教育"。2001年国务院《关于基础教育改革的决定》中提出:"完善以现有师范院校为主体、其他高等学校共同参与、培养培训相衔接的开放的教师教育体系。"自此以后,非师范类高校参与教师教育的数量增加显著。从统计数据来看,2002年共有475所高等学校招收师范类全日制本专科学生,其中高等师范学校183所、教育学院34所、非师范院校258所,非师范院校已达到培养教师院校总数的54%。[1]非师范院校也正在成为我国教师教育的一支重要力量,并将在教师教育工作中发挥越来越重要的作用,开放、综合的教师教育体系的政策价值目标逐渐实现。

教师教育的转型还表现在,原有的三级师范教育体制(中专、大专、本科)逐步向新三级师范教育体制(大专、本科、研究生)转变,教师教育办学层次不断提高。20世纪末至21世纪初,一系列文件的出台,为我国教师教育的转型起了极大的推动作用。1998年教育部《面向21世纪教育振兴行动计划》和1999年《中共中央国务院关于深化教育改革全面推进素质教育的决定》的颁布,揭开了全国中等师范学校和专科师范学校大规模升格的序幕。在教育部相关政策的指导下,教师教育的转型已成为一个普遍的事实。1999年3月16日,教育部印发了《关于师范院校布局结构调整的几点意见》,提出对我国师范教育进行层次结构的调整。文件要求:"从城市向农村、从沿海向内地逐步推进,由三级师范(高师本科、高师专科、中等师范)向二级师范(高师本科、高师专科)过渡。到2010年左右,新补充的小学、初中教师分别基本达到专科和本科学历。"[2] 2002年教育部颁布的《关于"十五"期间教师教育改革和发展的意见》中提出:"开创教师培养新格局,提高新师资的学历层次。"[3] 2004年教育部《2003—2007教育振兴行动计划》中,提出"将教师教育逐步纳入高等教育体系,专科、本科、研究生三个层次协调发展"[4]。目前,我国已基本实现二级师范教育制度,并开始向一级师范教育过渡,中学教师的学历层次得到很大的提升。进入21世纪,我国中学教师培养基本上集中在师范本科、研究生两个层次。

教师教育机构的转型极大促进了教师培养模式的改革。近年来,我国陆续

---

[1] 师范教育司.全国非师范院校教师教育工作研讨会会议综述[EB/OL].[2013-06-02].http://www.eol.cn/20040108/3096987.shtml.

[2] 教育部.关于师范院校布局结构调整的几点意见[EB/OL].[2014-03-13].http://www.people.com.cn/item/flfgk/gwyfg/1999/206007199901.html.

[3] 教育部.关于"十五"期间教师教育改革和发展的意见[EB/OL].[2014-03-13].http://www.chinalawedu.com/news/1200/22598/22615/22793/2006/3/we841541726111360023234-0.htm.

[4] 教育部.2003—2007教育振兴行动计划[EB/OL].[2014-03-15].http://www.moe.edu.cn/publicfiles/business/htmlfiles/moe/moe_4/200501/5323.html.

有师范大学进行教师培养模式的改革,如北京师范大学、南京师范大学等,均取得了一定成效。

教育硕士专业学位的出现是教师培养模式改革的成果之一。2001年,北京师范大学开始启动"4+2"教师培养模式,从北京师范大学数学、物理、化学、生命科学、地理、中文、历史、哲学8个基础学科专业本科三年级学生中选拔。学生自愿报名、院系选拔优秀者,经学校批准后,免试入学。北京师范大学的"4+2"培养模式,是我国最早进行的学士后教师培养模式。继北京师范大学之后,其他教育部直属师范大学、省属师范大学,以及诸多综合性大学也相继实施"4+2"模式,2008年可招收教育硕士专业学位研究生的高等院校有57所[1],2012年发展到73所[2]。

而在本科学制方面,教师培养模式改革的主要特点是变混合式培养为分段式培养,多元化现象突出,"3+1""2+2""2.5+1.5""3+0.5+0.5"等不同的分段培养模式不断涌现。例如,四川师范大学从1999年开始实施以强调自主选择和全面发展为主要内容的"2+2"人才培养模式。[3]第一个"2"为"通识教育+专才教育",第二个"2"为"学科专业教育+教师专业教育"。在学生进校后的前两年,淡化专业、专业方向的界限,按二级学科门类进行通识教育和专业基础教育,在第2学年结束时给学生调整专业或者专业方向的机会,突出个性发展。

浙江省宁波师范大学从2000年开始实施"3+1"教师培养模式。学生按一级学科选择专业,在各自的专业学院学习相关的专业课程,前5个学期不分师范生和非师范生。第5学期末根据志愿进行分流,有志于当教师的学生进入师范学院,学习相应的教育类课程,进行必要的教育教学实践。也有其他不少学校推行"3+1"模式,例如沈阳师范大学、深圳大学等。

近几年,也有学校在分段培养模式改革的基础上,又尝试推出了更为复杂

---

[1] 2008年招收教育硕士的院校(57所)[EB/OL].[2013-05-25]. http://kaoyan.eol.cn/yuan_xiao_xin_xi_3988/20070828/t20070828_250906.shtml.

[2] 2012年招收教育硕士的院校名单[EB/OL].[2013-05-25]. http://wenku.baidu.com/link?url=PN0NXpqf2OawZt-ljqyBBPwyz8iGaMsnDGaPUx3LkvSa55SCYuGnO4Zu-xN9wDUyXUeHfbNF2CSPz9WdWGq9KlajQDDIEvSUzdSV3CbC5ku.

[3] 川师大实施"2+2"培养模式[EB/OL].[2013-12-01]. http://www.dy-edu.cn/newsInfo.aspx?pkId=1016.

的培养模式。自2010年起,南京师范大学对全校本科师范专业推行"2.5+1.5"培养模式改革,即前2.5年主要进行学科专业培养,辅以教师教育类课程学习;后1.5年主要进行以教师教育课程和实践为主的教师专业化培养(含教育实习),辅以相关学科专业拓展或提升课程的学习。

江西师范大学于2012年积极推行"卓越教师培养计划",采取"3+0.5+0.5"教师培养模式。[1]即3年在校学习理论课程和实践课程,半年在学校内外开展教学技能训练、实践体验,半年在校开展反思与研究、学习教师提升课程、完成毕业论文。校内学习分通识教育、专业教育、教师职业养成教育、教师教育课程教学、教师实践与体验。中小学学习分为教育见习、教育实习。该计划的系统性和针对性非常强,实施以后的反响不错。

二、我国当前中学教师职前培养模式存在的问题分析

我国目前承担中学教师培养任务的机构主要有几类高等教育机构:教育部所属的师范大学、省(自治区)所属的师范院校、区域性地方综合院校以及部分综合性院校。经济社会的快速发展决定了中学教师职前教育面临着复杂多变的社会环境,教育体系存在内部调整与外部磨合的双重问题。由于历史和现实的原因,我国转型期中学教师的培养模式主要存在着如下问题:

(一)联动性不足:教师培养模式与社会需求存在一定程度的脱节

1993年10月31日颁布的《中华人民共和国教师法》规定,取得初级中学教师资格、初级职业学校文化课、专业课教师资格,应当具备高等师范专科学校或者其他大学专科毕业及其以上学历;取得高级中学教师资格和中等专业学校、技工学校、职业高中文化课、专业课教师资格,应当具备高等师范院校本科或者其他大学本科毕业及其以上学历。[2]但随着经济社会的快速发展,人们对优质教育的需求越来越膨胀。优质教育离不开高素质的中小学教师。我国基础教育师资供求关系的主要矛盾由总量不足转变为高素质的专业教师结构性矛盾。中学师资供求的矛盾主要表现在三个方面:

---

[1] 江西师大开展教师教育综合改革培养卓越教师[EB/OL].[2013-01-10]. http://www.moe.gov.cn/publicfiles/business/htmlfiles/moe/s6635/201212/145616.html.

[2] 中华人民共和国教师法(1993年颁布)[EB/OL].[2014-06-16]. http://www.gov.cn/banshi/2005-05/25/content_937.htm.

首先是不同学历层次毕业生供需不平衡。研究生供不应求，本科生供大于求。近年来，全国新增的中学教师当中，本科以上学历的教师已经成为主体。一般中学招聘都要求本科以上。而在经济发达的东部地区及沿海地区的城市的中小学校要求越来越高，不仅挑选学生的学习成绩、思想政治表现、动手能力和综合素质，而且对毕业生的所在学校、性别都有要求，同时提高进入门槛，进而普通本科师范类毕业生就业变得艰难，面向中学教师的专科层次的师范毕业生则是难上加难。

其次是地区之间供需不平衡。我国是一个人口众多、幅员辽阔的发展中国家，各地区之间经济、文化、教育发展呈现出不平衡的态势。这种发展程度的差异导致了各地基础教育对师资的不同需求。在沿海与内地之间，城市和农村之间，甚至在同一地区的不同学校之间，都存在着对师资不同程度的需求差异。经济欠发达地区和农村乡镇中小学对教师的需求量大，但愿意去的毕业生少。而发达地区中小学的需求则表现为提升师资的层次，高中学校对师范生的学历要求较高，本科生几乎不太可能进入高中。据媒体报道，经济发达地区的不少高中招聘教师，都要求有研究生学历，不仅化学、语文、物理教师要求研究生学历，甚至是体育教师，都要求研究生毕业。[1]城市初中对硕士学位的毕业生也越来越重视，导致本科毕业生的竞争力越来越弱。

再次是不同专业毕业生供需不平衡。语文、数学、英语、计算机等中小学的基础课程，师资需求量大，而历史、化学、物理等小学科需求不旺，从而导致小学科的师范毕业生就业形势不佳。这种情况的出现与培养机构有很大关系。很多高等院校学科专业设置的结构不尽合理，在社会需求结构悄然发生变化时，并未做出迅速反应并进行相应的调整，而导致中小学需求量小的专业，学校却源源不断地供给，供需矛盾不可避免。因此，高校学科和专业设置的调整力度难以迅速适应社会和市场的实际需求，是导致师范毕业生就业难的一个重要原因。另一方面，除了专业设置结构不合理，专业培养口径过窄也是个问题。一直以来，我国教师教育秉承分学科培养的传统，专业学术导向的强化更忽视了对学科专业关联性、拓展性、综合性的把握，师范毕业生的专业方向过分精专，往往只能胜任一门学科的教学。即使用人单位有意接收，绝大部分的毕业生也

---

〔1〕 高学历教师越来越多 中学招老师六成是研究生[EB/OL].[2012-12-12]. http://www.177liuxue.cn/info/2012-9/325161.html.

很难根据市场需求调整自己的学科方向,最终造成就业的难题。

(二)成熟性欠佳:主流培养模式单一,新兴模式有待市场检验,并未真正形成多样化格局

进入21世纪以来,有不少高校开始尝试教师教育培养模式的改革。但从整体上看,我国中学教师的主体培养模式仍然是4年一贯制混合培养模式。有学者指出,这种一开始就确定身份,学科专业课程和教育专业课程同时进行的定向、单一的培养模式既没有强调大学教育的学术性,也没有突出教师教育的师范性,使学生既缺乏宽厚的专业理论基础,又缺乏必要的教育理论和教学实践能力,导致这些学生在从事教育工作后缺乏发展后劲。[1]

近年来,我国陆续有师范大学进行教师培养模式的改革,如北京师范大学、南京师范大学等,也取得了一些成效。但从总体来看,师范大学教师培养模式创新的改革力度小且成效低。对于这种现象,有学者认为,是因为改革者总是简单地以一种模式代替另一种模式,没有意识到师范大学教师培养是一个多元、复杂的系统工程,没有从整体上做系统分析。[2]

首先看四年制本科分段式培养模式。近年来,在国家大力推进教师教育体系改革的大潮中,各类高校纷纷对中学教师职前培养模式进行改革,主要有"3+1""2+2""2.5+1.5""3+0.5+0.5"等模式。这种创新进取的精神固然可嘉,但一拥而上、仓促上马也导致很多不成熟的试点模式的产生。这些看似纷繁复杂的新模式其实是万变不离其宗,就是将本科阶段有限的4年时间划分为不同的培养阶段,以期发挥最大的时间效能。但考虑到培养时间的紧迫性,职前教师作为社会中人,需要应对来自各方面的变量因素,过于复杂细化的模式反而容易在实际推行中受阻,不利于职前教师培养质量的提升。尽管这些模式是在批判传统的混合培养模式基础上产生的,但在实施的过程中依然存在诸多问题。由于没有考虑到现实环境的复杂性,有些模式从一开始实施,就注定了不可能取得好的结果。有学者指出,"3+1"模式看似科学合理,实则可操作性几乎等于零。[3] 当前教师教育机构的习惯做法是将教师教育课程安排在学

---

〔1〕 徐魁鸿.我国师范大学教师培养模式的现状、问题及成因分析[J].当代教师教育,2011(3).
〔2〕 徐魁鸿.我国师范大学教师培养模式群的建构初探[D].江西师范大学硕士学位论文,2005:5.
〔3〕 朱成科,秦秋田.教学型综合性大学创办教师教育专业的理论构划与实践变革[EB/OL].http://www.jydoc.com/article/1479748.html,2013-07-02.

科阶段的后期,本是为了凸显其重要性,促进教育实践与职前培训的衔接,但往往适得其反,因为职前教师在本科阶段的最后一年,参与实习、准备求职和考研、论文答辩等事项穿插交织,不仅时间上有所冲突,学习效率和质量上也有所降低。因此,应对本科分段模式的优化改革予以格外关注。

在有的发达国家,双学士学位培养模式是比较成熟的。但在我国,教师培养的双学位培养模式还属于新生代,比较少见,操作起来也比较麻烦。第二学位课程的安排一般不是在正常的学期内进行,而是单独编班,利用周末和寒暑假来实施。例如,某师范大学规定,申请修读"双学位"的学生达到35人,由有关学院单独编班,利用晚上、周末或寒暑假实施教学;如果申请修读"双学位"的学生人数不足35人,该年度该专业不再开展"双学位"教育。因此实施的难度是比较大的。如果授予两个学位的学校不是同一所,时间和地点问题对想获得双学位的学生则是一个很大的障碍,同样也阻碍着这种模式的推广。

再看教育硕士培养模式的问题。我国普通高校教育硕士专业学位教育自1997年开始试办至今已有十多年时间了,为基础教育培养了数以万计的优秀教师,产生了较好的社会效益。但是,教育硕士教育发展并不平衡,有的高校仅将其作为一个创收项目来开展,在培养过程中出现了种种偏差。所以,有学者指出,"4+2"虽满足了部分区域和学校对基础教育师资的需求,但在今后相当长的时间内,还不可能成为我国中小学教师培养的主体模式。[1]

(三)选拔性弱化:缺少或不注重对学生的入学甄选

教师教育的发展经验表明,教师教育专业在招生的选拔上仅仅重视学业成绩标准是不科学的。以美国为例。20世纪70年代以前,学术性标准一直是美国高校选拔职前教师的主要标准,强调学业成绩优异对从事教师职业的重要性。但有研究结果表明,平均学分、课程等级、标准化考试分数等指标高的学生,有些不能完成教师教育计划;有些毕业时根本达不到合格教师的标准要求;有些在入职后缺乏教育热情,对学生冷淡,而且离职率逐年上升。究其原因,在于这些学术性指标片面强调学习成绩,而忽视了"技能和能力、性格、情感和态度、职业道德倾向"等教师基本素养的重要性。[2]因此,当今许多国家对教师

---

[1] 蒋亦华.本科层次中小学教师培养模式的主体建构[J].江苏高教,2008(4).
[2] 曾琳.美国职前教师培养:入学选拔的视角[J].外国中小学教育,2013(10).

的职前培养都很注重提高准入标准,选拔不仅专业知识过硬,而且在专业品质上适合做教师的人选。

与发达国家相比,我国教师教育培养模式不注重对生源的选拔。很多高校的本科分段培养模式尽管可以根据学生的意愿进行分流,增强学生的就业选择面,但从源头上看,普遍缺乏对生源质量的控制。尽管我国的高校招生有着"严进"的传统,但大多数师范院校或综合大学的师范专业录取分数线并不高。有些地方院校为了保证生源,刻意放宽录取标准,在高校大扩招年代这种现象并不鲜见。在对生源的筛选标准上,缺少其他方面的非学术性标准,如人格特征、职业意愿、沟通能力、人生价值观等。这种选拔的低标准与当前中小学校招聘的高标准形成了很大的反差。

(四)综合性缺失:分科型中学教师培养的口径较窄

教育部2001年颁的《基础教育课程改革纲要(试行)》在基础教育课程改革的具体目标中提出"改变课程结构过于强调学科本位、科目过多和缺乏整合的现状,整体设置九年一贯的课程门类和课时比例,并设置综合课程,以适应不同地区和学生发展的需求,体现课程结构的均衡性、综合性和选择性"[1]。尽管课程综合化被确定为我国基础教育课程改革的重要内容,也是顺应世界各国课程发展的大趋势,但十多年来,高校师范专业的课程设置并没有真正地适应这一要求。

与美、英、澳等发达国家相比,我国教师教育专业培养口径较窄,往往针对单一的学科领域。多年以来师范毕业生的就业情况以及教师在专业发展中遇到的障碍表明,这种目标的定位弊大于利。

相比于口径宽的培养模式,由于分科型培养模式过于强调专业对口,因此导致毕业生的就业面比较狭窄。例如,物理学师范专业的毕业生不能顺利从事中小学的科学教学,更不能胜任其他学科的教学。这必然容易导致小学科方向的毕业生的就业问题。当前我国大部分地区,小学科方向的师范毕业生的需求量小,供应量大。学科的差异很可能造成就业的困难。每年各地的教师招聘中,语文、数学、英语等大学科需要的教师较多,而历史、地理等小学科需要的教

---

[1] 教育部.基础教育课程改革纲要(试行)[EB/OL].[2013-05-10].http://www.moe.edu.cn/publicfiles/business/htmlfiles/moe/moe_309/200412/4672.html.

师较少。如果培养口径单一,会导致很多想做教师的毕业生,甚至是很优秀的毕业生无法就业,这是一个很残酷的结果。还有一种情形是,有些专业设置过于超前,学科方向又过于狭窄,并不适合基层实际需要,毕业生想进入基层学校就业极难。比如,陕西师大有食品工艺专业的免费师范生,西南大学有日语专业的免费师范生,华东师大有心理学、教育管理等专业的免费师范生,等等。据报道,上述专业中,曾有学生找工作四处碰壁后找到就业指导中心的一位老师,说:"辛苦学了四年,却根本没地方要我们,那学校当初为什么要招我们!"[1]

窄口径的培养模式不仅容易造成就业困难,还会影响教师职后的专业发展以及中学师资的整合。在特殊情况下,例如当学科师资比例与现实需求有矛盾时,不同学科间的教师很难实现顺利转换,从而容易造成师资的浪费。

(五)持续性受限:中学教师职前培养与职后培训亟待贯通

教师的专业发展是终身的。"教师教育"应在学习化社会、终身教育思想的指导下,按照教师专业发展的不同阶段,对教师的职前培养和职后培训全盘考虑、整体规划和设计,体现教师教育连续性、阶段性、一体化的发展要求。

2002年,党的十六大报告确立了要在21世纪的头20年全面建设小康社会的战略目标,提出要形成比较完善的现代化国民教育体系和全民学习、终身学习的学习型社会,要加快教师教育的一体化进程。同年教育部颁布的《关于十五期间教师教育改革与发展的意见》中,对教师教育进行了界定:"教师教育是在终身教育思想指导下,按照教师专业发展的不同阶段,对教师职前培养、入职教育和在职培训的总称。"[2]教育部《2003—2007教育振兴行动计划》中提出:"改革教师教育模式,将教师教育逐步纳入高等教育体系,构建以师范大学和其他举办教师教育的高水平大学为先导,专科、本科、研究生三个层次协调发展,构建开放灵活的教师教育体系。实行职前职后教育相互沟通,学历与非学历教育并举,促进教师专业发展和终身学习的现代教师教育体系。"[3]这为我国教师职前培养与职后教育相整合指明了要求。

---

[1] 王培莲.免费师范生:夹在政策与市场间纠结未来[N].中国青年报,2011-01-17(03).
[2] 教育部.教育部关于"十五"期间教师教育改革与发展的意见[EB/OL].[2014-06-15]. http://www.chinalawedu.com/news/1200/22598/22615/22793/2006/3/we841541726111360023234-0.htm.
[3] 2003—2007年教育振兴行动计划[EB/OL].[2014-06-16]. http://baike.baidu.com/view/2987285.htm?fr=aladdin.

尽管"终身教育""职前职后一体化"的口号人尽皆知,但目前高校在中学教师职前培养方面的孤立性现象仍然比较突出。无论是学士后培养模式还是本科分段式培养模式,人力资源统筹理念的缺乏是普遍存在的问题。虽然我国的教师进修已经成为一种制度,近年来我国在教师培训方面也取得了相当的进展,但我国教师的职前培养和职后教育相互分离的基本态势并未得到根本性的扭转。普遍的情况是,高等师范院校和一些综合性大学基本上只负责教师的职前教育,而一些省级教师继续教育学院和地方培训机构则主要负责教师的职后培训。这就导致了对于教师的培养课程各自为政,教育内容存在低水平重复等现象。尽管近年我国对部分教师职前培养机构与职后培训结构进行合并或调整,但这种合并大多是外在的统一,在组织和管理上分离的状态没有得到实质性的改变,并没有实现对职前和职后的教育内容整体上的规划。因此离教师教育连续性、阶段性、一体化的发展要求还相差甚远。

从当前中学教师职前培养模式所存在的问题来看,其原因主要在于模式设计的市场适应性落实不到位,这里面有高校"船大难调头"的因素,有国家对新模式开发扶持力度不足的成分,也有市场这只"看不见的手"的配置因素。由于高校对于中学教师职前培养模式的调整与变革都必须在国家相关机构的监管与审批下进行,因此,教师教育发展政策及行为的前瞻性与指导性必须走在前列。

第三节　敏感度匮乏:落伍的课程体系

本科培养是我国中学教师培养的最主要模式,因此对课程体系的分析主要针对本科教师教育进行。如前所述,按照教师教育专业的性质,从课程的学科性质和功能上将课程分为三类:通识教育类、学科专业类与教育专业类三大类课程或三大模块。因此,本研究对教师教育专业的课程问题分析将从两方面进行:首先分析各类课程模块存在哪些问题(课程要素问题),然后再分析不同模块的比例关系和逻辑关系问题(图5-2)。

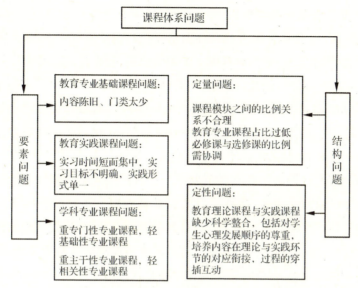

图 5-2　我国中学教师职前教育的课程体系问题

一、课程要素问题

从中学教师职前培养课程的整体构成上看,通识课程作为高校所有专业的公共课程,不独是教师教育专业所特有的,故其所存在的问题暂不属于本研究所讨论的范畴。其他方面的课程设置则存在一些不容忽视的问题,主要体现在如下几个方面:

(一) 教育专业基础课程问题

长期以来,以培养中学教师为主要职能的高等院校师范专业都开设了相应的教育专业课程,其中最重要的包括教育学、心理学及学科教学论课程。这三门课程是构成师范生专业知识体系的基础课程,也是体现师范教育的特色课程,在中学教师职前教育中具有举足轻重的地位。

但现实问题是,这些专门针对教师教育专业而设置的课程面临着鸡肋般的尴尬。为什么师范生学了教育学、心理学、学科教学论等大量的理论知识后却难以胜任教师一职? 这一问题很值得所有的教师教育研究者去深思。其原因固然是多方面的,但笔者认为,一个不容忽视的原因是教育专业课程门类简单、内容陈旧,不能和国际教师教育接轨,直接导致学生在专业知识和技能方面的欠缺,中学教师的培养质量与社会对中学教师的现实需求错位。

1. 教育专业课程内容陈旧,缺少时代感和国际视野

长期以来,以教育学为主的教育理论课程的教学现状令人担忧:教师缺乏教学的激情,照本宣科;学生同样缺乏学习的热情,草草应付。根据一项教师教育专业课程学习与评价的现状调查,所有被调查的教师对学生学习的态度和满意度大多数都是"不太满意",而学生自评情况也是"对教育类课程的学习投入相对较少"。[1]面对"学生厌学,教师厌教"的局面,我们必须要对教育理论课程教学进行深刻的反思,才能使其走出困境,回归到它应有的科学地位。

当前教育理论课程所存在的问题在于内容陈旧老套,编排枯燥乏味,拥有较多宏大宽泛的理论说教,而缺少对我国基础教育改革和教育教学实践的关注。作为基础教育师资培养源头的高校教师教育专业,本应走在基础教育课程改革的最前列,然而,现实恰恰相反。基础教育新课程改革所带来的教育理念、课程功能、结构、内容、评价等诸多变化没能真正地反映在高校师范专业的课堂和教学实践中。不仅如此,由于理论和实践的分离,教育理论课程在教学过程中过多关注知识的授递,惯于空洞理论说教,而忽视了引领学生对现实中鲜活的教育问题的理性思考和价值判断。这恐怕也是学生厌学的一大原因。

除了与时代、社会的脱节,教育专业课程内容的国际化程度不足也令人担忧。邓小平同志早在1983年就提出了教育的"三个面向"原则,即"面向现代化,面向世界,面向未来"。其中,"面向世界"就是要求我们不断提高教育的国际化水平。要提高教育国际化水平,就要有一个国际的视野,要站得高一些,看得远一些,想得长久一些。作为培养教师的教师教育专业更应和国际接轨,关注其他国家的教师教育。然而,我国高校的教育理论课程不仅没有真正吸收当代教师教育、或教育研究的新成果,也鲜有对国内外新的教育流派、教育改革新动态的关注,这是亟待解决的问题。

2. 教育专业课程门类太少,难以满足师范生专业发展的需要

教育类专业课程是中学教师职前培养课程中一个非常重要的组成部分,它所涵盖的内容也相当广泛,不是有限的教育学、心理学、学科教学论这些课程所能代表的。与几个代表性的发达国家的教师教育相比,我国高校的教师教育专业开设的教育专业课程门类太少,除了"老三门"课程之外,很少有真正为了促

---

[1] 陈雪,等.教师教育课程评价现状与体系的重建[J].文教资料,2009(26).

进职前教师专业发展的课程。尤其欠缺语言沟通类课程与教育教学研究课程。而对中学教师的职前培养而言,这两类课程都是教师专业发展的基础性课程,是提高教师培养质量的重要保障。

首先看语言沟通类课程。2011年一项关于某一师范学院教育实习的调查显示,实习生的组织沟通能力有待提高。在被调查的435名实习生中,25.52%的学生沟通能力强,有111人,43.27%的学生选择一般,还有31.21%的学生认为组织沟通能力弱。[1]一方面是学生沟通技能的弱化,而另一方面却是学校语言沟通课程的缺乏,这种错位与落差值得课程决策者深思。

其次看教育教学研究课程。基础教育需要具备一定教育教学研究能力的教师。研究型教师的增多体现了教师职业专业化程度的提升。目前新课程改革所倡导的研究性学习的开展、校本课程的开发、教育教学改革的实施和推动等,无一能离开研究型教师的贡献。然而在中学教师的职前培养阶段,教育教学研究能力的培养基本上聊胜于无。很多学校都为本科生开设了关于中学教育教学研究类的课程,但该类课程的评价仍然以传统的闭卷考试为主,很少采用小论文的形式。很多师范生根本不懂得教育教学论文的基本要求,更别提如何写。更让人不可思议的是,有很多学校教师教育专业的毕业生论文研究课题大多与中学教育教学无关。这些现象都从一定角度反映了教师教育专业课程设置与社会需求的偏离。

(二)教育实践课程问题

教育实习作为高等师范院校重要的实践课程设置,为学生提供了理论联系实际的实践机会。然而,我国高校师范专业教育实习的现状是,作为唯一一个体现教育实践性的教育实习顶着"高度重视"的帽子却流于"管理粗放"的形式,使得教育实习效果堪忧。在这方面很多专家都做过相应的研究:

韩立福等人的《高等师范院校教育实习现状调查报告》指出,目前我国高等师范院校在教育实习上具体存在的问题有:教育实习机制不完善、教育实习时间短、实习课程设置单一、实习方法单一、实习效果评估单一、指导老师队伍脆弱。[2]

---

〔1〕 李泽民.高师院校教育实习现状调查研究[J].广州广播电视大学学报,2011(3).
〔2〕 韩立福,等.高等师范院校教育实习现状调查报告[J].大学研究与评价,2007(11).

1. 实习时间短而集中

世界很多国家十分重视师范生实践性课程,在实践课程的时间设定上给予充分保证。根据国家劳工组织和联合国教科文组织对70个国家的调查,教师实践类课程一般占教师教育总课时的15%。[1]从表5-1可以看出,与发达国家相比,我国高校教师教育专业的教育实习时间明显偏少。我国当前本科教师教育实习时间一般是6~8周。大部分高校将教育实习安排在最后一年,而且是一次性集中进行。除去前期的动员准备与后期的总结和结束工作,只剩下5~6周时间能够真正地参与到中小学的教学实践中。

表5-1 部分发达国家与中国高校师范专业教学实践环节比较

国家	教学实践环节形式	时间
美国	模拟实习;早期实地经验;教学实习	75~100天
英国	到实习基地集中实习	24周
法国	连续性教育实践	486学时(占两年时间的25.7%)
德国	结合教育课程的实践活动;两年的顶岗教育实习	一学期每周4学时,另有两年的教育见习
中国	教育见习、教育实习	实习6~8周

资料来源:高悌.新世纪高师课程的研究与实践[M].天津:天津人民出版社,2007:235.

由于教育教学工作需要大量的实践经验,短短几周的实习显然对锻炼和培养师范生教学能力的作用有限。有的实习生只在随堂见习一两节课后,便独自上讲台试教;有的实习学校因为师资不足,甚至让实习生刚到便开始独立承担教学任务。这些情况下都难以保证教学效果。与此同时,还存在一种极端的情况,有的实习学校和指导老师出于对本校的教学质量的考虑,甚至不愿放手让实习生上课。实习生缺少实际的课堂教学体验,职前培养的成效自然大打折扣。

另外,实习时间过短还容易致使实习生的实习内容简单化,一般仅包括跟班听课、批改作业,加上一些简单的班级管理活动等,而最重要的课堂教学却极少得到训练。这种内容简单、时间短暂的实习非常不利于师范生的专业成长和就业,无法使师范生积累实践知识和经验,提升教学技能。师范生缺少实践经验,对于教育教学工作的胜任能力差,致使用人单位对刚毕业的师范生缺乏信

---

[1] 薛赛男.发达国家教师教育课程设置的特点及启示[J].世界教育信息,2006(10).

心,这是师范生难就业的一个重要因素。

2. 实习目标不明确

在中学教师的职前培养中,教育实习的目标究竟如何确立? 早在1957年,教育部颁发的《高等师范学校教育实习暂行大纲》中规定,教育实习的目的在于使师范生把平时学习中所获得的知识和技能综合地应用于教育和教学实践,使他们基本上具有在中等学校独立从事教育教学工作的能力。[1] 这一目标的表述中没有具体的要求和安排,明显过于笼统,因此无法起到真正的引导作用。2011年教育部颁发了《教师教育课程标准(试行)》,规定了教育实践课程的时间为18周,并对教育实践与体验层面的目标有了比较细致的描述。但由于教师培养的周期性和政策实施的滞后性,《教师教育课程标准》的相关规定还没有真正落实到各高校的师范专业。直至目前,我国高校师范专业的教育实习目标仍基本沿袭了1957年的《高等师范学校教育实习暂行大纲》中的规定。

目前我国师范生的教育实习工作多分为见习、教学和班主任工作实习、总结及完成教育调研报告这三个阶段。有些实习基地即使接收了实习生,但由于实习目标不明确,对各阶段的实习工作缺乏协调与监控,容易出现见习时间长而实习时间短的情况,教育调研流于形式,调研结论虚空。

3. 实践形式单一

学校的教育教学生活是形式多样、充满活力的,中学教师的职前教育实践虽然只是接触到实际教学的某些部分,但至少能够感受到它丰富多彩的一面。

然而,传统的教育实践模式设计存在两个明显的缺陷,第一是让实习生囿于学校组织结构的班级层面,参与学校和团队、年级层面的工作机会甚少,无论是实习班主任工作还是学科课程的教学实习,视角均过于狭窄,缺乏自觉贯彻学校精神的主动意识。[2] 这种过于狭隘的实习角色限定显然不利于师范生的教学经验积累。

除了实习视角狭窄,实习形式过于单调也是一个显见的问题。师范生的实习内容与形式主要是锻炼备课、上课的技能或充当教学助手等简单的班级管理工作,很少有机会参与学校生活;忽视作为学习促进者的学业指导、多种教学策

---

[1] 邓李梅,刘波.从比较中看我国高等师范院校教育实习存在的主要问题[J].湖北师范学院学报(哲学社会科学版),2009(1).

[2] 周勤.高等师范专业教育实践课程建构的理性思考[J].南京晓庄学院学报,2009(5).

略和现代教育技术的实践与应用、班级管理等全面的职业素质培养和锻炼。这不利于师范生在实质上与心理上形成对教育教学工作内涵、技艺、方法的丰富性、复杂性和创造性的必要认识。

另外,在实习内容的分配上,结构失衡现象较为突出,即实习生参与的杂务过多,而核心的关键的实习任务却被相对弱化,造成轻重倒置、主次不分。一项关于教育实习的调查指出:"除了授课、自习和担任班主任外,实习生还经常参与实习学校的其他一些活动,如协助举办画展、组织物理竞赛、带领学生参加运动会、运动会助理裁判、晚上查寝室……总体而言,实习生的工作量比较饱满,有的甚至略显过重,但从工作结构而言,相对失衡,主要实习任务——课堂教学相对薄弱。有调查研究指出,当前实习生讲课的类型多属于习题课或者复习课,指导教师大多不愿将讲授新课的内容交给实习生,这使实习生的授课类型比较单调,结构不合理。"[1]

(三) 学科专业课程的设置问题

学科专业课程设置的另一个问题是,课程设置立意狭隘,过于看重主干专业课程,而相对轻视或忽视其他相关的学科领域课程,导致学生缺乏对相关知识的融会贯通能力,尤其是培养理科教师的师范专业。例如,物理学师范专业的课程体系中缺少生物类、化学类课程;化学师范专业的课程缺少或忽视物理类、生物类课程;等等。从表5-2可以看出,××大学师范专业的相关学科专业课程设置情况就明显存在这种问题。这种口径过窄、知识结构单一的人才培养模式是与我国基础教育分科式教学实践的过程相对应的。由于学科专业课程的设置以单科为主,学生毕业后具备所从事的专门学科教学的专业知识,但不具备相对完整的科学知识结构和基本的综合科学素养。随着社会的发展及基础教育改革的深入,这种课程设置的弊端日益突出:毕业生的自身综合素质底蕴不足;相关学科涉及面少;对知识材料统整能力弱;多元化教学方法运用不足,难以应付教学情境中的综合性实际问题;等等。[2]

---

[1] 熊德明,刘伦钊.高师教育实习现状的调查与分析——以×学院实习生调查为例[J].襄樊学院学报,2011,32(4).

[2] 罗明东,陈瑶牛,亚凡.教师教育"综合型"培养模式的探索[J].大学研究与评价,2008(11).

表 5-2　××大学师范专业的相关学科专业课程设置

专业	相关学科	设置的必修相关学科课程及学分
数学与应用数学	物理学	大学物理(5学分);物理实验(1学分)
物理学	地球科学、化学、生物学	无
化学	物理学、生物学	大学物理(5学分);物理实验(1学分)

数据来源:根据××学院数学与应用数学、物理学、化学三个专业的课程设置安排表整理。

不仅如此,有的师范专业考虑学生在非教育领域的就业机会,往往会增加该学科领域的与教学无关的专业课程或专门课程,从而更加弱化相关学科专业课程的地位。例如,有的高校物理学专业课程设有模拟电子技术、数字电子技术;有的高校开设的学科专业的限选课中,有激光技术与应用、光电检测技术、光学信息与处理、光电子技术;等等。

二、当前我国教师教育专业课程结构问题

与要素问题不同,结构问题侧重于要素与要素之间的关系问题。这些关系有的可以用数量方法分析,有的则无法量化,只能采用定性方式分析。所以,中学教师职前培养的课程结构问题涉及课程之间的定量与定性关系。主要反映在两个方面:课程模块之间的比例关系,以及课程之间的纵向和横向的逻辑关系。

(一)定量问题:课程模块之间的比例关系

1. 教育专业课程比重太低

长期以来,我国高校师范专业在培养观念上过于强调学术性而轻视师范性,反映在课程设置上,则是突出学科专业课程,强调"教什么"的学科课程比重较大,而解决"怎么教"的教育类课程比重过低。这种设置方式无法体现教师教育专业的特殊性,致使师范教育特色不明显。

本研究选取了××大学,对教师教育专业课程进行具体分析。××大学是位于苏南地区的一所综合性大学。根据我们对××大学教师教育专业课程设置的统计,以及学者对美、日、中三国教师教育专业课程设置的相关数据分析,我们可以对美国、日本和我国的教师教育专业的课程结构做一下比较(表 5-3、表 5-4、表 5-5)。

表 5-3 中国、美国、日本教师教育专业课程结构对照表

国家	一般考试课程占比	学科专业课程占比	教育学科课程占比
美国	1/3	1/3	1/3
日本	37%	46%	17%
中国	20%	70%	10%

资料来源：张世爱.新课改视阈中教师教育课程的反思与构建[J].临沂师范学院学报，2008，30(2).

表 5-4 ××大学教师教育专业课程结构

	学科专业课程占比	教育类课程占比
汉语言文学(师范)	40.0%	11.3%
英语(师范)	50.6%	8.8%
数学与应用数学(师范)	36.3%	9.4%
物理学(师范)	36.3%	9.4%
化学(师范)	27.5%	10.6%

注：对××大学的课程进行了重新分类，教育实践课程即教育实习与理论课程分开统计。学科专业课程与教育类课程仅统计必修课程。

表 5-5 部分发达国家与中国高校教师教育专业教育类课程设置状况

国家	教育类课程门类	占总学时的比例
美国	教育专业指导课程：教育导论、美国社会的学校、教育史、教育哲学 教育专业基础课程：心理学与发展科学、学习理论、课程与教学、教学评估、现代比较教学技术等 教育专业课程：学科教育理论	18.4%
英国	教育原理、教育史、心理学、教育行政、教学技能、儿童发展、健康教育、课程设置等	25%
法国	教育哲学、教育史、主要教育流派、心理学、教育学、教育的法制和体制、教育技术和教学方法等	20%
德国	普通教育学、学校教育学、教育哲学、教育心理学、社会学、政治学和各科教学法等	25%
中国	教育学、心理学、学科教学论三门必修课、学科比较研究、学科奥赛辅导、计算机辅助教育等选修课	10%

资料来源：夏吉莉.当前我国高师本科院校教育类课程改革研究[D].云南师范大学硕士学位论文，2005.

从表5-5可以看出,××大学的教育类课程在总课程中的比例接近于我国的平均水平,但与美、日这些教育发达国家相比,仍然存在相当大差距。这一案例反映出,我国高校师范专业课程设置重视学科专业课程、轻视教育类课程这一现实问题仍亟待解决。

2. 必修课程与选修课程的比例关系需协调

教师教育专业课程结构的另一个重要问题是必修课与选修课如何配比。目前,高校本科专业的课程设置主要是依据教育部颁发的《本科教学手册》,但对课程性质的定位上,高校自身的灵活性很大。必修课是某个专业的学生必须参加学习的课程,而选修可是结合自身需要而进行选择性学习的课程。在必修课和选修课的安排上,每个学校的做法往往不同(表5-6)。从整体上看,高校普遍存在重视必修课,弱化选修课的现象,致使必修课和选修课不能协调共生。

表5-6 不同高校物理学(师范)专业必修课与选修课的比例关系统计

	必修课学分	要求的选修学分占总学分的比例
苏州大学	144学分	14%
苏州科技学院	164学分	18%
盐城师范学院	140.5学分	25.5%

数据来源:根据苏州大学、苏州科技学院、盐城师范学院物理学专业的培养方案整理。殷爱荪.苏州大学本科教学手册(2010级使用)[M].苏州:苏州大学出版社,2010:443 - 448;苏州科技学院.物理学专业培养方案[EB/OL].[2013 - 03 - 13].http://slxy.usts.edu.cn/News_View.asp? NewsID=282.

另外,从选修课的课程类别来看,我国高校教师教育专业的选修课设置存在明显的结构性缺陷。很多高校开设的选修课,往往较多考虑到学科专业知识的深化,而较少考虑教育专业知识的融入。开设的课程也往往是学科专业类的课程,没有充分考虑学生群体的学习意向和兴趣所在。这对于有意向在本学科领域某方面继续深造的学生来说,是非常有利的,但并不是所有学生都适合,尤其是对欲从事教师职业的师范生是不利的(表5-7、表5-8)。

表 5-7　××大学师范专业教育类选修课程统计

专业	专业选修课门数/总学分	教育类课程的门数/学分	要求的选修学分
数学与应用数学(师范)	28门/80学分	8门/16学分	19学分
物理学(师范)	11门/19学分	6门/8.5学分	8学分
化学(师范)	32门/62学分	2门/2学分	6学分

表 5-8　××大学师范专业教育类课程的必修和选修

	必修		选修
	通识必修	专业必修	
数学与应用数学(师范)	教育学 心理学 教师口语 书法基础 现代教育技术	中学数学教材教法研究	计算机辅助教学 中学数学建模 数学教育研究方法与论文写作 数学教育心理学 教育测量与评估 数学史
物理学(师范)		中学物理教学法 中学物理教学法实验	物理学史 物理演示实验 中学物理教材研究 中学物理实验研究 中学物理解题方法 计算机辅助教学设计
化学(师范)		化学教学论 化学实验教学与研究 化学教育研究	化学史 化学教学基本技能与训练

有些师资力量薄弱的高校,在选修课的安排上不是按需设置,而是以现有师资的专业和特长作为出发点进行课程安排,对学生兴趣爱好、社会的就业需要以及未来的专业发展考虑较少。这样做的弊端显而易见。在当前师范毕业生就业竞争激烈、形势严峻的情况下,对于中学学校的语文、数学、英语之外的其他小学科,中小学校在招聘时往往允许应聘者的转型。但由于师范生在职前阶段根本没有机会经历本学科领域之外的其他学科领域的教学训练,所以绝大多数毕业生都没有能力应聘其他学科方向的职位。这种现象在一定程度上反映了师范专业选修课的一个缺陷。

例如,××大学化学师范专业开设的专业选修课中有 32 门选修课,共 62

学分,但仅要求学生选6个学分,其中化学教育的课程有2门:化学史及化学教学基本技能与训练,仅占2个学分。物理学(师范)专业开设11门专业选修课,其中6门为教育类选修课,要求学生选8个学分。相比之下,数学与应用数学专业开设的专业选修课有28门,要求学生选19个学分,其中教育类选修课有6门。从中我们明显看出,不同专业对选修课程的安排持不同的态度。

(二)定性问题:教育理论课程与实践课程的整合

如前所述,课程体系的设计拥有两个维度:纵向组织与横向组织。纵向组织,也称为序列组织,就是按照某些准则以先后顺序排列课程内容;横向组织则是对同时开设的不同学科课程进行协调和统整。那么,这些纵向和横向组织的设计应遵循什么样的要求呢?

美国教育家泰勒提出组织课程内容的三个基本准则:连续性、顺序性和整合性。连续性准则具体表现为课程的纵向组织应有连续性,有直线式和螺旋式两种课程组织形式;顺序性强调每一后继内容要以前面的内容为基础,同时考虑符合学生的心理发展顺序,又对有关内容加以深入、广泛的展开;整合性则是试图在各种课程要素之间寻求内在的联系,克服分科所造成的支离破碎状态,以达到最大的学习累积效果。

从泰勒提出的三大准则看,我国高校教师教育专业课程体系一个严重的问题是:教育理论课程与教育实践课程在顺序性和整合性上明显欠缺。

从顺序性上看,我国教师教育专业课程安排的普遍做法是,把教育实习安排在所有的教育类理论课程之后,毕业前进行"终结性"或一次性的集中实习。这是一种"知而后行"的教育理论课程与实践课程组织形式。近年来的相关研究表明,这种组织形式有很多弊端。

表面看来,这种先理论后实践的安排是遵循"理论指导实践"的逻辑的,但这种模式并没有真正帮助职前教师完成理论知识到实践性知识生成的自然迁移,反而引发了被国外研究者称之为"转折性休克"(Transition Shock)或"现实冲击"(Reality Shock)[1]的现象,即新教师在任教第一年由于无法面对复杂的教育教学工作和价值冲突而带来的工作态度的急剧变化等,继而导致在职前教育阶段所形成的许多教育观念被实践经验"一扫而光"。杜威(Dewey, J.)也曾

---

[1] 白益民.教师的自我更新:背景、机制与建议[J].华东师范大学学报(教育科学版),2002(6).

指出,"理论"与"实践"的二元对立正是"教师职业的主要恶弊之一"。杜威说:"这种二元论可以说是无意识的、前后矛盾的,却是教师职业的主要恶弊之一。一方面,是对于抽象的自我活动、自我控制的原理与知性道德原理的崇高理论原理的狂热崇拜,另一方面是作为前提的教学论信条中的索然无味的学校教育实践。理论与实践之间倘若不是相互一体,基于教师个人的经验求得成长,那么,教师的个人经验终究也不可能成长。"[1]

正是这种一次性集中实习的教育实践方式,使教育理论课程与教育实践课程的安排顺序僵化,缺少互动贯通,无法实现真正的整合。由于师范生在进行教育理论课程学习时,缺少对中小学教育教学的实际接触,因此"理论"的学习缺乏了可被理解的土壤。而在教育实习中,由于实习目标定位太过分散化、教条化,完全依靠实习前学习到的教学理论,根本无法适应复杂的教学环境。因此,这样的教育实习对师范生的专业发展所应起到的和能起到的作用也就大打折扣了。

从中学教师职前培养课程所存在的问题来看,其形成的关键原因在于对教师专业化的认识程度与贯彻力度不足。教师职业的专业化必然要求教师在专业知识、专业能力及专业品质方面达成较高的要求,专业化内涵的缺失会导致教师职前教育定位方向偏颇、课程资源配置失衡,从而造成教师职前教育的竞争优势匮乏,影响到整个职前教师群体的培养质量。

第四节 专业性职业的含金量亟待提升:教师资格认证问题

与美、英等发达国家相比,我国的教师资格证书制度起步较晚,发展较慢。在具体实施过程中,从资格证书的认定到发放等多个环节都还存在很多问题,与我国的教育发展状况不适应,也与教师专业化发展的理念不相协调,需要不断更新与调整。

一、我国教师资格制度的建立与发展历程(改革开放—2010)

我国教师资格证书制度的建立与发展经历了一个不断探索的过程,其发展

───────
〔1〕 转引自:佐藤学.课程与教师[M].钟启泉,译.北京:教育科学出版社,2003:280,282,295.

历程可分为准备和确立与具体实施两个阶段,大体经历了从改革开放到21世纪发展的过程。这期间中国教育领域出现了很多载入史册的大事,如1985年第一个教师节、1986年开始实施义务教育、1993年颁布《教师法》、1999年颁布《面向21世纪教育振兴计划》、2006年《义务教育法》重新修订等。可以说,我国教师资格证书制度的建立和发展也是对教师教育发展历史的一个见证。

(一) 教师资格制度的准备和确立阶段

中国的改革开放对社会生活的方方面面都产生深刻的影响。改革开放的政策实施之后,我国的教育事业得到了快速的发展,教师队伍建设也迈开了新的步伐。为提高各级各类学校教师队伍的素质,国家针对教师的培养、培训和教师队伍管理颁布了一系列决定和政策。

1985年颁布的《中共中央关于教育体制改革的决定》中明确提出:"必须对现有的教师进行认真的培训和考核","要争取在五年或更长一点的时间内使绝大多数教师能胜任教学工作。在此之后,只有具备合格学历或有考核合格证书的,才能担任教师"[1]。这表明,我国已经开始为建立教师资格证书制度做准备。

1986年《中华人民共和国义务教育法》颁布,规定:"国家建立教师资格考核制度,对合格教师颁发教师资格证书。"[2]这是我国第一次以法律的形式提出要建立教师资格制度。同年9月,原国家教委颁布《中、小学教师考核合格证书试行办法》,规定只有具备合格学历或有考核合格证书的人才能任教。考核合格证书暂设教材教法考试合格证书和专业合格证书两种。"凡不具备国家规定合格学历的中小学教师,工作满一年以上者,可申请参加《教材教法考试合格证书》的考试;工作满二年以上并已取得《教材教法考试合格证书》者,可申请参加《专业合格证书》的文化专业知识考试。""《教材教法考试合格证书》标志着教师初步学习并掌握了所教学科的教学大纲、教材及基本的教学方法。""《专业合格证书》标志着教师具有担任某一学科教学所必须具备的文化专业知识和能

---

[1] 中共中央关于教育体制改革的决定[EB/OL].[2014 - 06 - 15]. http://baike.baidu.com/view/1824843.htm? fr = Aladdin.

[2] 中华人民共和国义务教育法(1986年)[EB/OL].[2014 - 06 - 15]. http://www.edu.cn/jiao_yu_fa_lv_766/20060303/t20060303_165119.shtml.

力,并能基本胜任所教学科的教学工作。"〔1〕实施合格证书制度以后,我国中学教师的学历合格率有了明显的提升。据有关统计,与1984年相比较,我国初中教师学历合格率由25.8%上升到59.5%;高中教师学历合格率由40.2%上升到52.1%〔2〕。

1993年10月颁布的《中华人民共和国教师法》(简称《教师法》)规定"国家实行教师资格制度"〔3〕。《教师法》第十至十四条对教师资格的标准和条件、认定程序等方面做出了原则规定。两年后,1995年3月18日第八届全国人民代表大会第三次会议通过《中华人民共和国教师法》(可称为新《教师法》),第三十四条规定,国家实行教师资格、职务、聘任制度,通过考核、奖励、培养和培训,提高教师素质,加强教师队伍建设。〔4〕两部《教师法》表明,我国已经以法律的形式确定了教师资格制度作为我国的教师职业许可制度。

根据《教师法》的规定,国务院又制定了《教师资格条例》,并于1995年12月12日颁布。该条例对教师资格的分类与适用范围、教师资格条件、教师资格考试、资格认定、资格丧失及撤销等方面给出了明确的规定。这些法规与其他相关政策的相继出台,标志着我国以法律的形式确立了教师资格认证制度,体现了国家依法治教、依法管理教师队伍的决心,为教师职业走向专业化提供了制度保障。同时表明,无论是制度层面,还是实践层面,教师资格制度在我国都已经具备了实施的条件。

(二) 教师资格制度的具体实施阶段

1996年1月,根据《教师法》的授权,原国家教委颁布了《教师资格认定的过渡办法》后,我国的教师资格制度开始正式进入实施阶段。为了更好地推进教师资格认定工作的实施,教育部在上海、江苏、湖北、广西、四川、云南6个省(区、市)的部分地市进行教师资格认定试点工作。经过两年多的准备,2000年9月,教育部正式颁布《教师资格条例》实施办法后,教师资格制度工作在我国

---

〔1〕 中、小学教师考核合格证书试行办法[EB/OL].[2014 - 06 - 15]. http://www.law-lib.com/lawhtm/1986/3858.htm.

〔2〕 包秀荣.我国教师资格制度的形成及其意义[J].内蒙古民族师院学报(哲社版),1996(4).

〔3〕 中华人民共和国教师法(1993年颁布)[EB/OL].[2014 - 06 - 16]. http://www.gov.cn/banshi/2005 - 05/25/content_937.htm.

〔4〕 中华人民共和国教师法(1995年颁布)[EB/OL].[2014 - 06 - 16]. http://www.nes.gov.cn/10054/10054/10001/2011/59507.htm.

全面正式开展。自此,我国的教师资格制度实施工作开始进入正常有序化阶段,成绩显著。据相关统计,从2001年全面实施教师资格制度以来,截至2004年12月底,共认定各级各类教师资格约510.5万人,超过一半的省(区、市)的教师资格认定工作已经转入正常化。[1]

因此,我国的教师资格制度历经时代的变迁,经过不断的探索,终于从无到有、从小到大地建立起来。作为一种发展之中的制度体系,我国的教师资格证书制度在适应国情、国力的基础上也形成了自身特色。但由于建立时间不长,与发达国家成熟的教师资格证书制度相比,我国的教师资格证书制度还不够完善,存在诸多问题或不足。随着我国教育事业的不断推进,它也必将得到进一步的发展和完善。

二、我国教师资格证书制度存在的问题分析

由于我国的教师资格制度建立时间较短,所以问题也比较多,对教师队伍素质的保障效果也不显著。我国教师资格认证制度存在的问题主要体现在如下几个方面:

(一)教师资格证书分类问题

我国《教师资格条例》对教师资格类别的规定有7类:幼儿园教师资格、小学教师资格、初级中学教师资格、高级中学教师资格、中等职业学校教师资格、中等职业学校实习指导教师资格、高等学校教师资格。这种划分方法简单明了,便于操作,但其弊端也是显而易见的。

1. 自上而下的覆盖制度不符合教师专业化的要求

《教师资格条例》第五条规定,取得教师资格的公民,可以在本级及其以下等级的各类学校和其他教育机构担任教师。这表明,拥有高校的教师资格就可以在任何学段的学校任教。这是一种自上而下的教师资格覆盖制度。事实上,不同年龄段的学生具有不同的心理发展特点,教学对象的年龄不同,教师的教育教学的方式方法也必须不同。没有经历过中学教师教育训练的大学教师不一定能够成为一个合格的中学教师。因此,教师资格无条件的自上而下的覆盖

---

[1] 教育部教师资格认定指导中心.2004年全国教师资格制度实施工作座谈会会议纪要[J].教师资格制度实施工作简报,2005(1).

显然是有问题的,不符合教师专业化特点。

2. 教师资格的通融性缺少细化规定

对新入职教师而言,由于现行教师资格只是对申请人能力、水平、条件的认定,而且是开放性的,因此一个人可以具有多种教师资格。但是根据规定,同一申请人不能在同一自然年内申请两种及以上教师资格。这在一定程度上限定了教师资格的学科通融性。对师范专业的应届毕业生来说,就业环境存在诸多不确定因素,由于不同学校对不同学科的需求及编制不同,过分限制任教学科可能会影响其就业机会。

对在岗教师而言,我国初级中学和高级中学都实施分科教学,教师资格证书对持证人所能任教的学段、学科亦有明确规定。由于受到人才市场需求、学校岗位编制、教师个人发展目标等因素的影响,某些情况下教师资格证书上标注的任教学科需要转换、更新或添加。但教师资格证书制度对现行教师资格融通性的规范甚少,对于不同种类、不同学科之间是否可以融通、如何融通等问题都没有明确规定,导致很多学校漠视证书使用范围,滥用教师资格随意跨学科授课。这种随意性的教师资格通融做法既无主管部门的审批许可,名不正言不顺,也忽略了不同学科之间的专业差异,不利于教师的专业成长。

3. 教师资格认证缺少层次性或等级区分

目前我国教师资格认证中,有关于学段的类别规定,但每一类别中采取较为单一的合格制,没有设置层次或等级。换句话说,当前的教师资格认证只为教师从业确定了最基础的准入要求,而无法体现不同教师的等级区分。由于没有"鞭笞"教师不断努力进取的等级制度设计,长此以往,教师中就容易出现死守"铁饭碗"、养尊处优、不思进取的职业倦怠现象。[1]

(二) 教师资格认定标准偏低

1. 对中学教师的学历要求较低

我国中学教师的资格认定标准是由《教师法》《教师资格条例》《教师资格条例实施办法》等规定的。《教师法》规定了中学教师资格的学历条件。我国《教师法》第十一条规定,取得初级中学教师资格,应当具备高等师范专科学校或者其他大学专科毕业及其以上学历;取得高级中学教师资格和中等职业学校

---

[1] 李金芬,史晓宇.我国教师资格制度发展浅析[J].曲靖师范学院学报,2008(5).

教师资格,应当具备高等师范院校本科或者其他大学本科毕业及其以上学历。

从世界范围看,这种规定落后于世界平均水平,既不利于高素质教师人才的选拔,也有悖于教师专业化发展的趋向。很多教育发达国家对于教师学历的要求明显高于我国。

2. 对中学教师的学位要求缺位

对学生而言,从学习收获来看,学历代表着学习的经历,证明了一个人学习的时间和过程,但学位是对个人所学知识达到一定水平的认可,代表着学习水平和层次。因此,学位的价值要超过学历。

在我国对教师资格认定的标准中,仅规定学历要求,没有学位要求。这在教育大扩张的年代是可行的,但在追求教育质量内涵式提升的新环境里,远远滞后于教师专业化发展的思路。由于毕业证书仅要求毕业生学满学制规定的年限,完成教学计划规定的全部课程,各科成绩合格者就可以获得毕业证书。而学位证书是证明毕业生专业知识和技术水平而授予的证书,获得学位意味着被授予者的受教育程度和学术水平达到了规定标准。一般高校的学位证书对课程成绩的要求明显高于毕业证书。对申请教师资格者没有学位的要求,与发达国家要求教师资格申请者必须具备学士学位的现实明显有很大差距,因此也无法保障持有教师资格证的职前教师的整体质量。

在20世纪80至90年代,美国"50个州、哥伦比亚特区和波多黎各共52个行政区域,均要求中小学教师具有学士学位"[1]。据有关统计,2000年前,美国所有州的教师都已拥有了学士学位,其中42%的中学教师拥有硕士学位,甚至4%的中学教师拥有了博士学位。[2] 不仅是美国等教育大国如此,德国、芬兰、法国等人口较少的国家也同样追求精英教师教育。有相关报道称:"早在1979年,芬兰国家教育委员会就明确表示:教师属于研究型人才,必须具备硕士或硕士以上学历。给中小学教师如此高的定位,世界上独一无二。在芬兰,报考师范院校比报考普通大学难度大得多,录取率仅1/10。除了多种考试层层把关、逐级选拔,还要面试,被认为具有创新能力、教学热情、终身学习能力者,方可被师范院校录取。"[3]

---

[1] 苏真. 比较师范教育[M]. 北京:北京师范大学出版社,1991:39.
[2] 宁虹,刘秀江. 教师成为研究者:教师专业发展的一个重要趋势[J]. 教育研究,2000(7).
[3] 社春. 创世界最佳教育模式——芬兰是如何做到的[N]. 人民日报海外版,2013-11-30.

3. 中学教师资格认定的教育教学能力要求亟须完善

除学历外,《教师资格条例实施办法》第二章规定,申请认定教师资格者具备承担教育教学工作所必需的基本素质和能力,具体测试办法和标准由省级教育行政部门制定。[1]但是,关于教育教学能力的测评,在具体实施和组织上存在不少问题。

首先,师范毕业生直接获得教师资格认定,缺少教学能力测评环节。一直以来,师范生与非师范生资格认定实行"双轨制",即各级各类学校师范专业的毕业生和非师范专业的毕业生在教师资格认定上的条件要求不同。《教师资格条例实施办法》第十六条明确规定,各级各类学校师范教育类专业毕业生可以持毕业证书,向任教学校所在地或户籍所在地教师资格认定机构申请直接认定相应的教师资格。[2]根据有关规定,师范毕业生只需提供在校时所修的教育学与教育心理学的成绩以及教育实习鉴定表就可以直接获得教师资格。在我国,各个高校对教育实习的评价一般都是非常宽松的,无论师范生在实习中的表现如何,师范生的实习成绩一般都能达到及格以上甚至更好的成绩。这和发达国家严格的教师资格认定条件相比,我国对师范生的教师资格认定要求是很低的。

其次,对非师范专业毕业生的教育教学能力测评缺少专业化要求。2013年前,非师范专业的毕业生申请教师资格,则需通过教育学、心理学和学科教学论三门课程。非师范院校毕业生只要符合学历要求,教师资格考试合格,即给予教师资格认定,而对其是否学习过作为教师职业所必需的教育专业相应课程未做出具体的规定。因此,即使通过教师资格认证,如果没有经过专门的教育专业理论学习及教育实习的训练,非师范生的教学能力也是无法保证的。

再次,与发达国家对教师资格申请者的教育教学实践有较高的要求相比,我国的教师资格认定标准重理论,轻实践,尤其是对非师范类毕业生申请教师资格没有教学实践的具体要求。忽视实际经验的资格认证评价体系必将导致教师在实际教育工作中的困难重重,造成许多人虽持有教师资格证却仍然成不

---

[1] 国务院. 教师资格条例[EB/OL]. [2012–10–03]. http://baike.baidu.com/view/438067.htm? fr = aladdin.

[2] 国务院. 教师资格条例[EB/OL]. [2012–10–03]. http://baike.baidu.com/view/438067.htm? fr = aladdin.

了教师,也是一种人力资源的浪费。

由上述规定可以看出,申请教师资格认定的"门槛"较低,缺少对教师专业水平、专业素养的测评,不能体现申请者是否真正具备教学实力。

4. 对中学教师的职业道德标准要求有待细化

一直以来,我国秉承着尊师重教的传统,教师也被视为一种神圣的职业。俗话说:教师是太阳底下最光辉的职业。这不仅是指教师这个职业具有专业性、创造性,更重要的是其道德的表率性。学生的学习成长表现与教师的教育有着千丝万缕的联系,因此教师职业对教师的思想道德境界有着很高的要求。这种要求不仅体现在社会民众的舆论期待中,更昭示在国家的相关文件规定中。因而其重要性不可低估。

我国《教师资格条例》实施办法第六条规定,申请认定教师资格者应当遵守宪法和法律,热爱教育事业,履行《教师法》规定的义务,遵守教师职业道德。[1] 但思想品德、师德等软指标仅靠一纸证书或一个公章难以证明。有学者指出:"我国现在对教师思想品德的鉴定就是一张表格,由申请人的工作单位或者户籍所在乡镇(街道)对其工作表现、热心社会公益事业的情况、遵守社会公德的情况、有无行政和犯罪记录作出鉴定。这种鉴定得到的信息多是华而不实、千篇一律的,难以真正的衡量和判断一个人的道德水准;而且道德本身是隐性的,如何通过显性的行为或者制度来评判隐性的道德问题本就是一个高难度的问题。"[2] 因此,不仅职业道德标准的要求需要细化,如何保证材料的真实性、如何增强评价的可执行性也是急需考虑的问题。

(三)资格证书有效期问题

一直以来,我国对教师资格认定的过程建立在静态的标准基础之上的。在一般情况下,教师资格则属于"终身资格","一朝拥有,终身受用"。只有发生极端特殊的情况,才会出现教师资格丧失或撤销的情况。我国《教师法》第十四条规定了丧失教师资格的条件,即"受到剥夺政治权利或者故意犯罪收到有期

---

[1] 教育部.《教师资格条例》实施办法[EB/OL].[2012 - 10 - 03]. http://www.edu.cn/20010907/3000612.shtml.

[2] 付超慧.我国教师专业化背景下的教师资格制度研究[D].四川师范大学硕士学位论文,2010:19.

徒刑以上刑事处罚的"〔1〕,丧失教师资格。《教师资格条例》第十九条规定了教师资格丧失或撤销的条件:"有下列情形之一的,由县级以上人民政府教育行政部门撤销其教师资格:(一)弄虚作假、骗取教师资格的;(二)品行不良、侮辱学生,影响恶劣的。"〔2〕但除此之外,《教师法》与《教师资格条例》中对教师资格认证的有效期都尚未做出明确规定。

应该说,在师资短缺的特定历史时期,教师资格的终身制对于提升教师职业的吸引力,保证教师从教的稳定性起到了重要作用。但随着社会和教育的快速发展,教师的社会地位和待遇越来越高,教师职业已经成为一个比较有吸引力的职业。终身制的教师资格证做法与不仅教师的专业发展不相符,也与我国层次相当的其他职业资格要求不对称。因为,教师的专业成长与发展是伴随着教师职业的全过程的。随着社会和教育的发展,知识更新速度越来越快,基础教育对教师的专业素养要求会越来越高。在这种态势下,教师资格终身有效,在一定程度上消解着教师专业发展的主动性和自觉性,也淡化了教师专业资格的严肃性。"在终结性、一次完成的模式中,无论进行什么样的改革,由于制度的限制,都不能够从实质上解决教师培养和教育的质量问题。"〔3〕因此,从长远看,教师资格终身有效明显不利于师资队伍水平的提高。

(四)教师资格认证组织系统不完善

在我国,《教师资格条例》实施办法规定了县以上地方人民政府教育行政部门为教师资格认定机构。第四条规定:"国务院教育行政部门负责全国教师资格制度的组织实施和协调监督工作;县级以上(包括县级,下同)地方人民政府教育行政部门根据《教师资格条例》规定权限负责本地教师资格认定和管理的组织、指导、监督和实施工作。"《教师资格条例》第十三条规定:"初级中学教师资格,由申请人户籍所在地或者申请人任教学校所在地的县级人民政府教育行政部门认定。高级中学教师资格,由申请人户籍所在地或者申请人任教学校所在地的县级人民政府教育行政部门审查后,报上一级教育行政部门认定。"第十

---

〔1〕 中华人民共和国教师法(1993年颁布)[EB/OL].[2014-06-16].http://www.gov.cn/banshi/2005-05/25/content_937.htm.

〔2〕 国务院.教师资格条例[EB/OL].[2012-10-03].http://baike.baidu.com/view/438067.htm?fr=aladdin.

〔3〕 荀渊,唐玉光.教师专业发展制度[M].北京:教育科学出版社,2011:63.

六条规定:"各级各类学校师范教育类专业毕业生可以持毕业证书,向任教学校所在地或户籍所在地教师资格认定机构申请直接认定相应的教师资格。"十九条规定:"教师资格认定机构或者依法接受委托的高等学校应当组织成立教师资格专家审查委员会。教师资格专家审查委员会根据需要成立若干小组,按照省级教育行政部门制定的测试办法和标准组织面试、试讲,对申请人的教育教学能力进行考察,提出审查意见,报教师资格认定机构或者依法接受委托的高等学校。"[1]

由此可见,县级以上教育行政主管部门对教师资格的认定具有管理权。但是,这种体制存在很多漏洞。

首先,单一的认定机构容易导致认定视角的单一性。我国教师资格认证系统中教育行政部门所占的权重大,而专业团体的参与力度小。有学者指出,教育行政机构与办学单位或学校之间是一种管理者与被管理者的关系,在总体上他们是一种同盟关系,即所谓的"教育同盟"。"教育同盟"的双方往往都以教育内行自居。所以,单纯由"教育同盟"的一方——教育行政机构负责教师资格的认定,就可能会由于它们认定的视角的单一性,而排斥它们单方面认为不够条件的教师资格申请者。[2]

其次,长期以来,我国依法接受委托的高等院校也属于教师资格认定机构,师范专业毕业生只需要参加学校的各门课程考试,而不需要参加统一的教师资格考试。在这种情况下,由于高等院校既是教师培养机构,又是教师资格认定机构,很难避免对本校学生出现感情倾斜而降低资格认证的标准。这种职能授权的不合理性会直接导致师资培养质量难以得到保证。

再次,分级认证导致政策失真。教育行政部门分级认证,缺乏类似美国"教师教育认定委员会"这样的教师教育认定机构来统一教师专业标准。这种分级认证容易导致教育学、心理学、教学法的培训与考试各自为政,缺乏统一标准。尤其是面试和试讲环节,由于缺乏严格的监督,对申请人的学识水平、实际教学能力、教育潜质等缺乏客观的判断,根本不利于人才的选拔。长此以往,教师资格考试的社会公信力不断受到质疑,致使教师资格证的含金量始终得不到

---

[1] 国务院.教师资格条例[EB/OL].[2012-10-03]. http://baike.baidu.com/view/438067. htm? fr = aladdin.

[2] 荀渊,唐玉光.教师专业发展制度[M].北京:教育科学出版社,2011:61.

提高。

最后,对教师资格考试的监管力度不够,导致容易滋生违规甚至是腐败现象。有学者指出,由于我国现有教师资格监督机制包括对认定机构的监督,在认定机构只有教育行政机构的情况下,教师资格的认定结果就成了教育行政部门的一家之言,易让投机取巧者或者滥用职权者有机可乘,最终让教师资格的认定出现不公正的现象。[1]据报道,有些地方的教育行政部门甚至以此为创收手段,假培训、考试之名,行敛财之实,实际上等于降低了教师职业准入门槛,使一些"伪师""劣师"得以"混进"教师队伍。[2]某些地区的教师资格考试管理不太严格,还催生了一条贩卖教师资格证件的黑色"产业链",只要花钱,不要培训,不必参加考试,就可以买到真实有效的教师资格证。[3]卖证犯罪事件的发生暴露了教师资格证件管理制度存在漏洞,因此必须加大对教师资格考试和认证的监管力度。

综上所述,我国的教师资格证书制度在证书的分类、认定的标准、有效期以及组织系统上都存在诸多问题,因此,对资格证书制度的改革和完善已经势在必行。究其核心原因,是国家的教育管理部门及政策研究机构对教师职前培养市场的预判性不足。对市场的科学预判是政策或制度前瞻性的重要保证。在当今的社会环境中,制度最关键的作用在于指导或引领,尽管很多制度的出台源于对现有问题的改革与解决,但由于调研、论证及决策均需要时间,在这个时间过程中,市场需求、社会风向、国际潮流等外部环境都在变化,如果制度设计者的思想超前量不足、眼界局限性过强,就容易导致制度产生滞后性,制度追着变化跑,永远赶不上变化,这就有悖于制度制定的初衷。另外,科学的预判是立意高远与务实执行的有机结合,细节的完善性及可操作性必不可少,否则以前瞻之名而走向形而上学极端的制度也将形同虚设,完全丧失了制度制定的题中之意。

---

〔1〕 付超慧.我国教师专业化背景下的教师资格制度研究[D].四川师范大学硕士学位论文,2010:21.
〔2〕 汉江风.面向社会认定教师资格期待完善[N].中国青年报,2003-08-04.
〔3〕 吕山山.教师资格证在网上公然叫卖 检察官称已成产业链[EB/OL].[2013-12-10]. http://news.china.com.cn/shehui/2013-06/19/content_29165779.htm.

本 章 小 结

作为一个开放性的系统,中学教师职前教育体系所存在的问题不仅仅是系统内部的问题,更重要的是系统内外由于信息错位、沟通不畅所导致的市场研判失准、市场适应性不足等问题。在不同的环节,这些问题的具体表现不同。

首先是培养目标问题。因培养目标受培养理念、培养标准的影响甚大,中学教师职前培养目标所存在的问题也主要从这三个方面予以分析,主要体现在培养理念偏差、培养标准落伍、培养目标错位等方面。

在中学教师职前培养模式的设计方面,主流培养模式单一、成熟性欠佳,与社会需求存在一定程度的脱节,分科型教师培养的口径较窄,不注重对学生的入学甄选,职前培养与职后培训缺少连贯性等,都是亟待解决的问题。其原因主要在于模式设计的市场适应性落实不到位,导致培养过程偏离预期目标,培养质量受到影响。

在中学教师职前培养内容的设置方面,课程要素与课程结构体现出两类性质的问题。课程要素问题主要体现在教育专业课程、学科专业课程及教育实践课程的不足方面;课程结构问题主要体现在教育专业课程比重过低、必修课选修课不协调、理论课与实践课缺少整合等。对教师专业化内涵认识不足、对教师专业化力度贯彻不够是导致课程配置不合理的主要原因。

在中学教师职前培养成果的检验方面,主要存在教师资格证书分类不合理、教师资格认定标准偏低、资格证书有效期设定需要细化落实、资格认证组织系统有待完善等问题。究其核心原因,是国家的教育管理部门及政策研究机构对教师职前培养市场的预判性不足。

当然,这些问题与不足有着复杂的社会文化背景,且很多问题之间相互穿插、关联。社会在发展,生活在进步,教育更是在飞速变化,在这个日新月异的大时代里,中学教师职前教育体系只有经历不断的改革,才能越来越符合教师专业化的要求。

第六章 实践与进展：2010年后我国中学教师职前教育改革

鉴于我国中学教师职前教育体系存在的诸多问题，国家教育管理部门及教师教育机构均展开了各种改革实践。无论是教师专业标准的出台、教师教育课程标准的颁布，还是教师资格考试制度的试点；无论是整体层面教师教育层次的转型，还是高校各自推陈出新的培养模式，都表明我国在提高教师职前教育专业化水平方面所付出的不懈努力。当然，教师专业化发展是个螺旋式渐进发展的动态过程，对教师职前教育的改革也并非一蹴而就，这个过程注定要经历不断的构思、实践、反馈、调整与磨合。本章就2010年后来我国在中学教师职前教育方面的改革实践状况予以梳理和分析。

第一节 改革在途中：2010年后的改革实践与成效

进入21世纪以来，我国的教育事业发展迅猛。师资队伍作为教育事业发展的基础，历来受到党中央、国务院的高度重视。党的十六大以来，各地区各有关部门采取一系列政策措施，大力推进教师队伍建设，取得显著成绩。21世纪的第二个十年，将是我国提供更优质教育的十年。为了促进教师的专业化发展，国家相继出台了各项关于教师教育发展的政策，对规范教师队伍培养、提高教师整体素养和专业化水平起到了极大的推进作用。在政策的引导下，教师教育机构也纷纷行动，进行人才培养方案的改革并付诸具体实践中。

一、2010 年后的教师教育发展新政策

一个国家教师教育的成败关键在于否有拥有良好的政策环境和制度背景。进入 21 世纪的第二个十年,各种教师教育发展新政策相继出台,为我国的教师教育走向专业化提供了良好的环境和平台,充分显示出国家政府对于师资教育与培养的倚重。

(一)《中学教师教育课程标准》的颁布

教师教育机构在制定中学教师职前培养的课程体系时,必须要遵照国家教育部规定的相关专业标准和课程标准。很长时期以来,我国高校教师教育专业制定的培养内容大都依据教育部颁布的《普通高等学校本科专业目录和专业介绍》(简称《本科专业介绍》)中对师范类专业的参考性规定。这种做法的优点在于可操作性强,通过类比与参照可以拓展教师教育类专业的培养界面,增强学生的就业弹性,但对教师教育的专业性、特殊性凸显不够。众所周知,教师教育课程是塑造教师专业性的关键节点,其规范化程度如何、在整体课程体系中的占比高低、教师教育课程的实施方式是否科学,都将直接关系到教师教育的内在质量,并影响着师范生未来的职业生涯规划及专业水平发展。

为深化教师教育改革,全面提高教师培养质量,建设高素质专业化教师队伍,教育部于 2011 年颁发了《教师教育课程标准(试行)》,这成为中学教师职前教育课程设置的制度性依据。

《教师教育课程标准》体现国家对教师教育机构设置教师教育课程的基本要求,是制定教师教育课程方案、开发教材与课程资源、开展教学与评价,以及认定教师资格的重要依据。中学职前教师的教育课程目标分为三大领域:教育信念与责任、教育知识与能力、教育实践与体验,具体分为儿童发展与学习、中学教育基础等 6 个师范生必修的学习领域,每个学习领域又对应着不同的课程模块供教师教育机构选择或组合,如表 6-1 所示。

表6-1 四年制中学职前教师教育课程设置

学习领域	建议模块	学分要求
1. 儿童发展与学习 2. 中学教育基础 3. 中学学科教育与活动指导 4. 心理健康与道德教育 5. 职业道德与专业发展	儿童发展；中学生认知与学习等。教育哲学；课程设计与评价；有效教学；学校教育发展；班级管理等。中学学科课程标准与教材研究；中学学科教学设计；中学综合实践活动等。中学生心理辅导；中学生品德发展与道德教育等。教师职业道德；教师专业发展；教育研究方法；教师语言；现代教育技术应用等	最低必修学分 10学分
6. 教育实践	教育见习；教育实习	18周
教师教育课程最低总学分数（含选修课程）		14学分+18周

资料来源：教育部. 教师教育课程标准［EB/OL］.［2013-01-15］. http://baike.baidu.com/view/6707321.htm? fr = aladdin.

通过对我国中学教师教育课程标准的解读不难发现，该标准针对我国教师教育课程设置的弊端，立足改革开放以来的改革实践，并借鉴国际教师教育的经验，体现出与时俱进的两大特点。其一是"儿童为本"。这是"以人为本"在教师教育中的具体体现，意在发现儿童、了解儿童、尊重儿童，保障每一个儿童的基本人权、学习权；当然，这里的儿童是取其广义概念，大致包括小学与中学阶段的年龄段学生。其二是"实践取向"。教师是一种实践型职业，执教过程本身就是实践过程，两者合二为一。根据我国中学教师教育课程标准的要求，新时代的教师应定位为反思性实践者，其工作是理论指导下的实践活动，同时又是在复杂多变的实践情境中通过实践问题的解决和实践经验的反思，而形成自身的实践智慧、发展教学风格的过程。教育实践能力是教师专业成长的核心。因此，教师教育课程应当重视个人经验、强化实践意识、关注现实问题，把理论学习与实践反思结合起来。

（二）《国务院关于加强教师队伍建设的意见》的发布

十年树木，百年树人。教师队伍是一种特殊的人力资源。与社会上的其他人力资源类型相比，教师资源的专业化培养与管理更具有社会功能的不可替代性。为深入实施科教兴国战略和人才强国战略，进一步加强教师队伍建设，2012年国务院发布了《关于加强教师队伍建设的意见》，提出了要大力提高教师

第六章 实践与进展:2010年后我国中学教师职前教育改革

专业化水平。其中关于中学教师职前教育的专业化方面,主要有以下意见[1]:

其一,完善教师专业发展标准体系。根据各级各类教育的特点,出台幼儿园、小学、中学、职业学校、高等学校、特殊教育学校教师专业标准,作为教师培养、准入、培训、考核等工作的重要依据。制定幼儿园园长、普通中小学校长、中等职业学校校长专业标准和任职资格标准,提高校长(园长)专业化水平。制定师范类专业认证标准,开展专业认证和评估,规范师范类专业办学,建立教师培养质量评估制度。

其二,提高教师培养质量。完善师范生招生制度,科学制订招生计划,确保招生培养与教师岗位需求有效衔接,实行提前批次录取,选拔乐教适教的优秀学生攻读师范类专业。扩大教育硕士、教育博士招生规模,培养高层次的中小学和职业学校教师。创新教师培养模式,建立高等学校与地方政府、中小学(幼儿园、职业学校)联合培养教师的新机制,发挥好行业企业在培养"双师型"教师中的作用。加强教师养成教育和教育教学能力训练,落实师范生教育实践不少于一学期制度。鼓励综合性大学毕业生从事教师职业。

其三,完善教师培养培训体系。构建以师范院校为主体、综合大学参与、开放灵活的中小学教师教育体系。依托相关高等学校和大中型企业,共建职业学校"双师型"教师培养培训体系。推动高等学校设立教师发展中心。依托现有资源,加强中小学幼儿园教师、职业学校教师、特殊教育教师、民族地区双语教师培养培训基地建设。推动各地结合实际,规范建设县(区)域教师发展平台。

其四,严格教师资格和准入制度。修订《教师资格条例》,提高教师任职学历标准、品行和教育教学能力要求。全面实施教师资格考试和定期注册制度。完善符合职业教育特点的职业学校教师资格标准。

从以上意见可以看出国家对于加强教师队伍建设的关注,立足当下,意在长远。国家对于教师教育的质量改革已凸显从始至终的全流程式发力。不仅生源选拔的标准提高、择优性增强,生源的来源渠道也大为拓宽。在具体培养模式上,高层次或精英型的教师教育规模不断扩大,学校教育资源与社会教育资源的整合力度也不断深化。最重要的是,教师教育不单纯是教育机构的职责,国家将教师教育视为一项社会工程,并置于广阔的社会平台之上,这个平台

---

[1] 国务院.国务院关于加强教师队伍建设的意见[EB/OL].[2013-01-09].http://news.xinhuanet.com/politics/2012-09/07/c_123685048.htm.

不仅有高等院校作为支撑,更有相关企业与用人单位的支持,真正达成"群策群力促教育"的效应。

(三)《中学教师专业标准》的颁布

如前所述,建立教师专业发展标准体系是教师专业化领域中的标志性举措。这个标准体系的建立首先要以出台不同教师的专业标准为前提。

我国教师专业化起步较晚,教师专业标准的制定也远远落后于其他国家。就中学教师专业标准而言,尽管1993年我国颁布的《中华人民共和国教师法》就规定了教师是"履行教育教学职责的专业人员",但并没有相关的法律文本或政策对教师作为专业人员的基本要求给出明确的规定。直到2012年,教育部颁发了《中学教师专业标准(试行)》(简称《专业标准》),对合格中学教师给出了明确具体的专业要求。可以说,《中学教师专业标准》是我国关于中学教师专业要求的第一份政策文本。

中学教师专业标准中将中学教师的专业素养分为专业理念与师德、专业知识、专业能力3个维度,并提出了基本要求。如表6-2所示,《中学教师专业标准》3个维度共有14个标准,63条基本要求。

表6-2 中学教师专业标准的维度和领域

维度	领域
专业理念与师德	职业理解与认识 对学生的态度与行为 教育教学的态度与行为 个人修养与行为
专业知识	教育知识 学科知识 学科教学知识 通识性知识
专业能力	教学设计 教学实施 班级管理与教育活动 教育教学评价 沟通与合作 反思与发展

资料来源:教育部.中学教师专业标准[EB/OL].[2013-01-15]. http://baike.baidu.com/view/7071296.htm? fr=aladdin.

从《中学教师专业标准》颁布的具体内容可以看出,中学教师专业标准的内容还是比较全面的,也较为细化,基本上涵盖了中学教师专业素养的各构成要素如专业知识、专业能力与专业品质等,对中学教师的专业发展轨迹做了较具前瞻性的说明,为中学教师职前教育提供了专业性、针对性的引导。

作为中学教师实施教育教学行为的基本规范,《中学教师专业标准》的出台为教师教育机构提供了中学教师培养的一般要求。因此,《中学教师专业标准》是引领中学教师专业发展的基本准则。《中学教师专业标准》的实施建议部分指出,开展中学教师教育的院校要将《中学教师专业标准》作为中学教师教育、教师培养培训的主要依据。

另外,随着现行教师教育体系日趋开放化,除了师范大学的教师教育专业,很多综合大学也开设相关的教师教育专业,这些不同渠道培养的职前教师在社会中将面临共同的专业标准要求,拥有共同的专业评价平台,这有利于整个国家教师职前教育体系专业化的整体推进。

(四) 教师资格考试制度的改革

教师资格证书制度事关广大教师队伍的切身利益,事关国家教育工作者的整体质量,教师资格证书制度也是构成教师教育制度的关键要素之一。与其他改革相类似,教师资格证书制度改革不可能实行硬着陆,有必要在摸索中前进,向着既定的目标扎扎实实,步步为营。

纲领性文件的制定对引领教育的改革与发展方向具有重要意义。作为决策指引,改革和发展规划纲要须做到符合国情、顺应民意、有前瞻性。经过充分调研与论证,2010年,《国家中长期教育改革和发展规划纲要(2010—2020)》提出,要"完善并严格实施教师准入制度,严把教师入口关。国家制定教师资格标准,提高教师任职学历标准和品行要求。建立教师资格证书定期登记制度"[1]。2011年,中小学教师资格考试改革和定期注册试点于2011年在浙江、湖北两省率先启动,2012年增加了河北、上海、海南、广西4个省份,2013年又扩大到山西、安徽、山东、贵州等10个地区。2013年教育部印发《中小学教师资格考试暂行办法》(本节简称《办法》),对教师资格的报考条件、考试内容与形式、考试

---

[1] 国家中长期教育改革和发展规划纲要(2010—2020年)[EB/OL].[2012-07-25]. http://www.moe.edu.cn/publicfiles/business/htmlfiles/moe/moe_838/201008/93704.html.

实施、考试安全与违规处罚、组织管理等方面进行了新的规定。

当前的教师资格考试改革反映了如下几点变化：

1. 教师资格考试走向标准化和规范化

《办法》规定，教师资格考试实行全国统考，教育部成立中小学教师资格考试委员会，负责指导全国中小学教师资格考试工作。由教育部考试中心统一制定考试标准和考试大纲，组织笔试和面试试题，并建立试题库。考试将按照高考的要求来进行，由专业考试机构来承担考试命题和考试组织等工作。

教师资格考试实行全国统考，强调了考试的权威性与严肃性，改变了以往考试中存在的考试和认定不分、组织不够规范的现象，增强了教师资格考试的社会公信力。

2. 报考教师资格要求提高，考试难度增大

《办法》中对教师资格的报考条件有了明确规定。中学教师分为初级中学教师与高级中学教师。以前我国以前对初中教师的学历要求较低，仅要求具备大专学历，现在报考初级中学教师资格则须具备大学本科毕业及以上学历，但对高级中学教师的学历要求没有提升。

就教师资格考试本身而言，难度明显加大。"国考"（全国统考）与此前的"省考"（省级考试）相比，内容有两大明显变化。首先是考试科目的变化。"省考"仅考查教育学和心理学知识，而现在"国考"增加了学科知识与教学能力考试。对于申请初级中学、高级中学教师资格证的人员，"国考"在笔试环节有"学科知识与教学能力"，分别对不同学科的申请者进行学业测试，如申请语文学科的人员需要参加语文学业测试、申请数学学科的人员需要参加数学学业测试。

其次，增加了面试环节。面试环节考查申请者的教育教学能力。笔试各科考试成绩合格，才能参加面试。面试采用结构化面试、情景模拟等方式进行，考生通过抽题、备课、试讲、答辩等环节，完成面试。

此外，"国考"不再有指定的教材和考试培训。这些都表明教师资格考试难度有所增加。据相关报道，在两年的试点中，28.08万人参加教师资格考试，7.72万人通过考试，通过率仅为27.5%，与以前各省考试通过率70%相比，通过率大幅下降，大大提高了教师入职门槛。[1]

---

〔1〕 李莉.师范生不再直接认定教师资格[N].北京晚报,2013-09-03.

一直以来,"上岗高于资格"是教师行业普遍存在的现象,教师资格证书只是职业准入必备条件,而教师自身能否获聘则受很多因素影响。教师聘任的条件(包括学历),往往要求高于资格认定的条件,这导致教师资格证的含金量是在中低位徘徊。新的教师资格考试不仅难度加大,对报名者的筛选力度也在加强,这有助于提高教师资格证的含金量。

3. 教师资格不再终身拥有,而是定期注册

想做教师不仅要参加全国统考,教师资格也不再终身拥有,而是定期注册。教育部于2013年颁布《中小学教师资格定期注册暂行办法》,规定中小学教师资格每5年注册一次,注册条件以师德表现、年度考核和培训情况为主要依据。

教师资格定期注册是对中小学在编在岗教师的教师资格定期核查。从宏观政策上看,定期更新资格认证而非一劳永逸的静态持有,更有利于检验和监督教师的职业素质状态,敦促其不断改进和提高,这也是世界上实施教师资格证的国家所普遍采用的方法。

4. 师范毕业生不再直接认定教师资格,统一纳入考试范围

《办法》第八条规定,试点工作启动后入学的师范类专业学生,申请中小学教师资格应参加教师资格考试。师范毕业生不再直接认定教师资格,统一纳入考试范围。教师资格考试合格证明有效期为3年。教育部有关负责人表示,师范生进入教师资格考试范围,对师范院校教育教学改革形成了倒逼机制,能够促进师范院校调整课程设置,加强对师范生教育实践能力的培养。[1]

将师范毕业生纳入教师资格考试的范围,不仅是对职前教师教育的培养成果的衡量与检验,也是对不同渠道的教师资格申请人员一视同仁的表现。

5. 将师德考核纳入资格认证

近年来频发的教师虐童和性侵学生案件,使教师师德问题成为全社会关注的热点。针对教师严重违反师德的现象时有发生,2013年9月教育部出台了《关于建立健全中小学师德建设长效机制的意见》,明确提出,严格师德考核,师德考核不合格者年度考核应评定为不合格,并在教师资格定期注册、职务(职

---

[1] 教育部:破除教师资格终身制5年一周期定期注册[EB/OL].[2013-09-25]. http://teacher.eol.cn/jiao_yu_ren_cai_zi_xun_52/20130904/t20130904_1011540.shtml.

称)评审、岗位聘用、评优奖励和特级教师评选等环节实行一票否决。[1]

2014年1月11日,教育部颁布了《中小学教师违反职业道德行为处理办法》(简称《处理办法》)。该《处理办法》对违反师德的各种情况给出了详细的说明。第四条规定,教师有下列行为之一的,视情节轻重分别给予相应处分:(一)在教育教学活动中有违背党和国家方针政策言行的;(二)在教育教学活动中遇突发事件时,不履行保护学生人身安全职责的;(三)在教育教学活动和学生管理、评价中不公平公正对待学生,产生明显负面影响的;(四)在招生、考试、考核评价、职务评审、教研科研中弄虚作假、营私舞弊的;(五)体罚学生的和以侮辱、歧视等方式变相体罚学生,造成学生身心伤害的;(六)对学生实施性骚扰或者与学生发生不正当关系的;(七)索要或者违反规定收受家长、学生财物的;(八)组织或者参与针对学生的经营性活动,或者强制学生订购教辅资料、报刊等谋取利益的;(九)组织、要求学生参加校内外有偿补课,或者组织、参与校外培训机构对学生有偿补课的;(十)其他严重违反职业道德的行为应当给予相应处分的。[2]

《处理办法》第九条规定,教师有第四条列举行为受到处分的,教师受处分期间暂缓教师资格定期注册,符合《教师资格条例》第十九条规定的(弄虚作假、骗取教师资格的,以及品行不良、侮辱学生,影响恶劣的),由县级以上教育行政部门依法撤销其教师资格。[3]

我国著名教育家陶行知先生曾对教师的品德有过很精辟的论述,即教师的"私德为立身之本,公德为服务社会国家之本"。在现如今的社会转型时期,商业功利心态盛行,传统价值观念屡遭逆施,无论是教师的私德还是公德,无不受到莫大的冲击与挑战。但教师教育非一时一事之事,如果没有一支集良好私德公德于一体的人才组成的教师队伍,怎么可能担当起教书育人的重任?又何谈造就出一代又一代报效祖国的有用之才呢?所以,从国家发展的角度而论,对教师师德的考核具有重要的社会意义。由上述规定不难看出,国家教育管理部

---

〔1〕 教育部关于建立健全中小学师德建设长效机制的意见[EB/OL].[2014-01-25]. http://www.moe.edu.cn/publicfiles/business/htmlfiles/moe/s7590/201309/156700.html.

〔2〕 教育部.中小学教师违反职业道德行为处理办法[EB/OL].[2014-02-10]. http://www.gov.cn/gzdt/2014-01/28/content_2577296.htm.

〔3〕 教育部.中小学教师违反职业道德行为处理办法[EB/OL].[2014-02-10]. http://www.gov.cn/gzdt/2014-01/28/content_2577296.htm.

门对扼杀教育行业的不正之风、对处理教师队伍中的害群之马,态度是鲜明的,手段是坚决的,而目标则是坚定不移的,那就是全面提高教师队伍的素质,切实提升教师教育的专业化水平。

总之,教师专业化的发展和建设虽制约于多种因素,但其中最为根本的因素是制度因素。建立教师职业专业化的保证制度是教师专业化的关键。没有与之相配套的制度建设,教师专业化是不能实现的。毋庸置疑,我国教师资格证书制度的改革已经取得一定的成效,尤其是教师资格考试环节,申请条件的提高,考试难度的增加,教师资格注册的规范化,无不显示我国中学教师的职前教育在专业化的道路上渐行渐近。

二、高校教师教育专业的改革实践与成效

《中学教师专业标准(试行)》《教师教育课程标准(试行)》《国务院关于加强教师队伍建设的意见》等国家文件颁布之后,诸多高校开始启动教师教育专业的改革,制定新的培养方案。

高校的改革实践主要体现在课程体系上。课程体系之所以成为当下职前教师教育改革的抓手,主要原因在于课程体系是高校教育思想和教育目标的重要体现,是教师教育机构对国家相关政策执行的具体表现,是影响教师教育质量的决定性因素,也是教师教育培养内容最直观的载体。因此,为了适应国家经济社会发展需求,构建反映时代特征、符合社会需要的职前教师教育体系,许多高校都纷纷从课程体系入手,掀起教师教育的改革大潮。本研究选取三个不同地区不同层次的高等院校来分析高校教师教育专业的改革实践与成效。

(一) ×1 大学的教师教育专业课程改革特点

×1 大学身处我国东南经济发达地区,在深入贯彻执行国家相关政策的基础上,结合本校的学术风格、师资特点,对不同师范专业的课程设置予以调整。该校 13 级物理学专业(师范)的课程设置如表 6-3 所示。

表6-3　×1大学2013级物理学专业(师范)的课程设置

课程类别	课程名称	考核方式	学分	总学时
教师教育类公共课程	教育学	考试	2	36
	心理学	考试	2	36
	发展与教育心理学	考试	2	36
	中小学教师职业道德规范	考试	1	18
	现代教育技术及应用	考查	2	36
	普通话	考查	2	36
	书法	考查	1	18
专业核心课程	物理课程与教学论	考试	2	36
	中学物理课程标准与教材分析	考查	2	36
	中学物理教学技能训练	考查	2	36
任意选修课程	教育政策与法规	考查	1	18
	基础教育改革专题	考查	1	18
	教育测量与评价专题	考查	1	18
	中小学名校长/名教师讲坛	考查	1	18
	中外教育比较专题	考查	1	18
	中学物理试题设计与解题研究	考查	1	18
	中学物理实验教学研究	考查	2	36
	计算机辅助教学	考查	2	36

从表6-3中不难看出,×1大学师范专业课程设置的改革主要表现在以下三个方面:

其一,课程结构上,教育专业课程种类多样化,学分比例增加。

×1大学2013级物理学专业(师范)设置了多样化的教师教育课程,对于以往的老三门是很大的突破。其中必修的教师教育公共课有12个学分,与物理相联系的教师教育课程有6个学分,共18学分,占理论学分的14.4%。从学分的总数看,完全达到了《中学教师教育课程标准》的要求。

其二,课程设置突出对师范生教学技能的重视。

设置的部分课程实用性强,与中学教学实践联系密切,例如《中学物理课程标准与教材分析》《中学物理教学技能训练》《中学物理试题设计与解题研究》

对培养师范生的教学能力与技能有益,更符合中学教师实际的需要。

其三,教育见实习时间增加至18周。

《教师教育课程标准》要求教育实习时间为不少于一学期。×1学院的师范专业统一安排为18周。教育实习时间的延长有助于师范生在真实的教学情境中更充分地训练教学技能,可以更好地实现职业角色的过渡,对提升职前教师的专业素养无疑是一个重要的举措。

(二) ×2大学的教师教育改革计划

×2大学位于我国中部,是中国教育部直属重点综合性大学,拥有百年历史。为了适应国家经济社会发展需求,构建更加科学完善、反映时代特征、符合学生发展需要的本科人才培养体系,该校2013年制定的新培养方案对师范类毕业生的总体要求如下[1]:

(1) 具有良好的思想道德修养、高度的社会责任感、自信宽容的态度、团结协作的精神、独立判断的能力。

(2) 具有扎实的学科基础知识和相关领域的学科知识。系统地掌握本专业基础知识和基本技能,了解本专业的发展趋势和新进展,具有较强的综合应用能力和一定的科学研究能力。

(3) 具有创新精神和终身学习能力。有基本的信息搜集、分析、处理和应用能力;有较强动手能力和自学能力;具有科学的思维方法和求实探索精神。

(4) 具有良好的表达沟通能力,能熟练运用一门外语进行交流和沟通。

(5) 养成良好的锻炼习惯,具有健康的体魄、良好的心理素质,掌握基本健身技能。

(6) 具备现代教育理念和先进的教育教学方法、较强的教育教学组织实施能力、教学研究能力和信息综合运用能力,同时具备良好的教师职业道德修养和教师专业素养。

在课程设置上,要求师范类专业必须开设14个学分的教师教育课程模块,其中必修课程10个学分、选修课程4个学分,参照《教师教育课程标准(试行)》(教师[2011]6号)实施。加强教师教育课程模块的选修课程建设力度,现已增

---

[1] 深化人才培养方案改革 以生为本更新教育理念——2013年版本科人才培养方案30问[EB/OL].[2014-08-18]. http://ccnu.cuepa.cn/show_more.php?tkey=&bkey=&doc_id=891121.

至23门选修课程,由师范生自主选修。教师语言、书写技能各设1个必修学分,实行以考(测)代修,不计入课内学分。教育见习设2个必修学分、教育实习设16个必修学分,不计入课内学分。这些不计入课内学分的,都纳入实践实验教学环节之中,旨在增强学生的实践创新能力。

由×2大学的教师教育培养方案可以看出,该校教师教育的目标不仅体现出国家对中学教师专业标准的要求,更有与国际潮流看齐的前瞻性,如学生要具有良好的表达沟通能力,能熟练运用一门外语进行交流和沟通;还有人性化的关怀成分,如要求学生掌握健身技能、养成锻炼习惯等。在具体的课程设置上,教师教育类课程所占学分分值较高。选修课的类型较为丰富,方便学生的选择。该校对于教育实习的重视程度很高,这与教师教育的专业化发展趋势也是相对应的。

(三) ×3大学的教师教育课程方案

×3大学位于我国西部,是教育部"对口支援西部地区高等学校计划"支持的14所大学之一。该校根据国家颁布的《教师专业标准(试行)》《教师教育课程标准(试行)》,调整教师教育课程方案,适当压缩学分,形成与国家标准对接的新教师教育课程方案。到2015年,该校所有师范教育类专业均进入新的教师教育培养模式。

×3大学师范专业课程改革的主要特点有三个[1]:

其一是优化教师教育课程结构。以"三个面向"为指导,构建体现先进教育思想、开放兼容的教师教育课程体系。适应基础教育改革发展,遵循教师成长规律,科学设置师范教育类专业公共基础课程、学科专业课程和教师教育课程,学科理论与教育实践紧密结合。

其二是改革教师教育课程教学内容。精选对培养优秀教师有重要价值的课程内容,将学科前沿知识、教育改革和教育研究最新成果充实到教学内容中,特别应及时吸收儿童研究、学习科学、心理科学、信息技术的新成果。要将优秀中小学教学案例作为教师教育课程的重要内容。加强教育信息技术课程建设,提升师范生信息素养和信息化教学能力。

---

[1] 西北师范大学教师教育改革推进计划[EB/OL].[2014-08-10]. http://www.nwnu.edu.cn/Article.do? id=20594.

其三是推进师范生专业能力训练,构建集"课堂教学、校内培训、教育见习、教育实习、教育研究、总结提高"为一体的教师教育技能培养训练体系。

从×3大学的教师教育培养模式可以看出,结合地方特色,对接国家标准,是经济欠发达地区教师教育崛起的必经阶段。教育要面向现代化,面向世界,面向未来,是30年前中央向教育战线提出的战略方针和发展方向,时至今日,它仍然具有广泛而深远的意义。教师教育的改革必须立足传统,把握当今,才能更好地发展专业化,最终走向现代化。

第二节 正视不足:中学教师职前教育改革的主要启发

对教师教育而言,改革是一个持续的过程,既非一朝一夕,更不可能一蹴而就。任何改革的措施都要听取社会各方的反馈,都要经过时间的检验。中学教师职前教育的改革也是如此,改革的成绩令人振奋,但其中显露的问题与不足更值得人们关注,以期及时修正,更好地为社会服务。

一、教师专业标准亟待细化与高校教师教育目标的修正问题

(一)尚未建立细化的中学教师专业标准体系

中学教师专业标准是国家教师专业标准体系的一部分。与美、英、澳等发达国家相比,我国的中学教师专业标准还存在诸多问题,主要体现在:

1.《中学教师专业标准》没有考虑教师专业发展的阶段性和学科性质

如前所述,中学教师要经历从新手阶段、适应和调整阶段、胜任阶段、熟练阶段到专家水平阶段的5个发展层次,中学教师的工作过程也是一个专业发展的过程,具有阶段性,每个阶段具有不同的发展特征。因此,教师在职前、职后应有不同的要求。作为引导中学教师培养的重要依据,教师专业标准必须区分职前和职后教师的差异,也应区分新教师、成熟教师和优秀教师在专业发展上的不同。另外,从中学教师执教的学科来看,不同学科之间区别较大,典型的有文科、理科之分。不同学科教师应该拥有各自学科领域的专业标准,这也是提高不同学科教学质量的前提。而我国《中学教师专业标准》的定位是"对合格中学教师的基本专业要求",是对不同学科、不同发展阶段教师的一般性的共同要

求。从这一角度看,我国的《中学教师专业标准》只是一种通用型标准,还有待于进一步细化。

2.《中学教师专业标准》没有区分国家标准和地区标准

由于我国幅员辽阔,各地区经济发展不平衡,教育发展水平各异,通用性的专业标准无法做到放之四海而皆准:教育发达地区可能觉得该专业标准过低,而教育落后地区可能会觉得该专业标准过高,标准的统一性与地区的差异性之间因为缺少针对性的平衡措施而形成矛盾。

(二)高校的教师教育目标仍需具体化和规范化

与国家层面的中学教师专业标准改革相比,目前,我国教师教育机构关于中学教师职前培养目标的改革多处于隐蔽状态,目标定位、课程设置的信息公开的透明度不够,高校的网站上很少给出具体的培养目标及具体的课程设置。

任何历史时期,高校在制定各自的教师教育目标时必然要依循国家相关政策与制度的规定。自2011年教育部颁布了《中学教师专业标准》和2012年颁布了《教师教育课程标准》之后,我国许多高校对师范专业的培养目标进行了改革。应该说,在中学教师职前教育体系的改革中,培养目标的改革应该放在首位,是所有改革举措的统领。但在现实的改革过程中,很多高校对培养目标的指导性及其重要性的认识还不到位,既没有充分认识到培养目标对课程设置的指导作用,也没有重视培养目标对学生学习和发展的引导作用。教师教育体系内的各个模块往往相互割裂,各自为政,分头出击。与培养模式、课程体系领域的改革动作相比,培养目标的改革尚无深度拓展的痕迹。这经常导致"行动先行、目标滞后"的情况出现,也容易造成方向不明、管理混乱、资源内耗的后果。

中学教师专业标准中将中学教师的专业素养分为专业理念与师德、专业知识、专业能力3个维度,又细分为14个标准。但当前高校教师教育专业的培养目标仍然更多地依照教育部颁布的《普通高等学校本科专业目录和专业介绍》,侧重于对职前教师知识能力的要求,并没有系统地考虑教师职业的专业发展轨迹。对照中学教师专业标准来分析职前教师的培养目标,我们容易发现,高校师范专业的培养目标存在不够全面、细化和用词笼统、缺少规范等几个问题。

首先是目标不够具体,用词笼统,描述空泛。例如,×3大学数学与应用数学专业培养目标是:本专业培养具有良好数学素养,掌握数学和应用数学及其数学教育的基本理论和方法,受到良好科学研究训练、能够运用所学知识解决实际问题,能在教育、科技等部门从事数学教学和数学研究及管理工作的专门人才。培养目标中常提及"良好的素养""良好的训练"等,对师范生在4年的学习和训练结束之后,专业素养达到一个什么样的状态没有一个明确的、具体的阐述,也缺少相关的评估或衡量标准。

其次是目标描述不够规范化。对高校而言,中学教师的职前培养目标涉及不同层级:学校层面、院系层面、专业层面。同一学校的不同师范专业,在培养目标的设置上有求同存异之处,并在具体行文中遵照一定的规范,不能随意性过大。但在现实中,高校师范专业的培养目标描述不一却是很常见的现象,有的具体,有的笼统。仍以×3大学为例。历史学专业的培养目标是:培养具有历史学基本理论、基础知识和基本技能,能够承担中学历史教学和研究的教师、研究人员,并能从事其他相关工作的人才。毕业生应具有以下几方面的知识和能力:掌握历史学科的基本理论和知识,并应对相关的其他人文、自然科学有一定了解;掌握历史学的基本研究与分析方法;具有初步的专业研究能力和良好的口头、文字表达能力;熟悉教育法规,能够运用心理学、教育学与历史教学的基本理论,具有良好的教师职业素养和从事历史教学及教学研究的基本能力;了解国内外史学研究及历史教学的前沿理论和发展动态;掌握资料查询、文献检索等技能,学会使用现代信息技术手段。与数学与应用数学专业的培养目标相比,历史学专业的培养目标比较具体地描述了毕业生应具有的知识和能力,具有较强的指导性和可操作性。

二、改革后的课程设置仍不够合理

应该说,自2012年《教师教育课程标准》颁布之后,我国高校在中学教师职前培养课程体系的设置方面有了很大的进步,主要体现在课程结构日趋合理,新兴课程不断注入新的活力,对提高职前教师的培养质量起到了一定的作用。但课程改革领域存在的最关键问题是,课程体系对市场需求的反应钝化乃至脱节的现象较为突出,主要体现在如下几个方面:

其一,课程的设计上,对教育实践课程的内容和方式改革重视程度不够。教学实习对于教师教学经验的养成具有十分重要的作用。但教育实习的改革仅仅靠延长时间是远远不够的。从20世纪70年代起,国外变革教育实践课程的首要尝试是延长师范生在中小学校实践的时间。然而,人们很快就认识到,延长师范生在中小学的实践时间只是改善教育实践课程的必要条件而非充分条件,关键问题在于要改变传统教育实践课程的设计与组织。[1]

另外,实习的时间安排也值得反思。对于教师而言,"理论的实践化"固然重要,"实践的理论化"更是必需。教育在实践课程与理论课程的安排上,先理论后实践的惯性做法依然盛行,教育实践融入整个职前培养的过程之中、实践课程的优化设计尚需时日。

其二,在课程的辐射面上,学科专业的限定性强。受"单科型"教师培养目标的影响,在课程设置的辐射面上,仍然表现出限定性强、对相关学科课程不够重视的倾向。例如,有的高校物理学师范专业的课程设置中仅有高等数学课程的设置,而与物理相关的化学、生物等自然课程都是空缺的。这种设置必然会对限制师范生知识结构向单一学科发展,而导致知识结构不够综合化。如前所述,"单科型"教师只能胜任某一学科的教学,除了语、数、英几个市场需求旺盛的大学科外,其他小学科的师范毕业生面向中小学的就业形势不容乐观。

其三,在课程的功能定位上,注重技能训练,忽视教育教学研究能力的培养。基础教育需要具备创新能力的研究型教师,而非单纯的授课型、管理型或身教型的教师。课程改革所倡导的研究性学习的开展、校本课程的开发、教育教学改革的实施和推动无一能离开研究型教师的贡献。《中学教师教育课程标准》指出,教师教育课程应强化实践意识,关注教育现实问题,体现教育改革与发展对教师的新要求。但当前高校师范专业的教师教育类课程比较重视教学技能训练,却轻视甚至忽视教育教学研究的课程。从教师专业素养和专业发展的角度来看,这种课程设置明显是有缺陷的。

三、教师资格认证制度仍有待完善

从当前教师资格制度改革的举措来看,教师资格证书制度改革所取得的成绩是明显的。随着教师资格考试走向标准化和规范化,对职前教师的准出要求越严格,职前教师的教育质量就越能得到保证,这对于促进中学师资队伍质量的整体提高是非常关键的。但从改革的内容看,还存在以下几个问题值得重视:

---

[1] 杨燕燕.我国教师教育实践课程的历史回顾与发展愿景[J].教育探索,2010(5).

其一,定期注册制度缺少相关的配套服务措施。国家实行5年一周期的教师资格定期注册改革,缺少相关的配套服务措施,给试点工作造成一定的困难。比如定期注册如何体现教师的资质等级区分?定期注册如何与教师的评价考核挂钩?定期注册作为一种激励手段,有哪些促进教师专业成长的配套措施?

此外,教师资格认证机构集行政管理职能与专业职业认证职能于一身,具有垄断性、权威性,但专业化程度不足,导致教师资格认证的含金量和可信度不足,这种状况也亟待改变。

其二,当前的改革还缺少系统性和整体性。我国当前对资格认证制度的改革主要集中在资格考试制度的改革以及教师资格的有效期上,所以当前的改革只是教师资格证书制度改革的一部分。从整体上看,教师资格认证制度存在的诸多问题如教师资格证书分类问题、教师资格认证组织系统的完善问题都还没有得到重视和解决,教师资格证书制度从申请条件的制定到资格证书的定期注册管理等多个环节都还存在很多问题,这不仅与我国的教育发展状况不适应,也与教师专业化发展的理念不相协调,需要不断更新与调整。

其三,职前教师的资格认证没有基于教师专业标准。我国的中学教师专业标准仅仅是制定了中学教师的基本要求,与教师资格认证中所要求的专业标准并不是一回事,也并不与教师资格认证挂钩。众所周知,对于职前教师培养成果的衡量主要依靠教师资格认证来体现。从教师专业化的角度看,教师专业标准与教师专业资格认证标准统一是顺理成章的事情,但在目前二者处于相互割裂的情形之下,很多学生即便通过了教师资格认证,在专业素养要求上仍存在不足,在一定程度上影响了职前教师的培养质量。

本 章 小 结

针对我国中学教师职前教育体系存在的诸多问题,国家教育管理部门及教师教育机构均展开了各种改革实践。本章对2010年后我国中学教师职前教育领域的改革政策和实践进行了梳理和分析。

2010年后我国中学教师职前教育领域的改革动向主要体现在国家新政策、

新制度的出台及高校对教师教育专业的培养方案调整两个方面。在国家政策制度方面,《中学教师教育课程标准》的出台、《国务院关于加强教师队伍建设的意见》的发布、《中学教师专业标准》的颁布、教师资格考试制度的改革,都对提高教师职前培养的质量、促进师范毕业生专业水平的提升起到了极大的推动作用。在高校层面,教师教育专业培养方案的调整集中在课程体系方面:课程结构日趋合理,新兴课程不断注入新的活力,有力地促进了职前教师教育内涵的丰富及教育质量的提高。

改革的成绩固然令人振奋,但其中显露的不足更值得人们关注。在中学教师专业标准方面,没有考虑教师的专业发展阶段和不同学科专业的区分,专业标准与教师资格认证割裂,对教师培养质量没有起到真正的把关作用。而具体到高校教师教育专业的培养目标,则主要存在描述得不够具体、缺少规范化等问题。

改革后的教师教育专业课程设置存在的问题主要包括:对教育实践课程的内容改革重视程度仍显不够;在课程的辐射面上,学科专业的限定性强;在课程的功能定位上,注重技能训练,忽视教育教学研究能力的培养。

在教师资格认证制度方面,教师资格证书分类不尽合理,教师资格认证组织系统的尚待完善,教师资格证书制度从申请条件的制定到资格证书的定期注册及管理等多个环节都还存在很多有待解决的问题。

第七章 专业化:我国中学教师职前教育的路径选择

中国的中学教师如何适应基础教育发展的新局面？在全球一体化的时代大背景之中,我国中学教师整体专业化水平与发达国家的差距究竟如何弥补？职前教师如何提高自身的职业竞争力,与不断变化的市场进行对话与交流？……要回答这些问题,就必须从师资队伍培养的源头抓起,要以中学教师的职前教育改革为切入点,才能回应来自时代、来自市场、来自整个世界的挑战。

对我国中学教师职前教育的改革应找准切入角度,才能为具体创新路径的设计提供有力的支撑。教师职业的专业化对教师职前培养的专业化提出了相应的要求。不断变化的市场要素将中学教师职前培养置于一个动态的社会平台之上,需要时时与外部环境实现共振、沟通。在教师专业化的视野中,运用系统论的观点,中学教师职前教育的改革,不是某个要素或局部的改革,是从培养目标、培养模式、课程体系到相关制度等各个要素都要进行调整。本章基于以上的问题分析和比较借鉴,并运用了访谈方法征求了中学一线教师、校长、师范毕业生等群体的意见、建议和实际需求,对我国中学教师职前教育提出了具体的改革对策建议。

第一节 专业化的目标设定:更切实可行的方向指引

如前所述,培养目标在整个教师教育体系中的重要地位不容小视。要培养适应社会发展的教师人才,必须首先科学地制定培养目标,对培养理念进行更新,对培养标准予以细化,对培养目标予以优化(图7-1)。

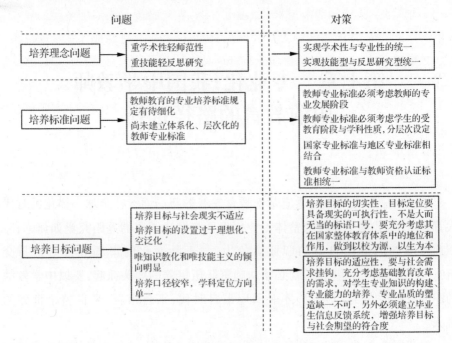

图 7-1　培养目标的问题与对策

一、更新教师培养的理念

(一)学术性和师范性的统一

教师教育专业是复合性的专业,由学科专业教育与教育学专业教育构成。其中,学科专业教育是未来教师从事各门具体学科(如数学、物理、化学)教学的基础,它是高校未曾动摇过的学科领域。但是,使得专业化的教师教育区别于其他专业教育的专业基础则是教育学科。因此,长期以来针对高等师范教育提出的"学术性"与"师范性"之争,说到底是在必须承认"师范性"的前提下争自己的"学术性"地位。

在教师专业化的视野中审视教师教育的性质,学术性和师范性应是统一的。关于这一点,我们可以从三个方面来理解。首先看教师工作的特点。美国教育学家舒尔曼认为:"教学本身是学术成就的最高形式,因为它要求教师将其他所有不同学者的思想、成就带到一起,对学生作解释,因此可以传授下去。"[1]而美国卡内基促进教学基金会前主席欧内斯特·波伊尔在《学术水平的反思》的专题报告中对"学术水平"这一概念赋予了更广阔的解释。他认为,教师作为"一个学者的工作还意味着走出调研、寻求相互联系,在理论与实践之间建立桥梁,并把自己的知识有效地传授给学生"。为此,可以认为教师的工作有4个不同而又相互重叠的功能,即"发现的学术水平;综合的学术水平;运用的学术水平;教学的学术水平"[2]。因此,随着人类社会知识积累日益雄厚,知识更新速度也越来越快,教育作为一种传播知识的专门性活动,将越来越具有深厚的学术内涵和广阔的学术前景。因此,教师教育的"师范性"与"学术性"并不矛盾。

其次是考虑教师教育的专业性质。教师教育专业本身也具有学术性。关于教师教育的学术研究是提高教师教育机构人才培养质量的重要途径。随着人们对儿童生理与心理发展规律的研究不断深入,各种关于教育教学的研究成果层出不穷,这些研究成果不断影响着教师教育的理念、目标和具体的培养过程。因此,教师教育专业本身的学术性影响着人才培养的质量。

再次从教师个体的发展来看学术性和师范性的统一。如前所述,教师教育具有专业的性质,二者相辅相成。《国外中小学教育面面观:发达国家中小学教师教育》一书的编著者在前言中指出:"当前一些国家要求未来的教师在学术功底和学科专业水平上不低于普通大学毕业生,因为他们认为,只注重师范性,是造成教师素质下降,进而带来基础教育质量下降的基本原因。这说明学术性是师范性的基础,师范性是学校中教师学术性才华得以很好施展的'翅膀',二者不可偏废。"[3]还有学者指出,一个合格的教师不仅需要有深厚广博的学科专业知识,即懂得"教什么",还需要有扎实的教育理论知识和熟练的教育教学技能,即懂得"怎样教"。[4]因此,教师教育的师范性与学术性是统一的,而不是对立的。教师教育的开展,必须找到这二者的平衡点。

---

[1] 尼科·斯特尔.知识社会[M].殷晓蓉,译.上海:上海译文出版社,1998:27.
[2] 欧内斯特·波伊尔.学术水平的反思——教授工作的重点领域[M]//国家教育发展研究中心.发达国家教育改革的动向和发展趋势(第五集).北京:人民教育出版社,1994:23.
[3] 胡艳,等.国外中小学教育面面观:发达国家中小学教师教育[M].海口:海南出版社,2000:4.
[4] 黄依林.我国教师教育模式的历史变迁及走向探析[D].四川师范大学硕士学位论文,2007:30.

（二）技能型与反思研究型的统一

教学技能是指教师运用一定的教学理论知识，按照一定方式，通过反复练习而形成的稳固、复杂的教学行为系统。教学技能对外表现为卓有成效地达到教学目标，对内则表现为教师知识、能力和心理特征的内在统一。娴熟的教学技能是教师在教学活动中促进学生有效学习，取得良好的教学效果的必要条件。教学技能是教学能力的重要标志，对提升教师对专业发展的信心、塑造教师的教学风格都具有积极的作用。因此，在师范生的培养过程中重视教学技能训练是很有意义的。

但是，如果过分强调教学技能而忽视师范生教育教学研究能力的培养，则不利于基础教育的发展和创新。当前基础教育课程所倡导的研究性学习的开展、校本课程的开发、教育教学改革的实施和推动无一能离开研究型教师的贡献。教育教学研究能力强的教师，往往会以审视和探究的眼光，在看似平淡的教育教学实践中发现有价值的问题，并选择科学的研究方法进行理论的和实证的研究。教师对教学实践的研究不仅有利于教学质量的提高，更有助于推动基础教育的创新。因此，教师教育应树立技能型和研究型统一的培养理念，才能培养出适应基础教育发展的教师。

二、建立教师专业标准体系

国家关于教师专业标准或培养标准的制定，应能对高校教师教育专业的目标制定提出要求并提供相应的参考。

（一）教师专业标准必须考虑教师的专业发展阶段

我国于2011年制定的教师专业标准，没有区分职前和职后教师的差异，也没有区分新教师、成熟教师和优秀教师在专业发展上的不同。因此在具体落实的过程中，将会遇到很多困难。教师专业标准应该与教师专业发展的阶段性相对应。在这一点上，美国、英国、澳大利亚的教师专业标准提供了很好的参考和借鉴。我们可以借鉴美、英、澳等国家的做法，将中学教师的专业标准分为几个级别或层次，例如初任教师、成熟教师、优秀教师、专家教师等。

最重要的是应建立一套针对职前教师培养的标准体系，对负责培养中小学教师的高等院校进行认证，以规范教师培养的过程，保证教师教育专业的毕业生是适应社会发展的、符合教师专业特征的专业人员。美国的师资培育机构专业标准认证是非常值得参考和借鉴的。

(二)专业标准必须考虑学生的教育阶段和学科性质

从我国目前的教师专业标准来看,尚无严格的分学科教师专业标准。基于通用教师标准并不能满足所有学科教师专业发展需要的研究,不同学科教师应该拥有各自学科领域的标准以作为评判教师专业化程度高低的重要指标。例如,科学教师专业标准理所应当是科学教师专业化发展的指南针,更是有效提高科学教师教学质量的重要前提。

不同学段的教师在专业知识、能力上要求是不同的,因此为了增强标准的可操作性和可参照性,标准应有学段之分。我国的学段划分是:小学、初中和高中。因此,教师专业标准也应相应分为小学教师专业标准、初中教师专业标准、高中教师专业标准。由于初中学段和高中学段在教学对象、学科内容、教学方式等方面有明显区别,初中教师和高中教师有明显不同,所以将中学教师专业标准区分初中和高中,更具合理性。

(三)国家专业标准与地区专业标准相结合

考虑到我国地区经济社会发展不平衡的现状,发达地区对教师的要求明显比落后地区的要求高,因此,允许发达地区和落后地区提高对教师的专业要求,具有一定的合理性。可以适当借鉴美、英、澳等教育分权制国家的做法,建立特殊的地方性教师专业标准。例如,经济社会比较发达的省份或城市,可以建立自己的教师专业标准,提高对教师的专业要求。其他省份则采用全国性的教师专业标准。

(四)教师专业标准应与教师资格认证标准相统一

世界上很多发达国家的教师专业标准同时也是教师资格认证标准。换句话说,教师资格认证是基于教师专业标准的。而我国当前师范专业的毕业生通过学历教育和教育实习后即可直接上岗,基本上不经历入职培训这一环节。很多教师教育专业毕业生即使取得了教师资格证,专业能力也存在很大的不足。因此,将教师专业标准用于教师资格认证不仅是重要的,也是必要的。

三、修正中学教师的职前培养目标

我国中学教师职前培养主要由高等师范院校或综合院校的教师教育专业

所承担,因此中学教师职前培养目标的修正主要落实在院校层级。社会在进步,时代在发展,制度在完善,中学学校对教师的素养要求越来越高,高校教师教育专业对培养目标的定位也应随之变化。

(一)培养目标应切合基础教育发展的需求

中学教师职前培养作为一个开放性的体系,必须能够适应外部环境的变化。在这些外部环境要素中,最重要的就是市场要素。培养成果不是温室中的花朵,必须接受来自市场的检验。因此,中学教师职前培养目标的确立必须以市场需求为中心,直接与基础教育阶段学校,尤其是中学学校的需求挂钩。应通过充分调研,了解全国范围内,或一个地区范围内基础教育对教师知识、能力的要求,从而制定出符合社会现实的培养目标。

首先,当前的情况下,单一的学科知识结构已经无法适应基础教育课程改革的需要了,教师教育专业应培养具有综合学科知识结构的复合型基础教育师资。尤其是初中教师,学科知识上更应强调综合性。不仅如此,培养目标应考虑毕业生任教科目的拓宽,从而有利于增强毕业生的适应性以及拓宽毕业生在教育系统的就业面。

其次,以培养初中教师为主还是高中教师为主应有明确的层次定位。长期以来,我国初中教师和高中教师的培养是混合、不分层次的。但从社会的发展来看,高中学校和初中学校对教师的专业知识、专业能力要求是明显不同的。例如高中教师的学科知识强调深度,而初中教师的学科知识更强调综合性。借鉴澳大利亚弗林德斯大学的做法,我国以培养中学教师为主的高校师范专业应考虑到初中教师和高中培养目标的差异,明确培养目标定位,以培养出更符合初中学校、高中学校实际或者二者兼顾的师范毕业生。

(二)培养目标应具有可操作性和指导性

培养目标是培养模式选择、培养内容优化的指南,必须具备现实的操作性和引导性,否则执行层面极易无所适从,或自行其是,导致培养结果出现偏差。因此,教师教育专业的培养目标应参照中学教师专业标准,对毕业生在专业知识、专业能力、专业品质等方面能达到什么具体的状态,须予以明确的界定,这样才能为教师教育体系的实施提供可行的参照。

具体化的目标容易加强教育者与师范生的沟通,让师范生充分知晓并领悟,引导师范生的人生目标定位,力争让师范生的未来发展方向与本专业的目标培养之间存在内在契合。每个人都应该有自己的人生目标定位或发展方向。那么这个目标应该从什么时候开始确立呢？欧美国家的孩子十五六岁甚至更早就开始考虑自己的人生志向。因此，师范生也要对自己有一个前景的预期和目标的设想。对中学教师职前培养来说，如果学生自己对教书育人没有兴趣，那么即便有再高的收入也难有理想的发展预期。越早找准适合自己的努力目标，就越容易获得事半功倍的效果，因此必须在培养目标的方向指引下，对学生的发展目标进行适当的引导。

此外，在培养目标的定位上，不能好高骛远，而应考虑到教师专业发展的阶段性，应以教师达到一定的入职要求为首要目标，助推师范生顺利实现人生角色的转换。

第二节 专业化的模式创新：更符合社会需求的渠道选择

如前所述，培养模式是教师教育体系的一个主要因素，培养模式的选择与培养目标的定位、培养内容的结构以及就业市场、教师教育发展政策、就业政策导向等都是密切相关的。任何开设教师教育专业的高等院校要选择或构建一种科学合理的教师培养模式，都应将培养模式纳入教师教育体系的整个系统来考虑。

对于中学教师职前培养模式的改革，并不是对现有模式的否认或颠覆，而是一种针对社会环境及市场需求变化所做的关联性调整，使之更契合时代发展的需要，也更能激活教育机构的竞争能力（图7-2）。

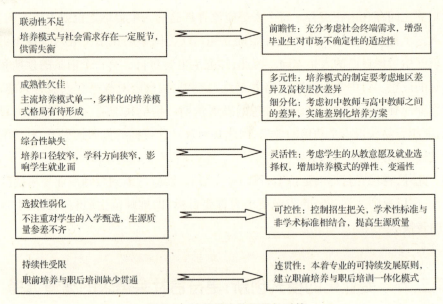

图 7-2 培养模式的问题与对策

一、中学教师职前培养模式的改革对策建议

教育市场的需求是多样化的,每种模式都有利有弊,不可能构建一种通用的完美的培养模式。为了满足基础教育对师资的层次化和多样化需求,我国高等院校应改变单一的教师培养模式,采用由多种教师培养模式构成的体系。对每个高校而言,教师教育专业培养模式的选择应考虑多种因素,例如当前的社会需求、培养目标的定位、师范生的选择权,以及毕业生就业地区的差异、高校的层次差异,等等。

(一)教师培养模式的前瞻性:应考虑毕业生对市场的适应性

经济和教育事业的发展是教育制度演变的根本动力,每一种教师教育制度的运行,都要求与之相适应的基本条件,在哪个层次上培养师资,采用何种培养模式,都应考虑现实的社会需求,并遵循着一定的客观规律。高校在选择教师教育专业的培养模式上应考虑到毕业生的供需矛盾,更应想方设法通过模式的变革改善或缓解这种供需矛盾。例如,某一地区的中学学校对毕业生的要求是本科以上,那么专科层次的教师教育就不再适合定位于培养中学教师,以避免学生无法就业的尴尬。

因此,高校教师教育专业培养模式的改革应有前瞻性,要采取一种"社会需求导向"的培养模式,改变社会需求因素在人才培养模式选择和课程设置过程中缺位的现象。一方面可以通过市场调研,例如区域性的市场调研,分析未来几年中小学校对新教师的需求量以及师范毕业生可能的就业形势。高校应主动联系地方政府、中小学校以及各种教育机构等,获取相关的需求信息,并及时把基础教育学校需求的预测反映到教师培养模式的选择和改革中(图7-3)。另一方面,教育行业用人单位、招聘单位的职位需求动态,社会公开发表的报告和研究都可以在一定程度上反映当前和未来基础教育学校对各学科教师的需求,都会对中学教师的职前培养模式的选择提供有益的参考。因此,更重要的是需要完善我国社会用人需求的信息系统,因为"我国人才市场反映高校毕业生供给与社会用人需求的管理信息系统十分薄弱,统计指标与数据长期处于粗放状态"[1]。

图 7-3　教师培养模式对市场的适应性

解决当前师范毕业生供需矛盾的一个对策是实施宽口径的培养模式,教学领域设主修和副修,即师范生在有主修学科的前提下,再选择一个相关的学科作为副修。副修学科的选择,可以在市场调研的基础上,选择基础教育需求量最大的学科。例如,学生主修物理,可以副修数学、小学科学等。这种做法使得师范生在教育领域就业的可能性增强,为师范毕业生,尤其是优秀毕业生在教育领域内的就业提供了更多的机会。

采取主副修的培养模式,可以极大限度地避免特殊专业或小学科专业的师范生就业难的现象发生。当前,我国有的高校已经开始采用这种做法。例如,深圳大学采用的学分制,允许修满学分的学生提前毕业,也鼓励有能力的同学选修双学位、双专业或者主副修;有计划修双学位的学生,需要在3年学科专业知识的学习中修满相应的学分,再通过1年的教育专业知识的学习,获得两个专业的文凭;没有精力修双学位的学生也可以选择双专业、主副修专业证

---

[1] 刘献君,吴洪富.人才培养模式改革的内涵、制约与出路[J].中国高等教育,2009(12).

书。[1]这种做法值得推广。

(二)教师培养模式的细分化:应考虑初中教师和高中教师的差异

初中教师和高中教师在教学对象、教学内容、教学方法和教学策略上都有明显的区别,因此初中教师和高中教师在专业素养上应有不同的要求。初中教师的培养在课程体系与培养模式上与高中教师应有所区别,不宜混合在一起采用同样的课程体系及同样的模式培养。

初中属于义务教育,学科内容浅显,基础教育越来越淡化传统的学科分类,倾向于开设"综合学科"课程。即使有的地区学校仍然是分科,但初中教学还是比较强调学科的融合。以培养初中教师为主的高校适合采用本科学制的培养模式。

高中教师的学科知识要比初中教师有更高的要求。高中教师在学科专业知识方面应有更高的要求,因此高中教师的培养在课程体系上既要加强学科专业性,同时也不能忽略教育专业性。从这一角度,高中教师的培养不适合采用本科培养模式。因为"突出师范性、加强教育科学课程,有专业性欠缺之嫌;而突出学术性、加强专业文化课程,又有加强了另一个专业的专业性的嫌疑"[2]。为兼顾学科专业和教育专业,可采取增加课程门数和延长学时的办法,因此,"3+2""4+2""4+3"等模式,在我国是培养高中教师的比较合理的模式选择。

从我国对学历的需求、本科阶段学科专业课程以及教育类课程改革固有问题的难以调和来看,教育硕士是当前中学教师培养的一个最佳模式。相比"4+0"和"4+3",实施"4+2"培养模式的优越性在于,学生的基础知识和专业知识更扎实,教育专业知识和技能训练更系统、更深入,因此更有利于教师培养在"学术性"与"师范性"上的平衡和提高,较好地适应了我国基础教育发展对教师的学历层次要求和教师专业水平要求,因此是一种适应国际国内教师教育发展趋势的教师教育人才培养模式。

(三)教师培养模式的多元性:培养模式的改革应考虑地区差异和高校的层次差异

从当前的社会发展趋势看,中学教师的职前培养应将大学本科作为基本学

---

[1] 刘妍,李臣之.综合性大学教师教育"3+1"模式适切性调查与实施建议[J].扬州大学学报(高教研究版),2008(1).

[2] 江峰.教师职业的专业性问题与思考[J].高等师范教育研究,2003(1).

历,并逐步向双学士学位、硕士及更高的层次发展。但是,提高教师的学历层次不能采取简单的行政化的推动,而应是多元化、多规格的动态演进。在哪种层次上培养中学教师要考虑地区差异和高校的层次差异,不能搞一刀切,骤变式的改革并不可取。

中国地域辽阔,各地经济和教育发展情况迥然不同,教育发展计划和目标也有高有低。例如,江苏省教师队伍建设的学历指标为,2020年普通初中教师研究生学历达到8%;普通高中教师研究生学历(学位)达到20%。[1]而苏州市中学教师队伍建设的指标则比全省指标高出一倍。到2020年,初中教师研究生学历(学位)达15%,高中段学校教师研究生学历(学位)达40%以上。[2]

教师教育培养模式的改革与创新要和当代教育与经济发展水平相适应,并考虑各地的实际情况。"如果教师培养模式落后于教育和经济发展水平,就不能培养数量和质量都符合要求的师资;反之,如果教师培养模式大大超过了当时的教育和经济发展水平,不仅不能促进教育事业的发展,而且还会导致社会资源的浪费。"[3]在我国中西部欠发达地区,为保证中学师资,定向型师范教育体制依然发挥作用,本科培养仍应作为主流模式。而对于一些基础教育较为发达、师资较为充足的地区,要改革师范大学定向型师范教育体制为非定向型教师教育,在本科培养的基础上,加大教育硕士培养模式,充分发挥其培养高素质师资的作用。

培养模式的选择也必须与学校发展目标的总体定位和学校师范教育培养目标的具体定位相吻合。对于科研教学型综合性大学,学科专业和教育学专业都拥有雄厚的师资力量,因而容易实现师范教育双专业的强强结合,这类大学适合采取"4+2""4+3"的培养模式。这类大学包括北京师范大学、南京师范大学、华东师范大学等综合性与师范性都比较强的高校。而教学型地方综合性大学,师范教育以培养本科生为主,则宜采取本科学制的培养模式。

---

[1] 江苏省中长期教育改革和发展规划纲要(2010—2020)[EB/OL].[2014-07-20]. http://www.ec.js.edu.cn/art/2010/11/9/art_5803_64287.html.

[2] 苏州市中长期教育改革和发展规划纲要(2010—2020年)[EB/OL].[2014-07-20]. http://www.szedu.com/zfxxgk_10755/fzgh/201304/t20130401_216909.shtml.

[3] 徐魁鸿.我国师范大学教师培养模式群的建构初探[D].江西师范大学硕士学位论文,2005:40.

（四）教师培养模式的可控性：应重视对生源的选拔，提高生源质量

和其他普通专业相比，教师教育需要精英化教育，而不是大众化教育。职前教师选拔是教师教育计划的源头性环节，为培养合格教师，教师教育机构应选拔那些有潜力、有资质成为合格教师的候选人。因此，教师培养仅仅强调培养过程是不够的，还必须考虑生源的质量。

在教师教育专业招生这一问题上，发达国家的做法尤其是美国对职前教师的选拔很值得我们借鉴。对职前教师的培养在招生选拔这一源头性环节上，高校不仅要采用学术性标准或学业成绩标准，还用考虑非学术性标准，即考察申请者是否具备从事教师职业的健康条件、态度、价值观等基本素质。

（五）教师培养模式的灵活性：应考虑学生的专业选择权

我国绝大多数高校的教师教育专业在招生时都明确了专业方向，即学生在一开始就明确了"师范"或"非师范"的身份。但高中生由于年龄和社会阅历的限制，在高考志愿的填报上往往带有盲目性和"跟风"特点，也可能是顺从家长的意愿。进入高校后，学生的自我认知能力逐渐增强，形成了比较稳定的价值观，并有了一定的就业意向后，就会有部分师范生发现自己不适合或不喜欢从事教师这一职业。此外，伴随着高等教育大众化目标的实现，我国高校毕业生普遍面临着较大的就业压力。学生的师范身份过早地确定很可能对大学生的身心发展产生不利的影响。

因此，在模式的选择上，还应考虑给予大学生"师范"或"非师范"的选择权，允许他们根据自身的特点、兴趣爱好以及市场的需求而选择师范或非师范。从这一角度看，分段模式比混合模式更有利于考虑学生的从教意愿，更有利于筛选出具备职业热情的师范毕业生，这是对我国教育事业发展非常负责任的模式选择。

在具体的操作上，有的高校的做法是，学生进入高校一年、两年或三年后，再选择"师范"或"非师范"。这时绝大多数大学生已具备较强的自我认知和判断能力，一旦选定专业方向，往往会表现出巨大的学习热情和明确的学习动机，进而有利于专业情感的形成和巩固。

二、中学教师职前培养与职后培训一体化模式的改革设想

对教师而言，从职前教育到到职后的发展和成熟，是一个连续过程。教师

职前教育作为人力资源开发的起步,仅仅是一个长期工程的开端。教师职业的专业化性质决定了中学教师的职前教育与职后培训的一体化是中学教师职前教育改革所依循的首要法则。随着社会的发展,教师专业化的要求越来越高,一次性的职前教育就必须向终身性的教师教育转变,既要改革职前教师培养模式,又要做好职前培养与职后培训的衔接。我国改革开放以来,逐步形成教育学院、教师进修学校等彼此分工、密切合作的在职教师培训网络,但如何加强中学教师的在职培训与职前教育的衔接,实现一体化培养,则是摆在我们面前的艰巨任务。

(一)职前培养与职后培训一体化模式的必要性分析

1. 终身教育思想的挑战

终身教育是当今世界上一种重要的国际性教育思潮。传统的教育制度将人的一生分成两半,在前半时期个体接受教育与学习,在后半时期生活与工作。终身教育理论认为,这种观点是不正确的,因为教育与学习的内容实际上并不随学校教育的结束而结束,而是贯穿于"从摇篮到坟墓的生命的全过程"。因此,每个人都应接受终身教育。这样的终身教育建立在4个支柱基础之上,这4个支柱即学会认知、学会做事、学会共同生活和学会生存。所谓学会认知,是指学生能掌握认知的手段和方法,打破传统学习过程中一味强调死记硬背的陋习,发展人的想象力和创造力,知道如何去获取知识,使他们在离开学校后,能自主地、持续不断地学习;所谓学会做事,是指教育和未来的职业相联系,让学生把学到的知识运用到实践当中去,使学生具有基本的生存技巧;所谓学会共同生活,是指在多元文化相互交融的时期,学会如何与人沟通、相处。所谓学会生存,是指在学习、生活的过程中,不断地增强自主性、判断力和个人责任感。[1]

终身教育、终身学习的观念也不断深入社会的各个行业。过去那种将人在学校教育时期获得的知识用于一生的职业消耗的做法受到了巨大的挑战。任何人、任何职业都应树立终身学习的观念。而作为社会知识代言人的教师,更是如此。有研究指出,教师在其从事教职五六年后已基本定型,如果不实施强有力的继续教育,使其职业价值、性格、手段等全方位更新,不通过回归进修的

---

[1] 联合国教科文组织.教育:财富蕴藏其中[M].北京:教育科学出版社,1996:75.

形式摆脱对原教育文化环境、现实利害关系、心理习惯定势等方面的功能性固着,职业水平将在垂直层级上停顿。[1]因此,教师必须具有与时代相适应的精神,树立终身学习的观念。所有这些,给我们当今的教师教育目标、内容、方式,职前职后教育的连续性等都提出了新的要求。

2. 可持续性专业发展的需要

杜威曾经指出:"当教师教育被视为一种专业领域时,就必须把它看成是一种一生的专业发展形式,与其他专业领域的训练有着同样重要的共同特征。"[2]师范生即使完成了职前阶段的本科教育甚至是更高学历的教育,也只不过是一个修业阶段的结束,并不能说不需要职后的学习和发展了。"教师的整个职业生涯都应有继续培训的机会,从而使之能跟上思想和方法的新进展。"[3]因此,教师教育必须从终身教育以及专业发展的观点出发,既要有阶段性又必须有持续性,使教师职前培养教育与职后继续教育成为一体,才能满足社会发展对教师的要求。

从终身教育观点出发,可以把教师教育分为三个阶段:职前教育、入门教育和在职教育;也有的学者将其分成职前和职后两个阶段。无论是教师教育分成三段还是两段,统一的观点是把这几个阶段看成"一个连续过程的组成部分"[4]。换言之,教师教育的职前阶段和职后阶段不是分离的,而是一体化的。1996年国际教育大会第45届会议在建议中指出,职前培养应该与在职培训密切结合。建立一种视职前教育和在职教育为连续统一体的师范教育和培训系统,是世界各地所共同要求的。[5]当今世界各国的教师教育均包含了职前教育和职后培训的完整内容,正努力使两个阶段有机地统合为一个完整的相互联系的系统。

早在20世纪70年代初,英国政府在发表《詹姆斯报告》后重新修订了教师培训计划,并通过法规将中小学教师培养过程分为三个不可分割的连续阶段,

---

〔1〕王延文.教师专业化的系统分析与对策研究[D].天津大学博士学位论文,2004:66.

〔2〕转引自王延文.教师专业化的系统分析与对策研究[D].天津大学博士学位论文,2004:20.

〔3〕赵中建.全球教育发展的历史轨迹:国际教育大会60年建议书[M].北京:教育科学出版社,1999:12.

〔4〕邓金生.培格曼最新国际教师百科全书[M].教育与科普研究所,译.北京:学苑出版社,1989:69,63.

〔5〕赵中建,译.国际教育大会第45届会议的建议[J].外国教育资料,1997(6).

第七章　专业化:我国中学教师职前教育的路径选择

缺少一个阶段就被视为"没有受够教育"而不能获得教师资格。1975年7月，英国的教育和科学部颁发了《继续教育规程》，要求"大学以外的师范教育和继续教育结合为一个共同体"[1]。德国于1992年通过颁布《教师继续教育法》严格规定中小学教师必须不断参加各种形式的研习、讨论和提高性的在职教育，否则被取消教师资格。由此看来，各国的历史背景各不相同，但在教师教育一体化发展方向上都趋于一致，都把职前教育和职后培训构建成一个有机衔接的统一体。

因此，教师职前培养必须充分考虑其前瞻性、可持续性。"教师教育"应在学习化社会、终身教育思想的指导下，按照教师专业发展的不同阶段，对教师的职前培养和职后培训全盘考虑、整体规划和设计，体现教师教育连续性、阶段性、一体化的发展要求。

(二) 实现教师教育职前与职后一体化的设想

要实现教师职前教育与职后培训的一体化，需要从多方面做出努力。

1. 增加入职培训环节，提升中学教师职前培养质量

目前，我国师范毕业生在毕业后立即上岗的情形仍占主流，入职培训环节缺位是中学教师职前培养存在的普遍问题之一。在这种情况下，新教师在工作岗位上往往会感受到非常大的压力，这非常不利于中学教师的专业成长。

上海市的做法值得借鉴和推广。上海市推行了见习教师规范化培训制度，其主要目的是为师范专业的毕业生提供入职培训，以最大限度地缩短职业适应期，尽快步入成长期和发展期。其主要做法是：上海市教委根据各区县推荐及专家评审，建立了86所"教师专业发展学校暨见习教师规范化培训基地"[2]。师范院校或其他高等院校的毕业生，想进入中小学幼儿园任教师，在通过新的国家教师资格考试，取得教师资格以后，相对集中在培训基地里，由专门指导教师带教进行见习与顶岗实习，帮助他们正确认识与适应教师角色，形成良好的教学行为规范，提升课堂教学、做学生工作、担任班主任、参与学校教研活动的实践经验与能力。这些毕业生通过考核后，即可直接注册上岗。

该类"基地学校"的建立对于职前培养与职后培训紧密结合，提升教师教育

---

[1] 张发建.英国研究生教育证书培养模式的初步研究[D].福建师范大学硕士学位论文,2005:12.
[2] 市教委公布上海市教师专业发展学校暨见习教师规范化培训基地[EB/OL].[2014-03-02].http://www.shanghai.gov.cn/shanghai/node2314/node2319/node12344/u26ai32934.html.

的有效性,提高教师培养质量具有很好的作用,因而是一种值得推广的举措。

2. 建立终身教育"学分银行",促进在职教师的专业素养提升

所谓"学分银行"(School Credit Bank)是一种模拟或借鉴银行的功能特点,使学习者能够自由选择学习内容、学习时间、学习地点的一种管理模式。"学分银行"制度在我国还属于新生代事物,主要用于职业教育。职业院校设立"学分银行",学生每学完一门功课,即可将拿到的学分存入"银行"。学生可以半工半读,也可以工学交替。只要学生学习的课程累积到规定学分总数后即可"支取"相应学历。

"学分银行"的灵活优势显而易见,它突破传统的专业限制和学习时段限制,有利于调动学生积极性,有利于各类教育沟通衔接。上海市于2012年7月建立了"学分银行",成为全国首家投入运行的"学分银行"。有关专家认为,构建"学分银行"是建设上海市终身教育体系和学习型社会、满足市民多元化学习需求的需要,是落实国家和上海市中长期教育改革和发展规划纲要中建立"学分银行"制度、搭建终身学习"立交桥"要求,是完善上海市终身教育体系的有效措施之一。[1]

从理论上说,"学分银行"既然能促进普通市民的终身教育,也必然能运用于教师教育,为在职教师的专业发展服务。如果教育部或各省、市的教育厅建立"学分银行",面向全国或全省、全市的中小学教师,每个教师都可以通过在"学分银行"注册,拥有自己的终身"学习账户",用以记录进修经历和课程学分。当学分积累到一定程度时,可按规定转换为相应的证书和文凭。

当前,我国教师资格证书制度正在逐步废除教师资格终身制,而推行定期注册制度。如果在职教师的资格证书更新或定期注册与进修相关联,那么"学分银行"的做法对促进教师的在职教育将是一个很好的举措。

3. 规范职前培养和职后培训机构,实现教师教育的一体化

职前教育和在职教育不应是两种教育的教学内容和课程体系的重复设置,而应是合理分工、相互衔接和贯通,形成既显示教师教育的阶段性,又体现整体性的教师教育人才培养模式。在两者侧重点的划分方面,职前做好奠基教育,理论与实践相结合;职后应做好提高教育,将教师的实践经验上升到理论高度,

---

[1] 焦苇,程媛媛. 上海电大变身"开放大学"人人可开通"学分银行"[EB/OL]. [2014-07-12]. http://www.shedunews.com/zixun/shanghai/liangwei/2012/07/24/23359.html.

职后教育应成为职前教育的发展和继续。因此,职前培养和职后培训在培养目标及课程设置等各方面应综合考虑如何相互衔接,使教师教育形成一个具有连续性和完整性的过程。

在管理层面上,高校应该重视管理模式的改革,处理好各种资源的配置。应该实现由传统的职前教师教育的管理模式向终身教师教育的管理模式的转变,将教师的继续教育和培训作为学校一种基本和正规的人才培养模式加以建设和管理,从而使我们的教师教育院校不仅是教师职前教育和培养的机构,而且是教师接受和获得终身教育的机构。[1]

第三节 专业化的内容优选:更科学合理的课程设置

中学教师职前培养课程体系的改革必须有系统观念、全局观念。"一叶障目,不见森林"的做法显然不可取。任何课程体系的改革都必须包括两个大方面:课程比例与结构关系的调整,课程要素的选择与调整。

与课程体系问题分析时所采用的逻辑思维方式不同,问题分析是由要素到结构,由表象到内里;而在考虑解决对策时,思维方式应有所转换,本着由总体到部分、由结构到要素、由框架到细节的原则,逐渐深入细化,这样更具有科学的合理性及现实的可操作性(图7-4)。

---

[1] 王延文.教师专业化的系统分析与对策研究[D].天津大学博士学位论文,2004:154.

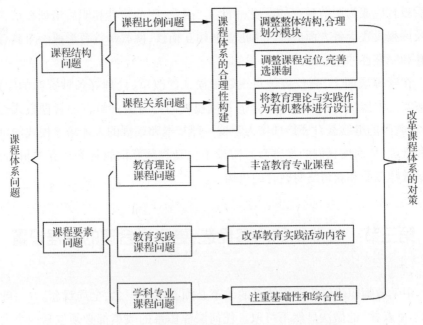

图7-4 中学教师职前培养课程体系的问题与对策

一、课程体系结构的合理性构建

中学教师职前培养课程体系的专业化也是一个现代化的过程。课程实施现代化,不仅仅指课程的开发与实施手段的现代化,更重要的是指课程的开发与实施过程中,教育思想和教育理念的现代化。理想状态的中学教师职前培养课程的组织是根据一定的组织原则,进行横向和纵向排列和整合,形成一定的课程结构,使课程之间互相增强,发挥累积的最大效果,以达到专业的培养目标。因此,首先应对课程结构做合理性的构建。

课程体系的建构不仅应基于对教师专业化素养的理论分析、对课程体系的国际比较,以及对现实问题的剖析,更重要的是考虑中学一线教师、校长、师范毕业生等群体的意见、建议和实际需求。基于访谈的实证研究有助于对教师教育课程体系改革的研究更深入、具体,提出的建议性结论将更趋于科学合理。

(一) 课程体系的整体结构

教师教育专业课程体系是被组织化了的整体,是一个有自身内在逻辑关系的系统。课程要素的内在逻辑性是课程体系组织的"黏合剂",它使课程体系的各个要素有机地联系串联起来,成为一个联系紧密的"人才培养整体",而不仅仅是大量学科或知识的单纯罗列与堆积。[1]因此,课程体系改革首要的一步是调整课程结构,在尽量不增加学分和课时总量的前提下构建比较科学的课程模块,形成较为合理的教师教育专业课程体系。

1. 课程体系的模块划分

如前所述,现在世界各国在中学教师职前培养课程体系的构建上,呈现越来越一致的趋势,大都包含通识课程、学科专业课程、教育专业课程三大模块。本研究在这三大课程模块的划分上,根据教师教育专业的双专业性质及教育实习的关键性,增加综合实践课程这一模块。因此,课程模块可以分为通识教育课程、学科专业课程、教育专业课程、教育实践课程四大模块。

中学教师职前教育的通识课程,是指根据通识教育的目的和所要达到的目标而设计的课业及其进程的总称。在高等学校课程中,它是与专业课程相对应的一个概念,是学校课程的有机组成部分,泛指专业课程以外的所有课程。"就性质而言,通识教育是高等教育的组成部分,是所有大学生都应接受的非专业性教育;就其目的而言,通识教育旨在培养积极参与社会生活的、有责任感的、全面发展的社会的人和国家的公民;就其内容而言,通识教育是一种广泛的、非专业性的、非功利性的基本知识、技能和态度的教育。"[2]

学科专业课程主要学习将来所教学科的专业知识,包括该学科的基本理论和基本技能。学科课程是解决主体教有所指、教有所长的问题。其遴选原则是"有用"和"够用",在实际操作时应切实改变学科课程偏多、偏深、脱离实际需要的现状,重视课程内容的整合。[3]基础科学在课程体系中是最稳定最持久的一部分,是一切专业学习的基础,应该加强和巩固。

教育专业课程的功能是解决职前教师"如何教书育人"的问题,其任务是"培养师范生的教师角色意识,增强教育理论意识和献身教育事业的信念,树立正确的教育思想,初步训练学生具有从事教育工作的基本技能"[4]。教育专业课程是师范专业区别于其他专业的重要标志,甚至可以说是重点支柱课程,

---

[1] 胡弼成.大学课程体系现代化[M].长沙:湖南大学出版社,2007:30.
[2] 李曼丽.关于通识教育概念内涵的讨论[J].清华大学教育研究,1999(1).
[3] 蒋亦华.本科层次中小学教师培养模式的主体建构[J].江苏高教,2008(4).
[4] 钱家达,华北、华东七院校教育理论研讨会第十四届年会综述[J].教育研究,1997(5).

具体包括教育教学理论、方法、技能等培养教师专业素养和教学技能的课程。教师教育专业课程的设置既要体现学科的专业性,又要体现教育学科的特殊性,同时要重视课程的实践性。

教育实践课程作为高等师范院校重要的课程设置,为学生提供了理论联系实际的机会。教育实践课程与传统的教育实习不同,不是一次性的,而是贯穿于中学教师职前培养的全过程之中。

这种模块的划分,与国际上对教师教育专业课程体系的划分是基本一致的。这种模块划分的优点是能凸显教师教育专业的重要性,改变原来重学科知识教育、轻教育专业知识和公共基础知识的价值取向,理顺各类课程的结构关系,使教师教育的"学术性"和"师范性"、理论性与实践性不断整合,从失衡向协调发展。

2. 课程体系的横向结构和纵向结构

当代知识的发展呈现高度分化和综合的趋势。现代社会科技的飞速发展,使新知识第一时间进入学生的眼帘,其瞬间万变的速度和汪洋无边的广度,反映出知识的日益高度分化。同时,学科与学科之间相互交叉、渗透、融合,使得过去泾渭分明的界限逐步消融,法定的课程已失去其规范性。学科之间的融合导致传统的单科学科课程向广域课程发展,课程呈现综合化趋势。[1]在这种情形下,"单科型"教师将越来越无法适应基础教育的需求。因此,中学教师的培养应采取宽口径培养模式,应打破传统以学科为中心的对事物进行知识分割的教育观念,增加相关或相邻学科课程作为必修,以培养师范生宽广的知识结构。

在这一问题上,发达国家的教师教育专业课程设置给我们提供了很多借鉴和启示。如果中学教师的职前培养不再是"单科型"的,学生能有机会接受两个学科的知识、教学法和相应的教学实习训练,从而形成宽广的知识结构,并能胜任两个相关或相近科目的教学,那么教师教育专业毕业生在教育领域内就业的范围就拓宽了很多,就业机会明显增加。

要实现这一目标,就必须改变课程体系的横向结构和纵向结构。首先在横向结构上,学科专业课程的设置必须具备综合性的特点,每个学科专业课程必须包含两个学科或对应两个教学科目,科目的选择遵循相关性原则。高等教师

---

〔1〕 金忠明.教师教育的困境、挑战及机遇[J].首都师范大学学报(社会科学版),2009(5).

教育机构尽可能提供一些多样化的选择,同时对应开设两个教学领域的教学法课程,并进行相应的训练。与此同时,突破教育类课程与学科类课程各自为政的状态,将教育理论课程的原理、规律、方法、技术融合到学科教学中,促使教育专业知识有效地转化为指导学科教学实践的学科专业知识。

但仅仅考虑课程要素之间的横向设置是远远不够的,必须同时考虑课程要素之间的纵向关系,即理论与实践的互通整合。对于任何教师教育专业,学科专业课程—教学课程—教学实习都是课程体系纵向结构的一条逻辑主线。因此,不仅要设置两个学科的专业课程,还要设置两个学科对应的教学法课程,并安排相应的教学实习;教育类课程尽量地减少去情境化的纯理论知识的讲授,多让学生掌握能够促进其教学实践能力提升的实用知识;学科类课程则不过分追求知识体系的系统性与完备性,以够用、实用为原则选择一些基础性知识;增设活动类课程,以案例教学、情景模拟、现场演练等方式提高学生教学实践技能(图7-5)。只有这样,才能真正地对拓宽教师的就业范围有意义。

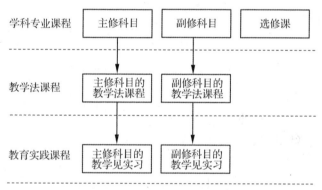

图7-5 教师教育专业横向和纵向结构

这种课程体系横向结构和纵向结构的合理性,是基于基础教育阶段学校的实际需求。本研究对5位中学校长和14位中学一线教师进行了访谈(见附录一、附录二)。访谈的目的是征求初中和高中学校校长以及不同科目的初中和高中一线教师对以上课程结构和具体课程的意见和建议。中学一线教师从自身的工作经历对当前师范专业的课程设置提出了看法。参与访谈的14位教师都认为,大学阶段开设的课程中最重要的是核心基础课程、教学论课程和教育实习。现为初中物理教师的袁××表示,工作多年过后,感觉大学阶段所学课程中对教学工作最有用的还是普通物理学和物理教学法课程,其他的课程内容大部分都忘记了。许多一线教师都认同教学论和教育实习的重要性。高中数学教师王××指出,在职前的教育实习阶段,指导教师给了很多上讲台上课的机会,正是这一经历给了自己做教师的经验和信心。

5位校长认为这种课程结构对物理、化学、生物等小学科教师的培养是非常有意义的。因为当前中学对物理、化学、生物、历史、地理等小学科教师的需求量较小,应聘者却非常多,所以竞争非常激烈。受到单一学科和市场需求的限制,有些成绩优秀且技能娴熟的毕业生无法顺利就业,或者只能选择改行。其中有两位校长(包含小学和初中)建议,中学物理、化学、生物学科方向的师范专业可以增加小学科学作为副修,因为当前小学招生人数在逐年增加,小学教师的需求量很大。有些地区在教师招聘中明确表示物理、化学、生物专业的毕业生可以应聘小学科学岗位,但往往由于应聘者的知识面太窄,没有经历过小学科学教学的训练,对于教小学生没有任何信心,所以鲜有合格的。访谈结果表明,培养复合型教师的课程结构是符合社会需求的,是合理的。

(二)课程的定位:必修与选修的依据

目前我国高校已普遍采用学分制。学分制的基础是选课制。在学分制条件下,课程一般分为必修课和选修课两大类。必修课的重要性毋庸置疑,而选修课也不容忽视。因为,选课制的完善程度主要看学生选课的自由度的大小,尤其要看选修课的开设情况,选修课的质量高低更能反映出学分制的完善程度。作为一种可以根据兴趣、爱好及就业需要进行有针对性选择的课程,选修课现已成为我国高等院校课程体系设置和人才培养中一个重要的组成部分。

教师教育专业应改变当前重学科专业类的选修课的做法,每个课程模块都应设置相应的必修和选修课程,并且规定教师教育选修课程的最低学分。由于通识教育是所有大学生都应该接受的非专业性教育,所以本研究对通识教育课程不再进行过多的讨论,主要讨论学科专业课程与教育专业课程的必修和选修。

1. 学科专业课程的必修与选修

学科专业的必修课是面向所有师范生,为确保师范生的学科素养达到大学水平而开设的专业课程。必修课程的选择应遵循基础性原则。从学科知识体系的框架和相互联系出发,体现专业水平的主要课程作为专业核心课程,应设置为学生的必修课,以保证学科专业基本培养规格的实现。

对于某一学科的教师教育专业而言,由于学科专业的必修课是面向所有师范生的,主要传授该学科专业的基本理论及基础知识,所以无法照顾到不同学生的不同需求。而通过开设选修课,则可以照顾不同师范生对进一步深造或就业的不同需求。

从学科专业选修课的作用来看,学科专业课程的选修设立应遵循三个原则:

首先是考虑师范生的专业发展需要。我国《教师法》对各类教师的学历层次的规定,只是一种最低标准,从社会发展和现实需求看,不断提高中学教师的学历层次已是大势所趋。这与国际教师教育的发展也是相一致的。因此,应鼓励一部分本科师范专业学生进一步提升学历层次。反映在课程设置上,可以有针对性地设置一些本学科方向的延伸课程,对于有意向在某一学科领域继续深造的个人来说,可以进一步深化专业知识,学习更专、更精、更深的内容,追求个人的进一步提高和发展。

其次,选修课的设置还应考虑师范生在非教师岗位就业的可能。近年来,师范毕业生就业形势严峻,使得很多师范专业毕业生在非教育领域寻求出路。为了增加师范生在非教师岗位的竞争力,就需要培养他们在相关或邻近领域的技能。因此,课程体系中可以增加相关或邻近领域的理论与技能型课程作为选修,以满足部分师范生的特殊就业需要。

最后,还应考虑学生的兴趣和特殊需求,开设一些交叉学科、边缘学科课程,以及跨学科甚至跨越文理界限的专业课程,以满足学生多样化的需要。

2. 教育专业课程的必修与选修

考虑到学生的未来就业需要以及今后的专业发展需要,教育专业课程中必修课程的设置建议由"单学科"专业改为"双学科"专业培养,以拓宽师范生的知识结构,提高就业机会。从近十年师范生的就业形势来看,培养中学教师的师范专业,如果专业方向是除语文、数学、英语之外的中学小学科,毕业生的就业形势一直不够稳定,存在供大于求的态势。在这种情况下,由于师范生只能胜任某一个学科的教学,当某个地区对该学科的需求量很小时,该学科的毕业生就业就很成问题。从这一角度,高校教师教育专业应考虑拓宽毕业生的就业范围,允许学生选择从事相关学科的教学。当然,在适当增加跨学科、跨专业课程的前提下,教育专业课程应提供相关学科的教学法课程。

目前,我国高校在中学教师的职前培养中,教育专业选修课程的占比相对较小,乏善可陈。其实,教育专业课程选修非常必要,它是强化师范生自主学习能力、促进自身专业发展、塑造职业价值理念的重要途径。在具体课程的设置上,教育专业课程的选修应考虑不同层次教师的"顺向兼容问题"[1]。尽管《教师资格条例》规定,"取得教师资格的公民,可以在本级及其以下等级的各类学校和其他教育机构中担任教师"[2],而从实际情况看,小学、初中、高中三个阶段的教学内容和教学要求存在明显差异,而且学习者在不同年龄阶段具有不同的身心发展特征。这种差异性决定了仅有学科内容知识无法满足教学的需要。因此,教师教育专业的课程设置必须顾及这种差异。可以通过开设相关的选修课程来满足部分师范生的特殊需要,例如,培养中学教师的数学专业可以开设小学数学教学领域的教法课以及儿童发展等课程作为选修课。

二、教育专业课程的改革对策建议

教育部关于《大力推进教师教育课程改革的意见》中指出:"师范教育应该把社会主义核心价值体系有机融入课程教材中,精选对培养优秀教师有重要价值的课程内容,将学科前沿知识、教育改革和教育研究最新成果充实到教学内容中,特别应及时吸收儿童研究、学习科学、心理科学、信息技术的新成果。要将优秀中小学教学案例作为教师教育课程的重要内容。加强信息技术课程建设,提升师范生信息素养和利用信息技术促进教学的能力。"[3]

因此,对教育专业课程的改革应与时俱进,在巩固现有专业课程特色的基础上,增加语言及沟通技能、儿童发展、教育教学研究等目前比较欠缺的课程,进一步完善中学教师职前培养的课程体系。

1. 教师语言与沟通课程

语言是人类区别于其他动物的特征之一。语言不仅用于个人思想的表达,更重要的是用于人与人之间的沟通与交流。对于中学教师的职前培养而言,语言能力的强化至关重要。语言包括书面语言和口头语言,两者缺一不可。精通

---

[1] 蒋亦华.本科层次中小学教师培养模式的主体建构[J].江苏高教,2008(3).
[2] 国务院.教师资格条例[EB/OL].[2012-10-03]. http://baike.baidu.com/view/438067.htm? fr = aladdin.
[3] 教育部关于大力推进教师教育课程改革的意见[EB/OL].[2014-08-15]. http://edu.imnu.edu.cn/n51c24.jsp.

文字写作和熟练掌握口语表达技能是所有教师教育专业学生的必备基本功。

与此同时,从中学教师的职业特色上来看,承担学生学习与发展的不是一位教师,而是整个教师团队;中学教师的活动空间绝不是一间教室,而是整个学校以及更为广阔的校外平台。因此,教师专业化不仅聚焦关于教师个人专业成长的研究,更关注教师团队(对职前教师而言是学习共同体)的群体性专业成长,这就更需要教师在语言与沟通能力方面的胜出。

对实际的中学教育教学活动而言,良好的师生沟通关系是建立有效学习的基础。苏霍姆林斯基曾说过:"我坚信,常常以教育上的巨大不幸和失败而告终的学校里许许多多的冲突,其根源在于教师不善于与学生交往。"[1] 基础教育课程改革要求教师与学生要建立民主平等的新型师生关系。教师不再是高高在上,而应尊重学生的个性,与学生进行平等的对话。这就更需要教师具备良好的沟通能力。

成功学之父卡耐基说过,一个人事业上的成功,只有15%是由于他的专业技术,另外的85%要靠沟通技巧。这个理论在教育行业同样适用。许多发达国家的教师教育专业课程体系中都把语言与沟通课程作为一门重要的通识课程或教育专业课程。然而,在我国教师教育专业的课程体系中,语言与沟通类课程一直处于缺位状态,学生缺乏语言沟通方面的专业指导与训练,导致教师教育专业学生的沟通能力较低。因此,在中学教师职前培养课程中,开设专门的语言与沟通课程是非常重要的。通过语言课程培养师范生良好的口头语言和书面语言表达能力,并养成良好的沟通品质。

对设置语言与沟通类课程的必要性,本研究也通过访谈的形式征求了中学校长的意见和建议(访谈提纲见附录二)。被访问的5位校长以普通教师和校长的双重身份谈了自己对教师沟通能力重要性的认识。他们一致认为,沟通能力是一项极为重要的专业素养,教师每天都需要与学生、家长、同事交流,没有良好的沟通能力,根本无法胜任教师这一职业。在工作过程中,善于沟通的教师做班主任,班级会比较和谐,工作会比较顺利,教师本身的工作压力相对较小,工作中容易形成良性循环。访谈结果表明,师范专业开设语言与沟通类课程是很有意义也很有必要的。

---

[1] 苏霍姆林斯基.给教师的一百条建议[M].天津:天津人民出版社,1981:126.

2. 儿童发展课程

教育作为一种知识传播活动,要求教育者对受教育者要有深入的了解。"关于人成长和发展的知识,可望为教师教育提供主要组织原则,并使教学更为专业化……教师应关注将人的发展理论及相关知识应用于课堂实践,从而提高学生的学习能力,未来的教师应成为善用社会学和生物学成果的专家。"[1]

中学教师的教学对象主要为儿童、青少年。对教学对象的充分认知是进行教学实践的根本与前提。教师应详细观察并研究儿童,以帮助师范生理解儿童。正如医生如果不理解人类机体如何工作就不能恰当地运用医疗技术一样,教师如果缺乏对"学习"如何发生和"学习者"如何学习的认知,那么就无法创设有效的学习环境,或者无法组织有效的课堂教学。[2]因此,在中学教师职前培养课程体系中,应该开设关于儿童发展的课程,以强化对儿童发展、儿童需求和儿童学习的认知,迈好课堂教学的第一步。

3. 教育教学研究课程

当前国际教师教育的潮流是培养研究型教师和反思型教师。从事教育教学研究的能力以及对自身教育实践进行反思的能力是教师专业能力的重要组成部分。因此,在中学教师职前教育阶段,开设教育教学研究课程是很重要的。

以我国的具体情况而言,很多高等师范院校在课程设置中较偏重基础理论教学,对学生教学研究意识和能力的培养目标较为模糊。对教师教学研究能力培养方面的不足将直接影响到从业后中小学教师的教学研究意识和能力,影响到教师队伍的培养质量。有研究者指出,高师院校在课程设置和教学中应当体现出对学生教学研究基础能力的培养,包括发现问题、设置研究过程、呈现研究成果等方面基本素养的训练。[3]

随着中小学素质教育的深入,社会各界对中小学教师的科研能力也开始提出新的要求。教师自身必须有科研的动力、创新的激情,才能革除压抑、束缚学生创造力的旧观念、旧做法,让自身的创造点燃学生创造的火把。[4]因此,中小

---

[1] 克莱博·费登·沃格尔.改革师范教育:用人的发展理论培养教师[M]//瞿保奎.教育学文集·教师.北京:人民教育出版社,1991:573-575.

[2] 何慧华,高湘萍.理论与实践的黏合剂:美国"有效教师教育项目"临床见习模式评述[J].外国中小学教育,2012(4).

[3] 程瑞,田万惠.建构研究型教育实习模式的探索[J].文教资料,2012(5).

[4] 金忠明.教育十大基本问题[M].上海:上海教育出版社,2008:181.

学教师应摆脱传统教师形象的约束,从单纯的知识传授者向研究创新者转化。

为了验证教育教学研究课程的重要性,本研究也征求了中学一线教师的意见(见附录一)。在对中学教师访谈的过程中,有两位教师的经历和感受对我们很有启示。一位是初中物理教师昌××,学历为本科,教龄为5年;另一位是初中化学教师沈××,研究生学历,获得了教育学硕士学位,教龄为4年。问及在工作几年后,对教学的感受以及当前工作中还存在什么障碍,昌××表示,工作5年后,承担物理教学两个轮回了,对初中的教材和教学内容已经非常熟悉了,教学工作基本上不存在什么困难,最大的障碍是自己不知道如何做教育教学研究,不会写文章,所以觉得自己发展的阻力挺大的。问及对高校师范专业开设教育研究课程的看法,昌××表示,自己在大学阶段没有学习过教育研究课程,毕业论文选题也与中学教育教学也没有关系,所以自己在工作后对做研究和写文章特别不适应。如果师范专业开设了教育研究课程,重视教育教学研究能力的培养,学生在毕业后的教学工作中就可能不会遇到像她这样的难题了。

而沈××表示,因为自己在研究生阶段经历了较多的教育教学研究的训练,所以在工作中还是非常顺利的,能够在自身的教学实践中发现问题并加以研究,并进行论文写作。这一能力使她对自己的专业发展充满信心。沈××也认为,对师范专业的本科生而言,教育研究类课程的开设是非常必要的。

三、教育见实习的改革对策建议

职前教师的教育实践活动,以教育见习和实习为主,是实现教师教育培养目标不可或缺的教学环节。关于教育实习如何改革,很多专家都积极研究,踊跃提议。《光明日报》刊登北京师范大学方增泉教授的文章《教师教育亟待建立国家标准》,指出了我国目前教育实习存在的问题,并给出了"要完善教育实习顶层制度设计""更新传统教育实习观念""丰富教育实习内容与形式""积极寻求大学与中小学实现互惠合作""加强实习指导教师队伍建设、完善实习指导教师的培训体系"等建议。[1]

在制度层面上,教育实习的改革也渐行渐近。教育部于2011年10月颁布了《教师教育课程标准(试行)》(以下简称《标准》),明确提出了教师教育课程

---

[1] 方增泉.教师教育亟待建立国家标准[N].光明日报,2010-01-27(3).

要强化教育实践环节,完善教育实践课程管理,确保教育实践课程的时间和质量。本研究在借鉴其他专家学者的研究成果的基础上,对教育实习的改革提供如下设想:

(一) 教育实习内容的全面性、反思性和研究性

如何设计切实有效的教育见习和实习活动的内容,是教育实习改革的首要命题。如前所述,教育实习的功能不仅在于教育教学技能的训练和提升,更重要的是使职前教师学会在实践中发现现实问题,学会运用教育理论进行反思,并通过反思提升理论。只有这样,职前教师获取的知识和方式才有可能有其个人的选择和特征,形成其个人的特质并促进个性的丰富与发展。因此,教育实践课程的内容安排应注意以下几个方面:

1. 教育实习内容的全面性

《标准》明确了教师教育课程在教育实践领域的目标定位,包括学校层面、班级层面和学生层面的实践体验,教育实践活动涉及学校教育工作的各种类型,既包括课堂教学、班级管理,也包括交际沟通活动、教研活动、科研活动、社团活动等。《标准》的颁布为高校教师教育专业实践课程内容的改革提供了方向。

因此,教育实践课程应增加见习,并适当拓宽师范生在中小学的实践活动内容。师范生应能上下互动、纵横互联地全面参与学校各个层面的教育工作,从中感悟学校组织机构各个层面之间的连接关系,在此"艺徒制"基础上真正地提高对教师职业的认识,获得各项教学技能与能力。

2. 重视师范生的实践反思

出于长期以来的思维和行为惯性使然,当前教师教育专业的教育见习、实习过程仍然带有"艺徒制"的特点,强调通过对指导教师工作尤其是课堂教学的观摩、模仿而提高师范生自身的各项技能。这种方式的有效性显而易见,但过于依赖于此容易把教育实践活动简化为一个简单的技术控制过程,显然不利于师范生的专业发展。

《标准》指出,教师作为反思性实践者,应在研究自身经验和改进教育教学行为的过程中实现专业发展,这与国际教师教育发展的取向是相一致的。美国当代教育家、哲学家唐纳德·舍恩提出,反思性实践的目的在于造就"反思性实

践家",以替代原来的"技术熟练者"。[1] 反思性实践的特征在于,立足于特定的教育情境,对自身的教育教学活动进行积极的审视。其主要作用在于,通过对教育教学活动的反思,能够有效地促进职前教师的专业成长,缩短职前教师与专家教师的差距,尽快实现角色对接。

教师成长理论中,美国学者波斯纳提出了一个教师成长的公式:教师的成长 = 经验 + 反思。他还指出,没有反思的经验是狭隘的经验,至多只能形成肤浅的知识。[2] 因此培养师范生的反思能力和反思习惯是非常重要的。师范生的教育见习、实习等其他教育实践活动,"不能仅仅被视为一种获得知识、技能与养成态度的经验性学习过程,而且应该是一种行动与反思的交替过程"[3]。

3. 关注师范生的教育研究意识

如前所述,基础教育需要具备创新能力的研究型教师。但中小学教师的教育教学研究能力的培养,并不是一蹴而就、立等可达的,而必须从职前教育阶段开始。《标准》指出,教师教育课程应强化实践意识,关注教育现实问题,体现教育改革与发展对教师的新要求。中学职前教师教育在教育实践与体验层面的目标之一是:在日常学习和实践过程中积累所学所思所想,形成问题意识和一定的解决问题的能力;了解研究教育实践的一般方法,经历和体验制订计划、开展活动、完成报告、分享结果的过程;参与各种类型的科研活动,获得科学地研究学生的经历与体验。[4] 这不仅与我国经济社会的发展、基础教育改革的不断深入深化相适应,也与国际教育实践课程变革的新取向存在着内在的契合。

正如作家的灵感要"源于生活、高于生活",中小学教师的研究也应以实践研究为主,不能脱离社会现实及工作情境。尽管理论色彩浓郁和严格规范的教育科学研究有其存在的意义和价值,能够为教师专业发展奠定良好的理论基础,但中小学教师从事理论研究并不适合他们全体的专业发展,他们所从事的研究应该是一种基于日常教育实践的研究。[5] 因此,"有必要把人类学和社会学研究以及其他研究的研究方法,以及在这些研究方法的基础上所发展起来的

---

[1] 邓志伟.关于教师反思性实践的批判性反思[J].开放教育研究,2008(8).
[2] 皮连生.学与教的心理学[M].上海:华东师范大学出版社,2003:28-29.
[3] 转引自:杨燕燕.我国教师教育实践课程的历史回顾与发展愿景[J].教育探索,2010(5).
[4] 教育部.教师教育课程标准[EB/OL].[2013-01-15]. http://baike.baidu.com/view/6707321.htm? fr = aladdin.
[5] 杨帆,夏惠贤.教师专业发展与日常教育实践研究[J].教育导刊,2008(1).

具有描述性的叙事研究方法引入教育研究。具体来说,是引入到对教育经验的关注从而进一步对日常教育实践的观察上来"[1]。

因此,应在教育见习、实习等其他教育实践活动中,帮助师范生树立研究意识,学会在真实的教育情境中发现问题、形成课题、收集数据、形成观点,撰写具有一定水平的调查报告和论文,从而提高师范生的教育教学研究能力和专业发展潜力。

(二) 教育见实习的整体性、分阶段、模块化

如同课程体系构造具有系统性一样,教育实践课程作为中学教师职前培养课程的一个重要部分,自身也具备整体性的特点。构成实践课程的各要素(包括时间、内容、组织、考核等)相互影响,不能单独孤立地看待。从20世纪70年代起,国外变革教育实践课程的首要尝试是延长师范生在中小学校实践的时间。然而,人们很快就认识到,延长师范生在中小学的实践时间只是改善教育实践课程的必要条件而非充分条件,关键问题在于要改变传统教育实践课程的设计与组织。[2]因此,有必要将教育理论课程与教育见习、实习活动作为一个有机整体来设计,并借助于科学合理的实施方式、组织方式来实现教育实践活动的功能。

教育见实习的安排应符合师范生的认知规律。根据马克思主义的认识论,教育实践是一个"实践—认识—再实践—再认识"不断循环往复,最终完成认知深化的螺旋式上升提高过程。因此,将教育实践集中于一个时间段一次性完成的做法从理论上看是缺乏支撑的,从实施上看是不可取的。教育理论课程与实践课程应有机地整合起来。所谓理论与实践的整合,不仅包括内容的对应、衔接,更重要的是应用过程中的穿插、融会与互动、应激。《标准》规定教育实践课程不少于一学期,那么如何充分利用这一学期的时间,使之发挥最大限度的效能就是最关键的问题。我们建议将教育见习、实习活动作为一个有机的整体,分成三个相互联系的阶段进行,每个阶段突出不同的重点但又彼此紧密衔接。如图7-6所示,这三个阶段分别为:初步认识和感受阶段;深入体验和积累经验阶段;综合训练和提升能力阶段。

---

[1] 丁钢.教育与日常实践[J].教育研究,2004(2).

[2] 杨燕燕.我国教师教育实践课程的历史回顾与发展愿景[J].教育探索,2010(5).

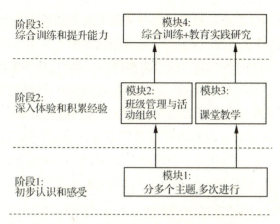

图 7-6　教育见实习的三个阶段、四个模块

第一阶段是学生对学校、班级、学生及教学活动的初步认识和感受阶段,具体包括深入中小学班级,学习如何与学生沟通,了解中小学校的组织结构与运作机制,观摩课堂教学,等等。这一阶段的实践形式为见习,可以分多次进行,分别嵌入学科教学论、班级管理等相关理论课程的教学中。

第二阶段为深入体验和积累经验阶段,是在第一阶段的基础上,运用相关的理论知识,进入中小学,深入体验管理班级、组织活动、指导学生、设计教学、实施、评价和反思等活动,积累一定的经验,为下一阶段的综合训练奠定基础。这一阶段适合采用单项训练,而不是综合训练,因为如果师范生在没有经验的情况下直接进行综合训练,很难做到合理分配时间和精力,因而必然会影响实践活动的效果和质量。因此,分模块的短期实习是比较合理的。可以根据活动内容的相关性分为班级管理与课堂教学两个相对独立的模块。在时间安排上,前者与课程"班级管理"放在同一学期进行,后者与课程"学科教学论"安排在同一学期进行。这两个模块目标设置比较集中具体,操作性强,目标容易达成。

第三阶段为综合训练和能力提升阶段。类似于传统的实习,这一阶段目标设置多样化,突出综合性和研究性,主要任务是进行综合训练,提升各种技能,学习如何从职前教师向新教师转变,并开展教育实践研究。这一阶段适合放在最后一学年。师范生在前面两个阶段经验积累的基础上,会更好更快地适应最后的综合实习。

上述教育实践的阶段划分中,第一阶段为见习,后两个阶段为实习。从目标定位看,这三个阶段的实践内容有不同侧重,而且是逐级递进、螺旋上升的,符合师范生的认知与能力发展规律。从发达国家教育实习的分阶段安排的经验来看,这是比较科学合理的做法,也易于实际执行。

为了了解师范生对教育实习的看法和建议,本研究对参加过教育实习的师范生进行了访谈(访谈提纲见附录三)。从访谈结果看,这种实习安排是比较受欢迎的。对于有从事教师职业意向的师范生而言,他们都认为实习是最能锻炼和提高教学能力的活动。但是不同的实习单位,师范生的实习内容也相差较大。有的学校给实习生安排了一个班级,实习生承担了自己任教科目的所有教学,而有的学校则仅仅给实习生安排批改作业、阅卷、看管班级等琐碎的工作,极少安排教学机会。所以实习结束后,每个人的收获是不同的。分段实习若能安排一个模块专门用来进行课堂教学训练,对每个有意从教的师范生而言都是很有帮助的。

当然,无论多么科学合理的课程体系,最终都需要在具体实施过程中才能发挥效力。课程要素和课程结构的改革要求课堂教学也必须与时俱进,通过现代化、专业化的教学方式,提高职前教师的培养质量。

第四节　专业化的制度保障:更完善的资格认证

现代社会的制度建构,既可以走自上而下的强制性变迁路径,也可以走自下而上的诱致性变迁路径。所谓强制性变迁,是采取政府和法律行为,从上而下地推动制度的建构,具有明显的强制服从性及快速反应性;而诱致性变迁,是指个人或群体为了自身利益而自发倡导的制度变迁,是一种自下而上的制度变革策略,具有自发性、渐进性的特点。[1] 因教师教育的特殊性,教师资格证书制度的改革以强制性变迁路径为主,强调政府的主导作用。教师教育自身的特性决定了其不能完全市场化,政府必须有所作为,制定相应的市场运行规则,有效配置市场资源,把关市场的准入条件,对教师教育发展的方向和质量予以指导与控制。本节仅就教师资格证书制度的某些改革设想提出建议。

---

[1] 张倩.新制度主义视角下的教师教育认证评价制度之构建[J].教育发展研究,2012(8).

一、增强教师资格融通的合理性,放宽教师资格的学科范围

在实行教师资格制度的很多国家,各种教师资格是不能相互融通的。任何教师只能在所持有的教师资格证规定的学段的学校任教。由于各级各类学校都有其不同的特点,教学内容、教学方法、教学对象在各级各类学校中存在着比较大的差别,有高级别教师资格的教师到较低层次学校任教未必能够胜任,教师资格没有限制地向下覆盖是一种无视教师专业性的不科学做法,必须加以改变。

但是,保留教师资格的融通性是具有现实合理性的。教师获聘之后,因学校编制调整、合并或升格等原因,任教岗位可能会发生变化。这就需要依照法定程序及时申请认定与其新的教学岗位相应的教师资格。但目前这方面缺少具体的规定,教师资格学科类别与教学岗位不相符合的情况比比皆是,所以如何规范教师资格的融通性是非常必要的。

教师资格的融通必须考虑到学段和学科的相近性,而不是无条件地向下覆盖。首先是考虑学段的相近性,例如高中与初中、初中与小学。在社会或学校对教师的需求发生变化时,适当地向下融通具有一定的可能性和合理性。例如,持高中教师资格证的教师可在初级中学任教,持初中教师资格证的教师可以到小学任教。

其次是学科的融通性。根据现行教师资格申请学科目录的规定,高级中学教师可申请的任教学科包括思想政治、语文、外语、数学、物理等12项,初级中学教师可申请的任教学科包括语文、数学、外语、品德、政治等18项。有的学者认为,教师资格融通可以分文科和科学两种,如语文、政治、历史三门学科都可以归为文科,那持有语文教师资格的人就可以胜任本学科、历史与政治这三门课程;拥有科学教师资格的人可以从事物理、化学、数学、自然等学科的教学工作。[1]这种融通方式操作简单但也存在一定问题。将教师资格仅分为文科与科学,或文科与理科两大门类,过于宽泛,容易造成泛而不精的情况,不利于教师的专业化发展。因此,这种方式虽然能缓解不同学科师资之间的相互流动,但对提高教师的专业素养及教学质量并无益处。所以,对教师资格的融通还需

---

[1] 付超慧.我国教师专业化背景下的教师资格制度研究[D].四川师范大学硕士学位论文,2010:37.

要慎重考虑。融通不是不同学科教师资格的任意转换,而是有条件的转换。这个条件主要体现在学科的关联度与职前学习的拓展度上。

在借鉴其他国家教师培养模式与资格认定制度的基础上,本研究认为,教师资格融通应考虑学科的相近性和申请者在职前阶段所修的课程。在实际的中学教学中,有些学科是相近的,如语文与历史,数学与物理等,这些学科之间的相互转换是可行的,因为高校的毕业生具备两个相近学科的内容知识和教学法知识是完全可能的。所以,如果申请者在职前阶段的知识面较宽,学习了两个不同学科的课程以及教学法课程,并通过相应的教师资格考试和能力测评,那么教师资格认定机构就可以颁发两个学科的教师资格证书。

二、提高教师资格认定标准

教师资格制度是教师入职的门槛,也是教师专业化的制度保障。理想的教师资格证书制度不仅是一种群体质量保证制度,更应该是一种人才优化制度,它能让最合适成为教师的人成为教师,让优秀的教师脱颖而出。为此,就必须树立与时俱进的教师素养观,提高教师资格的认定标准,以保证教师职业的专业性。

首先,提高教师资格认定的学历、学位标准。学历不仅体现了教师接受教育的多少,也反映了教师专业化的程度。总体来说,现行教师资格认证标准中对学历的要求较低。因此我国教师资格认定的学历标准须逐级提高,初中教师至少要达到本科以上学历水平,高级中学教师也应逐步提高到硕士学位以上水平。只有具备了高标准的准入制度,才会有高质量的教师队伍的形成。

其次,将教育实习纳为教师资格认定的必要条件。借鉴美国等发达国家的教师资格认证制度的做法,将教师实习教育以证书制度落实并与教师资格证书注册管理相结合。凡通过教师资格考试者、取得教师资格证书者,在参加教育实习并取得实习证书之后,方可申请教师资格首次注册。这样可以避免单纯"考证族"占用教师资格证书的资源,提高对新入职教师质量的甄选水平。

再次,提高教师资格认定的能力标准。能力标准是一个复合标准,需要通过对教师本人的考试、测查、面见才能做出相应的判断。教师的教育教学能力是其履行教育教学职责的能力,包括教育理念、知识基础、专业技能、身体条件四个方面,是教师资格认定的关键内容。因此应强化教师资格制度中的能力导

第七章 专业化:我国中学教师职前教育的路径选择

向。新改革的教师资格考试办法已增加了面试的比重,建议今后在面试官的组成、面试官的培训、面试题型的创新方面给予更多关注。

最后,将心理素质标准纳入教师资格认定。专业品质是构成教师专业素养的三大基石之一。在对教师专业品质的要求中,良好的心理素质是从教的前提。由于教师职业具有特殊性,教师的心理健康影响着学生心理和行为的发展,如果教师的心理素质或心理状态存在问题,不可避免会对学生造成不利的影响,会影响到教学活动的质量与成效。因此,在教师资格认定中应通过心理问卷应答、心理专家面试等方式考察教师资格申请者的心理素质与心理健康,以适应时代发展对教师资质的高标准与严要求。

当然,教师资格认定标准在统一管理的基础上要注重地区差异。经济发达地区和沿海地区应提高教师资格选拔水准,提高教师资格证的含金量。欠发达地区可根据实际情况制定相应的教师资格认证标准,但须报国家教育部备案。

三、落实教师资格定期注册的配套服务措施

国家实行 5 年一周期的教师资格定期注册改革,加强了对教师师德表现、培训学时和工作业绩方面的考核。这种定期注册的手段可以让教师树立危机意识,让教师在"不进则退"的压力下,不断提高自身教学与专业研究能力,加强职业道德修养,并通过教师个体水平的不断提高,促进整个教育质量的不断提高。与此同时,对教育行政管理部门和学校来说,定期注册改革有助于摸清教师队伍底数,规范教师资格证书管理,推进持证上岗制度的落实。

教师资格证书有效期的设定与否,或有效期的长短之别,并不与教育质量或教师专业化水平呈直接的正比关系,关键在于管理、考核与激励办法,更重要的是切实推行相关的配套服务措施。在此,我们有如下几点建议:

第一,教师资格的定期注册应有等级分类。教师是一种经验累积型职业。从当前教师资格制度实施较为成熟的美国等国家看,资格认证采用等级制已经成为一种普遍的做法。一般来说,从教 5 年、10 年、15 年及以上的教师在教学经验、专业水平、教学成果等方面有较大区别。教师资格定期注册应考虑到这些变量因素,对注册类型予以等级划分,以突出其激励性,体现教师资格证书不同的含金量与价值感。

在参考美国国家教师资格证书等级分类的基础上,结合我国的实际情况,

我们建议，教师资格证书可以分为初任教师资格证书、中级教师资格证书、高级教师资格证书、终身教师资格证书。具体要求如表7-1所示。

表7-1 教师资格证书分类及认证要求

教师资格证书类别	适用范围	认证条件
初级教师资格证书	适用于本科学历以上的毕业生首次申请教师资格证书	有效期，建议3年
中级教师资格证书	具有3年以上学科教学经验的教师申请	可以更新，必须有相应的进修要求 可以更新，建议有效期5年
高级教师资格证书	持有中级教师资格证书的教师，满足进修及其他条件方可申请	可以更新，必须有相应的进修要求 可以更新，建议有效期5年
终身教师资格证书	持有高级资格证书且更新两次以上，可以申请终身教师资格证书； 建议对非常优秀的教师放宽终身注册的年限要求，如从教15年以上的教师若在教学成果、专业能力方面非常突出，可以申请终身教师资格证书	不需要更新，终身有效

第二，教师资格定期注册管理应与科学的评价体系相结合。对教师来说，资格考试、注册考核等环节都离不开考试或测评。但教师素质的高低、教学能力的好坏不能单纯靠"考"衡量，究其原因，在于教育投入和成效无法量化。因此，应打破单一的分数评价体系，推行教师多元评价体系建设。对于教师的考核、评价、发展，不应该由教育行政部门说了算，而应建立教师同行评价、学生评价等多维评价体系，以突显其客观性、公正性。在条件许可的情况下，可以建立地区性或全国性的教师评价网络平台。

第三，教师资格定期注册管理应与教师的专业成长支持相结合。如果教师资格注册仅有考核要求但不提供相关资源支持，显然是不足的。教师资格证书制度要考虑教师专业的向上发展性。教师资格注册管理也应关注教师专业化成长方式，为在职教师提供获得更高一级或者其他学科教师资格的途径，例如校际交流、校本培训、继续教育、师徒结对、教育科研、集体备课等。在职教师可以通过自学或者进修等各种方式学习所需的课程，然后参加资格认定考试，不断地促进自身能力和水平的提高。更重要的是,应全面深入地推进教师在职进修与培训,建立一套系统化、多样化、立体化的教师在职培训制度并用法律加以保障。如北京市已计划实行《新入职教师职业培训合格证书》制度,把教师在职培训法律化、体系化。

四、增强教师资格认证机构的专业性

教师专业化发展对教育领域的影响是全面的、深入的,教师专业化发展的思想应渗透到教育行业的方方面面。教师资格认证机构的专业化也势在必行。

提高教师资格认定的标准,要以认证机构的专业化程度及权威性为前提。否则,如果认证机构故步自封,垄断独行,以"外行领导内行",以行政权力压制专业成长,又何谈教师资格认定标准的把关,何谈教师准入质量的提升?而要提高教师资格认证机构的专业化水平,就必须对我国职前教师培养机构、教师资格认证机构与教育行政管理机构予以明确分工,不能混淆各自的权利和责任。教师资格认证机构的合法性要有国家相关部门的许可作为授权保障,其职责主要是根据国家相关文件规定,对其权限范围内教师资格认定的组织、指导、监督和实施工作予以管理;教师培养机构的职责是依据人才目标,培养国家和社会所需的师资队伍;教育行政管理机构是指国家及地方的教育行政部门,其职责是对教育事业进行组织领导与管理。教师资格认证机构与教师培养机构均与教师专业化发展息息相关,但都必须在相关教育行政部门的领导下进行。

因此,随着国家实施教师资格证书定期注册制度,对教师任职能力的考核与测评将成为常态工作,需要有来自教育专业的敏感性与判断力。在当前教师资格认证机构行政权力较强、专业能力显弱的情况下,应强化认证机构的专业性,做到行政权威性与教育专业性相结合。教育行政部门、法律机构和专业团体的合作是教师专业规范实现的基本条件。应强化第三方、非官方组织在教师资格认定中的作用,改变专业团体在教师资格认证过程中的缺失状况。在条件成熟时,可以借鉴美国等教师教育发达国家的经验,成立独立于政府教育行政部门之外的第三方教师资格认证机构,打破市场垄断机制,增强教师资格认证的公正性、专业性、竞合性。

本 章 小 结

在教师专业化的视野中,在对我国中学职前教师教育问题分析和国际比较借鉴的基础上,本章对中学职前教师教育在培养目标的定位、培养模式的选择、课程体系的设置以及专业制度的建设等方面给出了具体的改革设想。

在中学教师职前培养目标的调整方面,应对培养理念进行更新,从重学术向学术性和师范性统一转变,注重技能型与反思研究型的统一;对培养标准予以细化,必须考虑教师的专业发展阶段、学生的教育阶段和学科性质,并体现一定的地区差异;对培养目标予以优化,注重文理相通和学科知识的综合性,强化教学反思和研究能力,塑造良好的专业态度和价值观。

在中学教师职前培养模式的创新方面,在前瞻性、针对性、可控性、灵活性、多元性方面提出相应的建议,并本着可持续发展的观点,对中学教师职前培养与职后培训一体化模式提供了相关设想。

在中学教师职前培养内容的优化方面,本着由总体到部分的原则,对这些问题的解决首先从构建科学合理的课程结构入手,改变教师教育专业课程体系的横向结构与纵向结构,并对必修与选修课程的关系予以重新定位。关于课程体系的要素变革,本章指出,对教育专业课程的改革应与时俱进,在巩固现有专业课程特色的基础上,增加语言及沟通技能、儿童发展、教育教学研究等目前比较欠缺的课程;而教育实践课程的改革,在内容上应有全面性、反思性和研究性,在实施方式上应遵循整体性、分阶段、模块化的原则。

在教师资格证书制度的完善方面,应规范教师资格的融通性,放宽教师资格的学科范围;提高教师资格认定标准;落实教师资格定期注册的配套服务措施;增强教师资格认证机构的专业性;等等。

总而言之,专业化作为中学教师职前教育发展的风向标,不仅要体现在宏观的方向指引方面,更要落实在具体的执行环节之中。无论是培养目标的调整、培养模式的创新,还是培养内容的优化、教师资格证书制度的完善,无不以专业化作为衡量准绳,才能保证我们的中学教师职前教育朝着更好、更快、更强的方向发展。

主要参考文献

一、中文文献

1. [澳]邓金生.培格曼最新国际教师百科全书[M].教育与科普研究所,译.北京:学苑出版社,1989.
2. [荷兰]斯宾诺莎.伦理学[M].贺麟,译.北京:商务印书馆,1958.
3. [加]尼科·斯特尔.知识社会[M].殷晓蓉,译.上海:上海译文出版社,1998.
4. [美]克莱博·费登·沃格尔.改革师范教育:用人的发展理论培养教师[M]//瞿保奎.教育学文集·教师.北京:人民教育出版社,1991.
5. [美]罗伯特·M.戴尔蒙德.课程与课程体系的设计和评价实用指南[M].黄小苹,译.杭州:浙江大学出版社,2006.
6. [美]乔治比彻姆.课程理论[M].黄明皖,译.北京:人民教育出版社,1989.
7. [美]唐纳德·A.舍恩.反映的实践者——专业工作者如何在行动中思考[M].夏林清,译.北京:教育科学出版社,2007.
8. 白益民.教师的自我更新:背景、机制与建议[J].华东师范大学学报(教育科学版),2002.
9. 包秀荣.我国教师资格制度的形成及其意义.内蒙古民族师范学院学报(哲社版)[J],1996(4).
10. 曾杨.解读我国的教师资格制度[J].郧阳师范高等专科学校学报,2007(3).
11. 曾永安,刘伟.论新建地方师范类院校就业困境与对策[J].劳动保障世界,2012(8).
12. 柴文森.论系统的结构与功能[J].农业系统科学与综合研究,1986(12).
13. 常思亮.大学课程决策论[M].长沙:湖南大学出版社,2010.
14. 陈时见.教师教育课程论历史透视与国际比较[M].北京:人民教育出版社,2011.
15. 陈雪,等.教师教育课程评价现状与体系的重建[J].文教资料,2009(26).
16. 陈治仁,郭玉芳.化学教师的知识结构调查与分析[J].中学化学教学参考.2005(8).
17. 程鸣.教师的人格魅力[EB/OL].[2013-07-15]. http://www.ahmasez.com.cn/zz100/LAOXU2012/ShowArticle.asp? ArticleID = 1371.

18. 程瑞,田万惠.建构研究型教育实习模式的探索[J].文教资料,2012(5).

19. 川师大实施"2+2"培养模式[EB/OL].[2013-12-01].http://www.dy-edu.cn/newsInfo.aspx? pkId=1016.

20. 邓李梅,刘波.从比较中看我国高等师范院校教育实习存在的主要问题[J].湖北师范学院学报(哲学社会科学版),2009(1).

21. 丁钢.教育与日常实践[J].教育研究,2004(2).

22. 方增泉.教师教育亟待建立国家标准[N].光明日报,2010-01-27(3).

23. 付超慧.我国教师专业化背景下的教师资格制度研究[D].四川师范大学硕士学位论文,2010.

24. 傅树京.构建与教师专业发展阶段相适应的培训模式[J].教育理论与实践,2003(6).

25. 高等师范教育体制改革项目研究小组.中国高等师范教育体制改革研究[M].北京:北京师范大学出版社,2001.

26. 高悌.新世纪高师课程的研究与实践[M].天津:天津人民出版社,2007.

27. 高晓清,汤萌.对教师职业专业性的探讨[EB/OL].[2012-12-01].http://news.sina.com.cn/c/2005-03-01/11475234146s.shtml.

28. 龚怡祖.略论大学培养模式[J].高等教育研究,1998(1).

29. 郭德红.美国大学课程思想的历史演进[M].北京:中央编译出版社,2007.

30. 国家教育发展研究中心.发达国家教育改革的动向和发展趋势(第五集)[M].北京:人民教育出版社,1994.

31. 国务院关于基础教育改革与发展的决定[EB/OL].[2012-12-15].http://baike.baidu.com/view/2990502.htm? fr=aladdin.

32. 国务院关于加强教师队伍建设的意见[EB/OL].[2013-12-09].http://news.xinhuanet.com/politics/2012-09/07/c_123685048.htm.

33. 上海师资培训中心课题组.面向21世纪中小学教师继续教育比较研究[J].外国中小学教育,1998(5).

34. 韩立福,等.高等师范院校教育实习现状调查报告[J].大学研究与评价,2007(11).

35. 汉江风.面向社会认定教师资格期待完善[N].中国青年报,2003-08-04.

36. 郝文武.学科和课程分化与综合的辩证法[J].教育学报,2006(6).

37. 何慧华,高湘萍.理论与实践的黏合剂:美国"有效教师教育项目"临床见实习模式评述[J].外国中小学教育,2012(4).

38. 何茜,孙美花.教师专业化视野下的教师教育改革[J].西南大学学报(社会科学版),2008,34(4).

39. 赫冀成,张喜梅.课程体系与人才培养比较[M].沈阳:东北大学出版社,1994.

40. 胡弼成.大学课程体系现代化[M].长沙:湖南大学出版社,2007.

41. 胡艳.国外中小学教育面面观:发达国家中小学教师教育[M].海口:海南出版社,2000.

42. 黄依林.我国教师教育模式的历史变迁及走向探析[D].四川师范大学硕士学位论文,2007.

43. 黄正.普通本科物理学(师范类)专业培养目标研究[D].湖南科技大学硕士学位论文,2007.

44. 江峰.教师职业的专业性问题与思考[J].高等师范教育研究,2003(1).

45. 江苏省中长期教育改革和发展规划纲要(2010-2020)[EB/OL].[2014-07-20]. http://www.ec.js.edu.cn/art/2010/11/9/art_5803_64287.html.

46. 姜美玲.教师实践性知识研究[M].上海:华东师范大学出版社,2008.

47. 蒋亦华.本科层次中小学教师培养模式的主体建构[J].江苏高教,2008(4).

48. 教育部:破除教师资格终身制 5年一周期定期注册[EB/OL].[2013-09-25]. http://teacher.eol.cn/jiao_yu_ren_cai_zi_xun_52/20130904/t20130904_1011540.shtml.

49. 教育部关于"十五"期间教师教育改革与发展的意见[EB/OL].[2012-12-15]. http://www.chinalawedu.com/news/1200/22598/22615/22793/2006/3/we8415417261113600232 3 4-0.htm.

50. 教育部关于大力推进教师教育课程改革的意见[EB/OL].[2014-08-15]. http://edu.imnu.edu.cn/n51c24.jsp.

51. 教育部教师资格认定指导中心.2004年全国教师资格制度实施工作座谈会会议纪要[J].教师资格制度实施工作简报,2005(1).

52. 教育部师范教育司.教师专业化的理论与实践[M].北京:人民教育出版社,2001.

53. 教育部.教师教育课程标准[EB/OL].[2013-01-15]. http://baike.baidu.com/view/6707321.htm?fr=aladdin.

54. 教育部.中学教师专业标准[EB/OL].[2013-01-15]. http://baike.baidu.com/view/7071296.htm?fr=aladdin.

55. 国务院.教师资格条例[EB/OL].[2013-10-03]. http://baike.baidu.com/view/438067.htm?fr=aladdin.

56. 教育部.《教师资格条例》实施办法[EB/OL].[2013-10-03]. http://www.edu.cn/20010907/3000612.shtml.

57. 教育部关于建立健全中小学师德建设长效机制的意见[EB/OL].[2014-01-25]. http://www.moe.edu.cn/publicfiles/business/htmlfiles/moe/s7590/201309/156700.html.

58. 中小学教师违反职业道德行为处理办法[EB/OL].[2014-02-10].http://www.

gov. cn/gzdt/2014 - 01/28/content_2577296. htm.

59. 焦苇,程媛媛. 上海电大变身"开放大学"人人可开通"学分银行"[EB/OL]. [2014 - 07 - 12]. http://www.shedunews.com/zixun/shanghai/liangwei/2012/07/24/23359.html.

60. 金忠明. 教育十大基本问题[M]. 上海:上海教育出版社,2008.

61. 康晓伟. 发达国家教师专业标准的构成要素研究综述. 教育学术月刊,2011(6).

62. 孔凡哲. 基础教育新课程中"螺旋式上升"的课程设计和教材编排问题探究[J]. 教育研究,2007(5).

63. 李广平. 从国际教师资格制度的发展趋势看我国教师资格证书的完善[J]. 外国教育研究,2004(3).

64. 李金芬,史晓宇. 我国教师资格制度发展浅析[J]. 曲靖师范学院学报,2008(5).

65. 李莉. 师范生不再直接认定教师资格[N]. 北京晚报,2013 - 09 - 03.

66. 李曼丽. 关于通识教育概念内涵的讨论[J]. 清华大学教育研究,1999(1).

67. 李泽民. 高师院校教育实习现状调查研究[J]. 广州广播电视大学学报,2011,11(3).

68. 连翠娥. 我国教师教育课程体系的构建[J]. 山西高等学校社会科学学报,2007(5).

69. 联合国教科文组织. 教育:财富蕴藏其中[M]. 北京:教育科学出版社,1996.

70. 王延文. 教师专业化的系统分析与对策研究[D]. 天津大学博士学位论文,2004.

71. 梁婉倩. 地方本科院校师范教育的培养目标问题[J]. 肇庆学院学报,2007(3).

72. 林崇德,申继亮,辛涛. 教师素质的构成及其培养途径[J]. 中国教育学刊,1996(6).

73. 林聚任,刘玉安. 社会科学研究方法[M]. 济南:山东人民出版社,2008.

74. 林永希. 基础教育课程改革呼唤研究型教师[J]. 继续教育研究,2003(1).

75. 刘复兴. 我国教师教育的转型与政策导向[J]. 高等师范教育研究,2002(4).

76. 刘献君,吴洪富. 人才培养模式改革的内涵、制约与出路[J]. 中国高等教育,2009(12).

77. 刘小强. 教师专业知识基础与教师教育改革:来自 PCK 的启示[J]. 外国中小学教育,2005(11).

78. 卢万和,蔡文香. 教师资格认证制度存在的问及完善策略[J]. 成人教育,2008(2).

79. 卢真金. 反思性实践是教师专业发展的重要举措[J]. 比较教育研究,2001(5).

80. 罗明东,陈瑶牛,亚凡. 教师教育"综合型"培养模式的探索[J]. 大学研究与评价,2008(11).

81. 罗生全,张莉. 教师教育生命课程体系建构[J]. 教师教育研究. 2010(4).

82. 罗娴,丁晓琼. 传承与变革:澳大利亚全国教师专业标准的比较分析[J]. 继续教育,2012(3).

83. 吕山山. 教师资格证在网上公然叫卖 检察官称已成产业链[EB/OL]. [2013 - 12 - 10]. http://news.china.com.cn/shehui/2013 - 06/19/content_29165779. htm.

84. 美国职前教师培养:入学选拔的视角[J].外国中小学教育,2013(10).

85. 宁虹,刘秀江.教师成为研究者:教师专业发展的一个重要趋势[J].教育研究2000(7).

86. 宁虹."教师成为研究者"的理解与可行途径[J].比较教育研究,2002(1).

87. 牛佳,徐宝芳.双学位教师教育人才培养模式的课程体系构建[J].内蒙古师范大学学报(教育科学版),2007(11).

88. 潘柳燕,林小峰.新世纪高校课程建设改革新思路[J].辽宁教育研究,2004(9).

89. 庞桂美 何坤.学校教育目标系统中的闲暇教育目标探讨[J].天津市教科院学报,2003(4).

90. 裴跃进.教师专业发展阶段基本内涵的探究[J].重庆文理学院学报(社会科学版),2008(1).

91. 钱家达.华北·华东七院校教育理论研讨会第十四届年会综述[J].教育研究,1997(5).

92. 戴丽敏,袁德润.当代美国教师资格认定考试的核心尺度及启示[J].教育测量与评价,2011(11).

93. 琼州学院13级物理学专业(师范)本科人才培养方案[EB/OL].[2014-08-15]. http://lgxy.qzu.edu.cn/index.php?_m=mod_article&_a=article_content&article_id=396.

94. 渠素彬.实施教师资格认证制度的意义探讨[J].北京教育学院学报,2008(3).

95. 上海师范大学教育科学学院教师教育改革研究组.教师教育培养模式与课程改革的总体设想[J].上海师范大学学报,2003(12).

96. 社春.创世界最佳教育模式——芬兰是如何做到的[N].人民日报海外版,2013-11-30.

97. 沈有禄.试论我国教师教育模式变革的路径与政策[J].黑龙江高教研究,2007(1).

98. 深化人才培养方案改革 以生为本更新教育理念——2013年版本科人才培养方案30问[EB/OL].[2014-08-18]http://ccnu.cuepa.cn/show_more.php?tkey=&bkey=&doc_id=891121.

99. 师范教育司.全国非师范院校教师教育工作研讨会会议综述[EB/OL].[2013-06-02]. http://www.eol.cn/20040108/3096987.shtml.

100. 施可灿.国际教师专业标准的三种模式及启示[J].比较教育研究,2004(12).

101. 施良方.课程理论——课程的基础、原理与问题.北京:教育科学出版社,1996.

102. 四川师范大学.四川师范大学关于开展"双学位"教育的通知[EB/OL].[2012-10-09].http://zlgc.sicnu.edu.cn/articleinfo/detail_113_57_398.html.

103. 宋吉缙.论教师职业的专业化[J].清华大学教育研究,2003(2).

104. 苏霍姆林斯基.给教师的一百条建议[M].天津:天津人民出版社,1981.

105. 苏真.比较师范教育[M].北京:北京师范大学出版社,1991.

106. 苏州市中长期教育改革和发展规划纲要(2010-2020年)[EB/OL].[2014-07-

20]. http://www.szedu.com/zfxxgk_10755/fzgh/201304/t20130401_216909.shtml.

107. 唐玉光. 基于教师专业发展的教师教育制度[J]. 高等师范教育研究,2002(5).

108. 唐科莉. 澳大利亚:颁布全国统一教师专业标准[N]. 中国教育报,2010 – 09 – 30.

109. 西北师范大学教师教育改革推进计划[EB/OL]. [2014 – 08 – 10]. http://www.nwnu.edu.cn/Article.do? id = 20594.

110. 西北师范大学. 数学与应用数学专业简介[EB/OL]. [2014 – 05 – 15]. http://sxxy.nwnu.edu.cn/Html/? 764.html.

111. 西北师范大学. 物理与电子工程学院本科专业介绍[EB/OL]. [2014 – 05 – 15]. http://www.nwnu.edu.cn/cate.do? cate = 1568.

112. 西北师范大学. 历史学本科专业介绍[EB/OL]. [2014 – 05 – 15]. http://lswh.nwnu.edu.cn/info.asp? id = 151.

113. 西北师范大学. 马克思主义学院本科专业介绍[EB/OL]. [2014 – 05 – 15]. http://zfxy.nwnu.edu.cn/home/index.php? option = com_content&view = article&id = 40:2011 – 10 – 11 – 12 – 52 – 11&catid = 13:2011 – 09 – 19 – 09 – 52 – 33&Itemid = 22.

114. 汪凌. 法国中小学教师专业能力标准述评[J]. 全球教育展望,2006(2).

115. 王春光. 反思型教师教育研究[D]. 东北师范大学博士学位论文,2007.

116. 王建磐. 教师教育改革与教师专业发展:国际视野与本土实践[M]. 上海:华东师范大学出版社,2007.

117. 王鉴,徐立波. 教师专业发展的内涵与途径——以实践性知识为核心[J]. 华中师范大学学报. 2008(5).

118. 王培莲. 免费师范生:夹在政策与市场间纠结未来[N]. 中国青年报,2011 – 01 – 17 (03).

119. 王秋绒. 教师专业社会化理论在教育实习设计上的意义[M]. 台北:师大书苑,1991.

120. 王玉平,孙海滨. 新课改下中学物理教师知识结构调查与分析[J]. 物理教师,2005(2).

121. 吴剑峰,李刚. 高师生"研究性教育实践素质"培养初探[J]. 江苏高教,2012(1).

122. 吴金昌,齐平. 论教师教育培养模式与师范院校的课程改革[J]. 中国高教研究,2005(8).

123. 吴静. 所学专业小学用不到中学教师要求本科,专科生两难[N]. 河南商报,2010 – 07 – 27.

124. 吴卫东. 德国教师教育的新标准及启示[J]. 外国教育研究,2006(9).

125. 吴文侃,杨汉青. 比较教育学[M]. 北京:人民教育出版社,1999.

126. 夏吉莉. 当前我国高师本科院校教育类课程改革研究[D]. 云南师范大学硕士学位

论文,2005.

127. 肖丽萍.国内外教师专业发展的研究评述[J].中国教育学刊,2002(5).

128. 谢安邦.未来教师素质与师范教育的改革[J].全球教育展望,1996(6).

129. 熊德明,刘伦钊.高师教育实习现状的调查与分析——以×学院实习生调查为例[J].襄樊学院学报,2011,32(4).

130. 徐魁鸿.我国师范大学教师培养模式的现状、问题及成因分析[J].当代教师教育,2011(3).

131. 徐廷福.论我国教师专业伦理的建构[J].教育研究,2006(7).

132. 荀渊,唐玉光.教师专业发展制度[M].北京:教育科学出版社,2011.

133. 杨翠蓉,胡谊,吴庆麟.教师知识的研究综述[J].心理科学,2005(5).

134. 杨帆,夏惠贤.教师专业发展与日常教育实践研究[J].教育导刊,2008(1).

135. 杨美元.从教师专业属性谈教师教育课程体系构建[J].当代教育论坛,2008(5).

136. 杨燕燕.我国教师教育实践课程的历史回顾与发展愿景[J].教育探索,2010(5).

137. 杨培升.略论教师专业化发展的有利条件、不利条件及其对策[J].基础教育研究,2003(9).

138. 叶澜.一个真实的假问题——学术性与师范性之争的辨析[J].高等师范教育研究,1999(2).

139. 殷爱荪.苏州大学本科教学手册[M].苏州:苏州大学出版社,2010.

140. 尹妙辉.英国教师专业标准研究[D].华东师范大学硕士学位论文,2008.

141. 于海滨,朱成科.从学科分立走向学科融合——新课程改革背景下的教师教育课程体系的理性构建[J].辽宁教育研究,2006(4).

142. 袁霞.教师资格认证的中外比较[J].教学与管理,2008(10).

143. 约翰·杜威.姜文闵译.我们怎样思维——经验与教育[M].北京:人民教育出版社,1991.

144. 张倩.新制度主义视角下的教师教育认证评价制度之构建[J].教育发展研究,2012(8).

145. 张文军,朱艳.澳大利亚全国教师专业标准评析[J].全球教育展望,2007(4).

146. 张西方."基于"新课程的教师教育课程体系的构建[J].洛阳师范学院学报 2005(6).

147. 赵凌.澳大利亚的教师教育认证机制解析[J].比较教育研究,2010(9).

148. 赵中建.全球教育发展的历史轨迹:国际教育大会60年建议书[M].北京:教育科学出版社,1999.

149. 赵中建.国际教育大会第45届会议的建议[J].外国教育资料,1997(6).

150. 张世爱.新课改视阈中教师教育课程的反思与构建[J].临沂师范学院学报,2008,30(2).

151. 郑红红. 人本主义取向的教师教育改革研究[D]. 福建师范大学硕士学位论文,2005.

152. 中国社会科学院语言研究所词典编辑室. 现代汉语词典[M]. 北京:商务印书馆,1993.

153. 中华人民共和国教育部高等教育司. 普通高等学校本科专业目录和专业介绍(2012年)[Z]. 北京:高等教育出版社,2012.

154. 中华人民共和国教育部高教司. 普通高等学校本科专业目录和专业介绍(1998年颁布)[Z]. 北京:高等教育出版社,1999.

155. 钟启泉. 教师专业化的两个课题[J]. 内蒙古教育,2005(2).

156. 周勤. 高等师范专业教育实践课程建构的理性思考[J]. 南京晓庄学院学报,2009(5).

157. 周瑛. 教师教育课程体系存在的问题及原因分析[J]. 济源职业技术学院学报,2009(2).

158. 朱成科,秦秋田. 教学型综合性大学创办教师教育专业的理论构划与实践变革[EB/OL]. [2013-07-02]. http://www.jydoc.com/article/1479748.html.

159. 朱玉东. 反思与教师的专业发展[J]. 教育科学研究,2003(11).

160. 中共中央关于教育体制改革的决定[EB/OL]. [2014-06-15]. http://baike.baidu.com/view/1824843.htm? fr = Aladdin.

161. 中、小学教师考核合格证书试行办法[EB/OL]. [2014-06-15]. http://www.law-lib.com/lawhtm/1986/3858.htm.

162. 中华人民共和国教师法(1993年颁布)[EB/OL]. [2014-06-16]. http://www.gov.cn/banshi/2005-05/25/content_937.htm.

163. 中华人民共和国教师法(1995年颁布)[EB/OL]. [2014-06-16]. http://www.nes.gov.cn/10054/10054/10001/2011/59507.htm.

二、外文文献

1. 2013 Guide to National Board Certification [EB/OL]. [2014-05-20]. http://boardcertifiedteachers.org/about-certification/candidate-resources.

2. Beijaard, D. Teacher's Prior Experience and Actual Perceptions of Professional Identity [J]. Teachers and Teaching,1995,1(2).

3. Calderhead, J. Teachers: Beliefs and Knowledge [A]//D. C. Berliner, R. C. Calfee. Handbook of Educational Psychology. New York: Simon & Schuster Macmillan. 1996.

4. Carol M. Sant, John L. Santa. Teacher as Researcher [J]. Journal of Reading Behavior, 1995, 27(3).

5. Carr-Saunders, A. M. The Profession [M]. Oxford: Clarendon Press, 1933.

参考文献

6. Fred A. J. Korthagen. Jos Kessels, Bob Koster. Bram Lagerwerf, Theo Wubbels. Linking Practice and Theory: The Pedagogy of Realistic Teacher Education [M]. Mahwah: Lawrence Erlbaum Associates, 2001.

7. General Education Requirements [EB/OL]. [2014-06-20]. http://illinoisstate.edu/catalog/pdf/gen_ed.pdf.

8. Grossman, P. The Making of a Teacher: Teacher Knowledge and Teacher Education [M]. New York: Teachers College Press, 1990.

9. Jessica L. Horton. The Impact of Beliefs and Curricular Knowledge on Planning for Science: A Multisite Case Study of Four Teachers [EB/OL]. [2013-06-20]. http://trace.tennessee.edu/utk_graddiss/2436.

10. Hoyle, E. Professionalization and Deprofessionalization in Education [A]//Hoyle, E., Megarry, J. Professional Development of Teachers: World Yearbook of Education. London: Kogan Pagem, 1980:45.

11. Neman K., Burden P., Applegate J. Helping Teachers Examine Their Long-range Development [J]. The Teacher Educator, 1979 15(4).

12. Entry Requirements [EB/OL]. [2014-02-20]. http://www.ioe.ac.uk/study/59837.html.

13. Basic Requirements to Become a Qualified Teacher [EB/OL]. [2014-03-10]. http://www.education.gov.uk/get-into-teaching/apply-for-teacher-training/basic-requirements.

14. Bachelor of Education (Middle and Secondary Schooling), Bachelor of Arts [EB/OL]. [2014-05-25]. http://www.flinders.edu.au/courses/rules/undergrad/bedmssba.cfm.

15. Institute of Education University of London. Programime Specifiction [EB/OL]. [2014-03-15]. http://www.ioe.ac.uk/documents/brochures/IPGC_EDM99P.pdf.

16. Institute of Education University of London. World-leading Education and Social Research Prospectus 2014-15 [EB/OL]. [2014-03-15]. http://www.ioe.ac.uk/about/documents/Agent_Zone/Prospectus_2014-15.pdf.

17. Mosenthal J., Ball D. Constructing New Forms of Teaching: Subject Matter Knowledge in In-service Teacher Education [J]. Journal of teacher Education, 1992(43).

18. NBPTS: Mission. [EB/OL]. [2014-02-10]. http://www.nbpts.org/mission-historyJHJsthash.l9VFRNhB.dpuf.

19. Pearson, A. T. The Teacher: Theory and Practice in Teacher Education [M]. New York: Routledge, 1989.

20. Perry, P. Professional Development: The Inspectorate in England and Wales [M]//Eric

Hoyle, Jacquetta Megarry. World Yearbook of Education 1980: Professional Development of Teachers[M]. London: Kogan Page, 1980.

21. Professional Standards Accreditation of Teacher Preparation Institutions [EB/OL]. [2014-03-10]. http://ncate.org/Portals/0/documents/Standards/NCATE%20Standards%202008.pdf.

22. General Education Requirements[EB/OL]. [2014-05-15]. http://illinoisstate.edu/catalog/pdf/gen_ed.pdf.

23. Virginia Board of Education. Licensure Regulations for School Personnel [EB/OL]. [2014-07-13]. http://www.doe.virginia.gov/teaching/licensure/licensure_regs.pdf.

24. Become a Teacher in New York [EB/OL]. [2014-07-20]. http://certificationmap.com/states/new-york-teacher-certification/.

25. Professional Standards for Teachers [EB/OL]. [2014-02-15]. http://webarchive.nationalarchives.gov.uk/20111218081624/http://tda.gov.uk/teacher/developing-c.areer/professional-standards-guidance/downloads.aspx.

26. Reynolds, A. The Knowledge Base for Beginning Teachers: Education Professionals' Expectations Versus Research Findings on Learning to Teach[J]. Elementary School Journal, 1995, 95(3).

27. Sequence at a Glance-Physics Teacher Education [EB/OL]. [2014-07-01]. http://www.phy.ilstu.edu/programs/physics_education/sequence.shtml.

28. Shulman, L. S. Those Who Understand: Knowledge Growth in Teaching [J]. Educational Researcher, 1986, 15(2).

29. Shulman, L. S. Knowledge and Teaching: Foundations of the New Reform[J]. Harvard Educational Review, 1987, 57(1).

30. Standard VIII: Knowledge of Content [EB/OL]. [2005-05-20]. http://www.uky.edu/education/OFE/Standard-VIII.pdf.

31. Why ISU for a Degree in Physics Teacher Education? [EB/OL]. [2014-07-01]. http://www.phy.ilstu.edu/programs/physics_education/why_isu.shtml.

32. Australian Institute of Teaching and School Leadership. Australian Professional Standards for Teachers [EB/OL]. [2014-05-10]. http://www.aitsl.edu.au/australian-professional-standards-for-teachers/standards/list.

33. 伊利诺伊州立大学网站. http://illinoisstate.edu/.

34. 伦敦大学教育学院网站. http://www.ioe.ac.uk/.

35. 弗林德斯大学网站. http://www.flinders.edu.au.

36. 美国国家教师专业教学标准委员会(NBPTS)网站. http://www.nbpts.org/.

37. 美国国家教师教育认证委员会(NCATE)网站. http://www.ncate.org/.
38. 英国教育部网站. https://www.gov.uk/government/organisations/department-for-education.
39. 澳大利亚南澳教师注册委员会网站. http://www.trb.sa.edu.au.
40. 澳大利亚教学与学校领导协会网站. http://www.aitsl.edu.au.

附　录

附录一　关于中学一线教师的访谈提纲

一、访谈目的

了解中学一线教师对教师教育专业课程设置的看法和建议。

二、访谈对象

中学一线教师(18人)。包括语文、数学、英语、物理、化学、生物、历史、地理、政治(思想品德)9门中学普通科目的中学教师,每个科目有2名教师,其中,1名初中教师和1名高中教师。

三、访谈方式

半结构型访谈。

四、访谈内容

(一) 基本情况

年龄：　　　　　　性别：　　　　　　学历：

工作年限：　　　　职称：　　　　　　任教科目：

(二) 访谈问题

1. 大学阶段所学的哪门课程对工作最有帮助？你对专业基础课、课程教学论、教育实习的作用有什么评价？

2. 在工作中遇到最大的障碍是什么？哪些方面最需要提高？

3. 对教育教学研究类课程有什么看法？

4. 对师范专业的课程设置还有什么建议？

五、访谈步骤

1. 阐明访谈目的与保密性原则，打消访谈对象的顾虑，营造真诚友好的氛围。

　　介绍和陈述目的：您好！我们正在进行一项关于中学教师职前教育的研究，想通过与您的会谈，了解中学一线教师对本科师范专业课程设置的看法和建议。请您放心，您的身份和谈话内容将会被严格保密，访谈结果仅用于科学研究。访谈对象愿意合作，则可以开始访谈。

2. 围绕访谈题目，灵活机动地进行访谈。

3. 访谈结束后，及时对访谈资料进行整理，写成文字资料。

附录二 关于中学校长的访谈提纲

一、访谈目的

了解中学校长对教师教育专业课程结构调整以及具体课程改革的看法和建议。

二、访谈对象

中学校长5人,其中3名初中校长、2名高中校长。

三、访谈方式

半结构型访谈。

四、访谈问题

1. 师范毕业生应聘中学教师岗位主要存在的问题是什么?
2. 怎样提高师范毕业生的就业机会?
3. 本研究提出的教师教育专业课程结构有合理性吗?有什么看法和建议?
4. 对大学阶段开设语言与沟通类课程有什么看法?
5. 对中学教师的职前教育还有什么建议?

五、访谈步骤

1. 阐明访谈目的与保密性原则,打消访谈对象的顾虑,营造真诚友好的氛围。

介绍和陈述目的:您好!我们正在进行一项关于中学教师职前教育的研究,想通过与您的会谈,了解当前的中学校长对师范专业课程改革的看法和建议。请您放心,您的身份和谈话内容将会被严格保密,访谈结果仅用于科学研究。如果访谈对象愿意合作,则可以开始访谈。

2. 围绕访谈题目,灵活机动地进行访谈。

3. 访谈结束后,及时对访谈资料进行整理,写成文字资料。

附录三　关于师范生教育实习的访谈提纲

一、访谈目的

了解师范生参与教育实习的感受、对本研究中提出的教育实习改革方案的看法和建议。

二、访谈对象

完成教育实习的师范生 16 人。来自汉语言文学、数学与应用数学、英语、物理学、化学、生物学、历史学、思想政治教育 8 个师范专业的师范生，每个专业 2 人。

三、访谈方式

半结构型访谈。

四、访谈问题

1. 专业方向是什么？
2. 实习过程中每天的主要工作有哪些？
3. 上课的次数有多少？
4. 是否有意向做中学教师？
5. 实习过程有什么收获？
6. 如果见实习时间延长至 18 周，你认为本研究提出的分段实习模式是否有利于师范生的能力培养？

五、访谈步骤

1. 阐明访谈目的与保密性原则，打消访谈对象的顾虑，营造真诚友好的氛围。

介绍和陈述目的：您好！我们正在进行一项关于中学教师职前教育的研究，想通过与您的会谈，了解师范生在教育实习中的感受及对实习改革的看法和建议。请放心，您们的身份和谈话内容将会被严格保密，访谈结果仅用于科学研究。若访谈对象愿意合作,则可以开始访谈。

2. 围绕访谈题目,灵活机动地进行访谈。

3. 访谈结束后,及时对访谈资料进行整理,写成文字资料。

后 记

中学教师培养正面临着来自专业化发展需要、基础教育改革及师范生就业困境加剧所带来的挑战。要培养适应社会和教育发展的、具有高水平专业素养的中学教师,对教师职前教育的改革至关重要。本书把教师专业化作为一种价值立场或立意基点,对中学教师的职前教育进行比较系统全面的研究,旨在为中学教师职前教育的改革提供观念上的厘清、问题上的分析、方向上的指引和举措上的建议,因此具有一定的学术意义和实践意义。

本书是在我的博士论文基础上形成的。在本书出版之际,我衷心感谢我的导师许庆豫教授。许老师是一个具有浓郁学者气质的教授,是一个给我督促、支持和引导的可敬师长。从选题到构思、组织、修改直至最终成型,许老师都给予了很多指导。在写作的过程中每每遇到困境,他的指导都能让我豁然开朗。我还要感谢苏州大学教育学院的周川教授、母小勇教授、崔玉平教授、尹艳秋教授,他们对我的博士论文给出了非常有用的建议和指导。本书的出版还得力于苏州大学出版社的支持和周建国、巫洁老师的辛勤劳动。对于他们的帮助,我表示真挚的感谢。

苏州大学　刘江岳
2016 年 10 月